구약 성경

히브리어 강독

신충훈 지음

아가페문화사

Hebrew Readings

by

Chung-Hoon Shin

2014
Agape Culture Publishing Company
Seoul, Korea

개정판 서문

히브리어는 쉽고 단순한 언어이다. 셈어족에 속하는 히브리어를 알타이어족에 속하는 한국어 사용자들이 접할 때에는 낯설고 이질적인 느낌을 먼저 갖게 된다. 그러나 히브리어는 성경을 원전으로 읽고 싶은 마음을 지닌 사람이라면 누구나 쉽게 다가갈 수 있는 언어라고 생각한다. 많은 신학도들과 목회자들이 처음에는 의욕을 갖고 공부를 시작하나, 실제로 성경을 원전으로 접하는 비율이 극히 적은 것을 보면서 안타까운 마음을 갖는 것은 나 혼자 만의 생각은 아닐 것이다.

히브리어를 어려워하는 첫 번째 이유로 문자의 습득 문제를 꼽을 수가 있다. 낯선 모양의 문자와 오른쪽에서 왼쪽으로 읽어가는 방식에 많은 사람들이 이질감을 갖게 되고 그 결과 히브리어를 멀리하려는 경향이 있음을 알게 되었다. 나는 학생들에게 히브리어를 쉽게 공부하기 원한다면 문자를 철저하게 익히도록 늘 권면을 한다. 그런 후에 의미는 알지 못해도 우리 한글을 읽어가듯이 창세기의 본문을 대략 3장정도 큰 소리로 읽어볼 것을 권한다. 문자가 눈에 익으면 히브리어도 그만큼 쉽게 다가갈 수 있기 때문이다.

두 번째 이유로 성경강독을 훈련할 수 있는 교재의 부족을 들 수가 있다. 단순한 초보문법만을 연구하고 성경의 원전 강독을 하기에는 현실적으로 많은 무리가 따르는 것이 현실이다. 그래서 많은 사람들이 중간 역할을 할 수 있는 교재의 필요성을 호소한다. 이런 이유 때문에 히브리어 강독 교재를 집필하게 되었다.

히브리어는 본래 단순하고도 규칙적인 문법체계를 갖춘 언어이다. 이 기본적인 원리와 용법들을 이해하고 그것을 적용하여 성경 강독 능력을 배양하도록 도움을 주는 교재가 있다면 보다 많은 학생들이 신학교를 졸업하게 될 때에 원문 연구에 자신감을 갖게 될 것이라고 생각한다. 그러던 차에 이러한 목적을 생각하며 히브리어 강독 교재를 만들게 되었고 이번에 증보 개정판까지 발행하게 되니 대단히 기쁘다.

이 책의 특징은 다음과 같다. 초급 편에서는 히브리어 문법 중 기본 사항들을 단순화하여 문법의 전체적인 맥락을 이해하도록 배려하였다. 중급 편에서는 히브리어 약동사를 연습하고 이를 성경 본문 해석에 적용하도록 하였다. 약동사의 숙달은 문법의 훈련과 함께 어휘 습득까지 포함한다는 점을 기억해 주기 바란다. 고급 편에서는 기본적인 구문론의 지식을 숙달하여 성경 해석과 주석에 도움이 되도록 하였으며, 마지막으로 강독 편에서는 Moshe Greenberg의 방법론 중에서 성경강독에 유용한 것으로 널리 알려진 창세기의 요셉에 관한 내용 부분을 직접 강독하도록 편집 수록하였다. 아울러 초보자를 위하여 본문마다 유용한 어휘와 문법 사항도 함께 제시하였음을 밝혀둔다.

이번 개정판에서는 초판의 잘못된 부분을 바로 잡았을 뿐만 아니라, 다음 내용들을 첨가하였다. 먼저 초판에서 다루지 않은 후음동사부분을 후음의 특징과 변화원리를 토대로 하여 새롭게 수록하였다. 또한 히브리어 어휘 확충을 원하는 학생들을 위하여 히브리어 동사 어근 200을 수록하였다. 히브리어는 어근 중심의 언어이기에 어근을 익히는 것은 어휘력 향상에 큰 도움이 될 것으로 생각된다. 그리고 부록에 수록한 히브리어 어휘집을 보강 하였으며, 히브리어 변화표를 새롭게 정리하였다.

아무쪼록 이 책의 특징을 잘살려 많은 신학생들이 구약성경의 원문연구와 성경주해에 큰 진전이 있기를 기대하여 본다. 훈련과 연습만이 언어습득의 비결임을 다시 한 번 밝히면서 원문강독의 꿈을 이루어가는 학생들의 모습을 머리 속에 그려본다.

2014년 9월

문학박사 신 충훈

차 례

* 히브리어 강독 서 문 ············ 3

♣ 초 급 편

제1과 알파베트 ············ 7
제2과 모음기호 ············ 11
제3과 다른 기호들 ············ 14
제4과 명사와 관사 ············ 17
제5과 대명사 개관 ············ 20
제6과 강동사 개관 ············ 24
제7과 모음 변화의 일반원리 ············ 30
제8과 부정의 방법 ············ 32
제9과 전치사 ············ 33

♣ 중 급 편

제10과 약동사 개관 ············ 36
제11과 페-눈 동사 ············ 39
제12과 페-요드 동사 ············ 49
제13과 라메드-헤 동사 ············ 62
제14과 두 자음 어간 동사 ············ 75
제15과 중복 동사 ············ 85
제16과 후음 동사 ············ 90
제17과 이중 약동사 ············ 96

제18과 결여 동사 ······104
제19과 동사 어근 200 ······108

♣ 고 급 편

제20과 주요 수사(數詞) 정리 ······118
제21과 명사의 구문론 ······124
제22과 어순의 효과 ······126
제23과 성 수의 일치 ······131
제24과 주어 술어 관계 ······134
제25과 계속법 ······138
제26과 시어의 구문론(1) ······141
제27과 시어의 구문론(2) ······143
제28과 문장의 구문론(1) ······146
제29과 문장의 구문론(2) ······151

♣ 강 독 편

히브리어 성경개요 ······155
창세기 37장 연구 ······160
창세기 42장 연구 ······173
창세기 43장 연구 ······186
창세기 44장 연구 ······195
창세기 45장 연구 ······203
어휘집 ······209
변화표 ······227

* 참고문헌 ······252

제 1 과
알파베트

1.1 히브리어 문자는 총 22자로 구성되어 있다. 이 문자들은 모두 자음에 해당하며 우리말이나 영어와는 반대로 오른편에서 왼편으로 읽고 쓴다.

1.2 발성을 하는 데는 입술과 치아 및 혀, 입천장, 목구멍, 입 안의 모양이 중요하다.

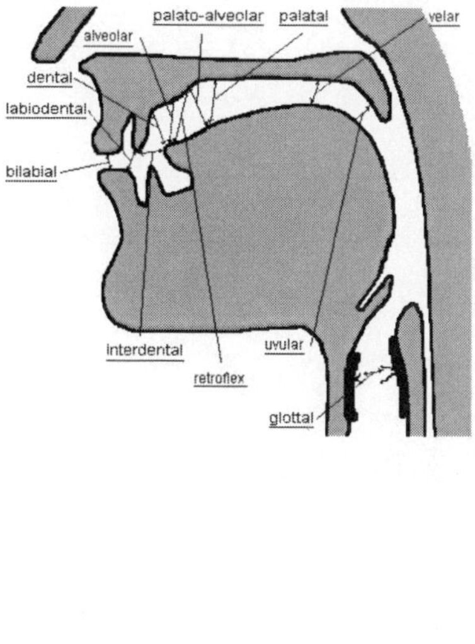

1.3 히브리어 알파베트

문 자	명 칭	Hebrew letter forms	음 가(音價)
א	אלף	알렙	’
בּ, ב	בית	베-트	b, v
גּ , ג	גמל	기-멜	g, gh
ד	דלת	달렛	d, dh
ה	הא	헤-	h
ו	וו	바브,와우	w
ז	זין	자인	z
ח	חית	헤-트	ḥ
ט	טית	테-트	ṭ
י	יוד	요드	y
כּ,כ,ך	כף	카프	k, kh
ל	למד	라메드	l
מ, ם	מם	멤	m
נ, ן	נון	눈	n
ס	סמך	싸멕	s
ע	עין	아인	‘
פּ,פ,ף	פא	페-	p, f
צ, ץ	צדי	차데	ṣ
ק	קוף	코프	q
ר	ריש	레쉬	r
שׂ	שׂין	신	s
שׁ	שׁין	쉰	š, sh
ת	תו	타우,타브	t

1.4. 문자 כ, מ, נ, פ, צ 다섯 문자는 낱말의 끝 위치에서는 다른 형태를 지닌다. 따라서 이러한 문자를 꼬리형 문자라고 일컫는다. 꼬리형 문자에서 מ을 제외한 צ, פ, נ, כ 네 문자는 기본형과는 다르게 꼬리를 아래로 길게 내려쓴 (ץ, ף, ן, ך) 형태이다. 멤-(ם)은 장방형 문자이며 넓은 형태로 쓴다.

후음문자

1.5 א, ה, ח, ע 4문자는 후두에서 발성되기 때문에 후음문자라고 일컫는다.

א과 ע은 성문 파열음이다. 성문을 완전히 막고 기류를 압축시켰다가 터뜨리는 소리이다. 이 두 소리는 한글의 초성 "ㅇ"과 유사하다. 단지 א은 입 앞쪽에서 ע은 입 안쪽에서 발음한다.

ה는 영어의 h 와 유사한 성문 마찰음이다. 성문을 좁히고 그 사이로 기류를 통과시켜서 내는 소리를 말한다.

ח는 보통 ה보다 강한 소리로 알려져 있다. 따라서 목의 근육이 더 긴장한 상태에서 나는 소리이다.

강자음(強子音)

1.4 ק, צ, ט는 다른 자음보다 입안 깊숙한 곳에서 발성되기 때문에 상대적으로 강한 음으로 인식된다. 따라서 이를 강자음이라고 부른다.

כ와 ק는 파열음이다 כ는 입 앞쪽에서 ק는 후설을 목젖에 접근시켜서 입 안쪽에서 내는 k 소리와 유사하다.

ט는 후설(後舌)을 연구개에 접근시켜서 내는 기식이 없는 t 소리와 유사하다.

צ는 후설을 연구개에 접근시킴과 동시에 혀끝을 윗잇몸에 밀착시키지 않고 내는 s 소리와 유사하다.

ק는 후설을 목젖에 접근시켜서 내는 기식 없는 k 소리와 유사하다.

파열음

1.5 ת, פ, כ, ד, ג, ב 이 여섯 문자는 경우에 따라 파열음으로 혹은 치찰음으로 발음된다.

이 문자는 모음 앞에서는 파열음으로 발음한다. 이를 구별하기 위하여 점을 찍는다.

예) בּ b, גּ g, דּ d, כּ k, פּ p, תּ t.

그러나 모음 뒤에 위치하는 경우에는 치찰음으로 발음한다. 치찰음인 경우에는 점을 찍지 않는다.

예) ב v, ג g, ד d, כ k, פ f, ת t .

제 2 과
모음기호

2.1 유대인들은 처음에는 모음을 표기하지 않았다. 그러나 후대에 자음기호 3개를 선택하여 변하지 않는 장모음을 표기하게 되었는 데 이를 모음문자라고 일컫는다.

모음 문자의 예

י → 모음 "에" "이"를 표기하였다.

ו → 모음 "오" "우"를 표기하였다.

ה → 모음 "아"를 표기하였다.

2.2 성경본문의 발음을 보다 정확하게 전수하기 위하여 3종류의 모음 기호가 널리 사용되었는데, 그 중에서도 티베리아식 모음 기호 체계가 널리 알려져서 지금까지 전하여 온다. 다음은 티베리아식 모음기호 표이다. 이 기호는 오늘날에도 널리 사용되며 맛소라 모음 기호라고도 부른다. 이 기호를 음가와 장단에 따라 도표화하였다.

구 분 \ 내용	아(a)	에(e)	이(i)	오 (o)	우(u)
순장모음	카메츠 헤	체레요드	히렉요드	홀렘바브	슈렉
	□ָה	□ֵי	□ִי	□וֹ	□וּ
억양 장모음	카메츠	체레	히렉	홀렘	
	□ָ	□ֵ	□ִ	□ֹ	
단모음	파타흐	세골	히렉	카메츠하툽	키브츠
	□ַ	□ֶ	□ִ	□ָ	□ֻ
반모음	하텝파타흐	하텝세골		하텝카메츠	
	□ֲ	□ֱ		□ֳ	

반모음

2.3 티베리아식 모음체계에서는 모음이 없는 자음문자를 나타낼 때에는 쉐와 (◌ְ, שְׁוָא šɛwa)라고 불리는 특별한 기호를 사용한다.

(가) 모음이 없는 표시로 자음 밑에 표기하며, 이를 무성쉐와라고 부른다. 주로 음절의 끝에 나타나며 폐음절의 종성에 표시한다.

예) שִׁמְעוֹן šim-'on "시므온", יִשְׁמֹר yiš-mor "그가 지킬 것이다"

(나) 쉐와는 영어의 낱말 stupefy의 e처럼 불분명한 음가를 표시하는 데에 사용한다. 이를 유성쉐와라고 부른다. 유성쉐와는 낱말의 강세 이동과 관련이 있으며, 모음의 약화 현상으로 볼 수 있다.

예1) גָּדוֹל gad̲ol"큰, 커다란"→ גְּדוֹלָה g^{e}d̲ola

여기서 모음 a가 약화되어 유성쉐와가 되었다.

예2) 동사 שָׁמַר šamar “그가 지켰다”

↓

שָׁמְרוּ šam^{e}ru “그들이 지켰다”

이곳에서는 모음 파타흐가 유성쉐와로 약화되었다.

요약하면 낱말의 초두나 혹은 음절의 초두에 위치하는 쉐와는 유성쉐와이다.

2.4 낱말 끝에 모음이 오지 않을 때에는 무성쉐와를 표기하지 않는다.

예) בַּיִת bayit “집” .

2.5 후음 자음이나 몇몇 자음에는 복합쉐와가 사용된다. 복합쉐와는 파타흐, 세골, 카메츠 하툽 등의 모음과 쉐와를 합하여 만든 반모음이다. 그 모양과 명칭은 다음과 같다.

ֲ – חֲטַף פַּתַח ḥ^{a}ṭaf pataḥ 하타프 파타흐

ֱ – חֲטַף סֶגוֹל ḥ^{a}ṭaf segol 하타프 세골

ֳ – חֲטַף קָמֵץ ḥ^{a}ṭaf qameṣ 하타프 카메츠

복합쉐와는 후음자음의 발음의 편의를 위한 반모음이다.

예) יַעֲקֹב Ya‘^{a}qov “야곱”,

אֱלֹהִים ’^{e}lohim “하나님”,

צָהֳרַיִם ṣŏh^{ŏ}rayim “정오, 한 낮” .

제 3 과
다른 기호들

강경점(다게쉬)

3.1 티베리아식 모음 체계에서는 몇몇 자음의 특별한 음운 현상을 나타내는 데에 점을 찍어 표기한다. 이를 다게쉬라고 부른다.

(가) 베간케팔 문자가 파열음으로 발음되면 점을 찍어 표시하며, 이를 강음점이라고 부른다.

(나) 동일한 자음이 반복되면 하나의 철자로 표시하고 점을 찍어 나타낸다. 이를 경음점 혹은 중복점이라고 부른다.

(가) 동일한 두 자음이 연속되는 현상을 보게 된다. 음절의 끝과 잇따르는 음절의 첫 자음 사이에 빈번하게 나타난다.

예) נָתַנְנוּ * > נָתַנּוּ naṯannu “우리가 주었다”.

(나) 자음의 동화현상의 결과로 나타난다.

예) מִן זֶה min ze > מִזֶּה mizze “이것으로부터”

여기에서는 자음(נ)이 ז과 동화되었음을 보여준다.

(다) 어휘 및 문법의 독특한 현상으로부터 나타난다.

히브리어의 관사 הַ־와 잇따르는 자음에 강경점을 찍어 표시한다. 따라서 잇따르는 자음은 경음의 효과가 있다.

예) הַבֵּן habben "그 아들"

3.2 베갇케퍁 문자는 경음화 되더라도 파열음이 지속되는 경우가 있다. 이때에는 그 경음점과 강음점의 역할을 동시에 하는 것으로 볼 수 있다. (예: הַבֵּן habben의 경우)

3.3 장모음 ָה 와 자음 ה + ָ 의 발음과 철자를 구별하기 위하여 자음 문자 ה에 찍어 주는 점으로 된 기호를 마픽이라고 부른다. 마픽이 있으면 분명한 הּ(h) 발음을 해주어야 한다.

예) סוּסָה susa "암말"

סוּסָהּ susah " 그녀의 말"

강세기호

3.4 히브리어 성경에는 모든 낱말에 강세표시가 되어있다. 강세는 소수의 예외를 제외하고는 대부분 해당음절의 첫 문자의 위나 아래에 표시한다.

(가) ׃ ֽ 씰룩 סִלּוּק ; 씰룩은 문장 끝 낱말에 나타나는 분리기호이다. 씰룩 뒤에는 종결기호인 소프 파쑥(:)이 뒤따른다. 종결기호가 뒤따르는 것으로 보아 이 기호는 앞 뒤 문장을 구분하는 역할을 하는 것으로 생각된다.

(나) ֑ 아트나흐 אַתְנַחְתָּא ; 문장을 크게 둘로 나눌 때 사용하는 분리기호이다.

(다) 쎄골타 סְגוֹלְתָּא; 아트나흐로 나누어진 첫 부분을 보다 작은 구로 분리하는 기호이다.

(라) 자켚 카톤 זָקֵף קָטֹן 혹은 자켚 가돌 זָקֵף גָּדוֹל; 아트나흐로 나누어진 앞뒤의 구를 각각 둘로 나눌 때에 쓰인다.

(마) 팊하 טִפְחָא; 씰룩 또는 아트나흐 앞에 사용하며, 리듬상 보다 작은 분리구절이 필요할 때 사용한다.

(바) 레비아 רְבִיעַ; 위에서 살펴본 예보다 더 작은 소단위로 분리할 때에 사용한다.

(사)그러나 연결부호 막켚(מַקֵּף)으로 이어져 있는 낱말은 하나의 낱말로 간주하여 강세표시를 하지 않는다.

אֵת קוֹלִי → אֶת־קוֹלִי (나의 소리를)

제 4 과
명사와 관사

4.1 히브리어 명사에는 남성명사와 여성명사의 구별이 있다. 따라서 명사는 문법적으로 남성과 여성 중에서 반드시 하나의 성만을 취하여야 한다.

4.2 히브리어 명사 어미는 성과 수에 의하여 구분된다. 헬라어와 달리 격변화는 존재하지 않는다.

명사의 변화

구 분		남성 명사		여성 명사	
		변화	어미	변화	어미
절대형	단 수	סוּס	□	סוּסָה	□ָה
	복 수	סוּסִים	□ִים	סוּסוֹת	□וֹת
연계형	단 수	סוּס	□	סוּסַת	□ַת
	복 수	סוּסֵי	□ֵי	סוּסוֹת	□וֹת

절대형 명사란 독립형이라고도 불리우며 혼자서 의미를 나타내는 명사이다. 연계형 명사란 다음에 나오는 명사와 결합을 하여 의미를

나타내는 명사이다.

연계형 명사는 강세가 없으며 모음 소리가 짧아진다.

절대형에서 연계형으로의 어미변화

절대형 어미			연계형 어미
남성 단수	없음	⇒	없음
남성 복수	ִים, ִים		ֵי־
여성 단수	ָה		ַת־
여성 복수	וֹת		וֹת־

성경에서 자주 사용되는 불규칙명사

4.3 이 명사들은 불규칙 낱말로써 자주 사용되기에 반드시 암기하여야 한다.

낱말 의미	변화형
남자, 남편	אִישׁ, אֲנָשִׁים, אִישׁ־, אַנְשֵׁי־
여자, 아내	אִשָּׁה, נָשִׁים, אֵשֶׁת־, נְשֵׁי־
아버지	אָב, אָבוֹת, אֲבִי־, אֲבוֹת־
형제	אָח, אַחִים, אֲחִי־, אֲחֵי־
집	בַּיִת, בָּתִּים, בֵּית־, בָּתֵּי־

관사의 형태

4.4 영어와는 달리 히브리어에는 부정관사가 없다. 따라서 관사 없는 명사는 부정 관사가 있는 것으로 해석될 가능성이 있다.

4.5 정관사의 형태

구 분	형 태	실제적인 예
정상자음 앞에서	· הַ (הַ + 강음점)	הַנַּעַר " 그 젊은이."
א, ר 앞에서	הָ (강음점의 생략과 함께 모음이 길어짐)	הָאִישׁ"그 사람" הָרֶגֶל "그 발" הָעַיִן "그 눈"
ה, ח 앞에서	הַ (강음점만 생략)	הַחַיָּה "그 동물"
חָ나 강세없는 הָ, 혹은 עָ앞에서	הֶ (강음점 생략과 함께 모음이 변화됨)	הֶעָרִים " 그 성읍들" הֶחָכָם "그 현자(賢者)들"

4.6 전치사 לְ־, כְּ־, בְּ־가 관사와 동시에 사용되면 축약이 된다.

축약형은 다음과 같다.

전치사의 자음 + 해당관사의 모음

예)예: לַנַּעַר (〈 הַנַּעַר + לְ) "그 청년에게",
כָּאִישׁ (〈 הָאִישׁ + כְּ) "그 사람처럼",
בֶּעָרִים (〈 הוֶעָרִים + בְּ) "그 성읍들 안에서"

제 5 과
대명사 개관

5.1 독립형 인칭 대명사는 다음과 같다.

인칭 \ 수	복 수	단 수
1인칭	אֲנַחְנוּ, נַחְנוּ (אָנוּ)	אֲנִי, אָנֹכִי
2인칭(남)	אַתֶּם	אַתָּה
2인칭(여)	אַתֵּן (אַתֶּן) אַתֵּנָה	אַתְּ
3인칭(남)	הֵם, הֵמָּה	הוּא
3인칭(여)	הֵנָּה (הֵן)	הִיא

5.2 히브리어 지시대명사에는 근칭(近稱; this)과 원칭이 있다.

근칭 대명사

성 \ 수	복 수	단 수
남 성	אֵלֶּה	זֶה
여 성		זֹאת

원칭 대명사

성 \ 수	복 수	단 수
남 성	הֵם	הוּא
여 성	הֵן	הִיא

지시 대명사 원칭(遠稱; that)의 경우에는 3인칭 인칭 대명사와 형태가 동일하다

접미 대명사의 변화

5.3 명사 뒤에 접속되어 소유의 의미를 나타내는 히브리어 대명사를 접미대명사라고 부른다. 예를 들면 חֲמוֹר "나귀" 남성 명사이다. 여기 에 1인칭 단수 접미대명사가 접속되면,

חֲמוֹרִי "나의 나귀"가 된다. 이처럼 접미 대명사의 접속은 해당 명사의 음절의 증가를 가져온다. 따라서 강세가 접미대명사로 이동함과 동시에, 해당 명사는 연계형 명사와 동일한 모음 변화를 겪게 된다.

복수 접미 대명사		인 칭	단수 접미 대명사	
복 수	단 수		복 수	단 수
ֵינוּ	ַי	1인칭	ֵנוּ	ִי
ֵיכֶם	ֶיךָ	2인칭 남	ְכֶם	ְךָ
ֵיכֶן	ַיִךְ	2인칭 녀	ְכֶן	ֵךְ
ֵיהֶם	ָיו	3인칭 남	ָם	וֹ-
ֵיהֶן	ֶיהָ	3인칭 녀	ָן	ָהּ

(가) 3인칭 접미대명사의 고어형(古語形)은 הוּ (hu)이다. 일부 명사에서 그 흔적을 볼 수가 있다.

예)אָבִיהוּ "그의 아버지", פִּיהוּ "그의 입술",

이 명사들은 규칙형인 אָבִיו, פִּיו 로도 사용된다. .

(나) 3인칭 여성 접미대명사의 고어형(古語形)은 ha이다.

예) אָבִיהָ "그 여자의 아버지", פִּיהָ "그 여자의 입술"

명사(סוּס)에 접속되는 접미대명사

5.4 명사(סוּס)에 접속된 접미대명사의 형태는 다음과 같다

복수 접미 대명사		인 칭	단수 접미 대명사	
복 수	단 수		복 수	단 수
סוּסֵינוּ	סוּסַי	1인칭	סוּסֵנוּ	סוּסִי
סוּסֵיכֶם	סוּסֶיךָ	2인칭 남	סוּסְכֶם	סוּסְךָ
סוּסֵיכֶן	סוּסַיִךְ	2인칭 녀	סוּסְכֶן	סוּסֵךְ
סוּסֵיהֶם	סוּסָיו	3인칭 남	סוּסָם	סוּסוֹ
סוּסֵיהֶן	סוּסֶיהָ	3인칭 녀	סוּסָן	סוּסָהּ

5.5 접미대명사는 전치사, 접속사와도 사용이 가능하다.

전치사 מִן 에 접미대명사가 접속된 형태는 다음과 같다.

인 칭 \ 수	복 수	단 수
1인칭	מִמֶּנּוּ	מִמֶּנִּי
2인칭(남)	מִכֶּם	מִמְּךָ
2인칭(여)	מִכֶּן	מִמֵּךְ
3인칭(남)	מֵהֶם	מִמֶּנּוּ
3인칭(여)	מֵהֶן	מִמֶּנָּה

동사에 접속되는 접미 대명사

5.6 동사의 완료형과 미완료형에 접속되는 대명사는 동사의 목적어로 사용된다. 동사에 접속되는 형태는 다양한 변이형이 나타난다.

인칭 \ 수	복 수	단 수
1인칭	נוּ	נִי
2인칭(남)	כֶם	ךָ
2인칭(여)	כֶן	ךְ
3인칭(남)	ם, הֶם	הוּ, ו, וֹ
3인칭(여)	ן	ָה, ָהּ, הָ

제 6 과
강동사 개관

동사의 서론

6.1 히브리어 동사는 세 자음을 어근으로 하는 독특한 특성을 지니고 있다.

6.2 이 어근은 주요한 의미부를 결정하며 동사의 문법적 유형과 세세한 의미들은 모음과의 결합에 의해 결정된다.

예)

<table>
<tr><th>어 근</th><th></th><th>모음 결합</th></tr>
<tr><td rowspan="3">פתח
(여는 것, opening)</td><td rowspan="3">⇒</td><td>פָּתַח (그가 열었다)</td></tr>
<tr><td>נִפְתַּח (열려졌다)</td></tr>
<tr><td>פֶּתַח (현관, 입구)</td></tr>
</table>

동사의 유형구분

6.3 히브리어 동사를 פָּעַל(-하다)동사의 변화형에 따라 유형별로 분류하면 다음과 같다.

<table>
<tr><th>구 분</th><th>단 순 형</th><th>강 조 형</th><th>사 역 형</th></tr>
<tr><td>능 동 태</td><td>קַל (פָּעַל)</td><td>פִּעֵל</td><td>הִפְעִיל</td></tr>
<tr><td>수 동 태</td><td rowspan="2">נִפְעַל</td><td>פֻּעַל</td><td>הָפְעַל</td></tr>
<tr><td>중 간 태</td><td>הִתְפַּעֵל</td><td>없 음</td></tr>
</table>

6.4 히브리어 동사의 유형을 암기하는 것은 전체 동사를 이해하는 데에 대단히 요긴하다.

동사의 시상

6.5 모든 히브리어 동사는 형태적으로 완료형과 미완료형의 두 가지 시상 형태로 구분된다.

가) 히브리어의 완료형은 어미 형태로 접속되며, 그 어미를 암기하는 것은 대단히 중요하다.

나)다음은 히브리어 שָׁמַר (그가 지켰다, 돌보았다)동사의 완료형 변화이다. ( )안은 완료형 어미이다.

복 수	인 칭	단 수
(וּ-) שָׁמְרוּ	3인칭 남	(-) שָׁמַר
	3인칭 녀	(הָ-) שָׁמְרָה
(תֶּם-) שְׁמַרְתֶּם	2인칭 남	(תָּ-) שָׁמַרְתָּ
(תֶּן-) שְׁמַרְתֶּן	2인칭 녀	(תְּ-) שָׁמַרְתְּ
(נוּ-) שָׁמַרְנוּ	1인칭	(תִּי-) שָׁמַרְתִּי

6.6 미완료형은 동사의 어간에 접두 자음을 접속하며, 동시에 보조 어미를 사용한다.

6.7 히브리어 מָלַךְ 동사의 미완료형 변화를 정리한다. ( )안에 접두어와 보조 어미를 표시하였다.

다음 도표를 철저히 암기하여 주기 바란다.

복 수	인 칭	단 수
יִמְלְכוּ (וּ --יִ)	3인칭 남	יִמְלֹךְ (--יִ)
תִּמְלֹכְנָה (נָה--תִּ)	3인칭 녀	תִּמְלֹךְ (--תִּ)
תִּמְלְכוּ (וּ --תִּ)	2인칭 남	תִּמְלֹךְ (--תִּ)
תִּמְלֹכְנָה (נָה--תִּ)	2인칭 녀	תִּמְלְכָה (י--תִּ)
נִמְלֹךְ (--נִ)	1인칭	אֶמְלֹךְ (--אֶ)

동사 변화의 7원리

6.8 시상변화 외에도 부정사와 분사등과 같은 형태 개관을 동사의 7원리라고 한다. 특히 미완료형 변화는 명령법과 부정사의 형태를 이해하는 기초가 된다. 따라서 철저히 암기하여야 한다.

<table>
<tr><th>완료형</th><th>미완료형</th><th>명 령 법</th><th>부 정 사</th><th>분 사</th></tr>
<tr><td rowspan="2">שָׁמַר</td><td rowspan="2">יִשְׁמֹר</td><td>2인칭 미완료에서</td><td>שְׁמֹר (연계형)</td><td>שֹׁמֵר (능동)</td></tr>
<tr><td>접두어를 생략</td><td>שָׁמוֹר(절대형)</td><td>שָׁמוּר (수동)</td></tr>
</table>

<table>
<tr><th rowspan="3">구분</th><th colspan="2">단순형</th><th colspan="3">강조형</th><th colspan="2">사역형</th></tr>
<tr><th>능동</th><th>수동, 재귀</th><th>능동</th><th>수동</th><th>재귀</th><th>능동</th><th>수동</th></tr>
<tr><th>פָּעַל
칼</th><th>נִפְעַל
니팔</th><th>פִּעֵל
피엘</th><th>פֻּעַל
푸알</th><th>הִתְפַּעֵל
히트파엘</th><th>הִפְעִיל
히필</th><th>הָפְעַל
호팔</th></tr>
<tr><td>완 료</td><td>פָּקַד</td><td>נִפְקַד</td><td>פִּקֵּד</td><td>פֻּקַּד</td><td>הִתְפַּקֵּד</td><td>הִפְקִיד</td><td>הָפְקַד</td></tr>
<tr><td>미완료</td><td>יִפְקֹד</td><td>יִפָּקֵד</td><td>יְפַקֵּד</td><td>יְפֻקַּד</td><td>יִתְפַּקֵּד</td><td>יַפְקִיד</td><td>יָפְקַד</td></tr>
<tr><td>명령형</td><td>פְּקֹד</td><td>הִפָּקֵד</td><td>פַּקֵּד</td><td>פֻּקַּד</td><td>הִתְפַּקֵּד</td><td>הִפְקֵד</td><td>הָפְקַד</td></tr>
<tr><td>부정사 절대형</td><td>פָּקוֹד</td><td>הִפָּקֹד</td><td>פַּקֹּד</td><td>פֻּקֹּד</td><td>הִתְפַּקֵּד</td><td>הִפְקֵד</td><td>הָפְקֵד</td></tr>
<tr><td>부정사 연계형</td><td>פְּקֹד</td><td>הִפָּקֵד</td><td>פַּקֵּד</td><td>פֻּקַּד</td><td>הִתְפַּקֵּד</td><td>הַפְקִיד</td><td>הָפְקַד</td></tr>
<tr><td>분 사 능 동</td><td>פֹּקֵד</td><td rowspan="2">נִפְקַד</td><td rowspan="2">מְפַקֵּד</td><td rowspan="2">מְפֻקָּד</td><td rowspan="2">מִתְפַּקֵּד</td><td rowspan="2">מַפְקִיד</td><td rowspan="2">מָפְקָד</td></tr>
<tr><td>분 사 수 동</td><td>פָּקוּד</td></tr>
</table>

구 분		칼	니 팔	피 엘
완료형	3인칭 남 단	פָּקַד	נִפְקַד	פִּקֵּד
	여 단	פָּקְדָה	נִפְקְדָה	פִּקְּדָה
	2인칭 남 단	פָּקַדְתָּ	נִפְקַדְתָּ	פִּקַּדְתָּ
	여 단	פָּקַדְתְּ	נִפְקַדְתְּ	פִּקַּדְתְּ
	1인칭 공 단	פָּקַדְתִּי	נִפְקַדְתִּי	פִּקַּדְתִּי
	3인칭 공 복	פָּקְדוּ	נִפְקְדוּ	פִּקְּדוּ
	2인칭 남 복	פְּקַדְתֶּם	נִפְקַדְתֶּם	פִּקַּדְתֶּם
	여 복	פְּקַדְתֶּן	נִפְקַדְתֶּן	פִּקַּדְתֶּן
	1인칭 공 복	פָּקַדְנוּ	נִפְקַדְנוּ	פִּקַּדְנוּ
미완료형	3인칭 남 단	יִפְקֹד	יִפָּקֵד	יְפַקֵּד
	여 단	תִּפְקֹד	תִּפָּקֵד	תְּפַקֵּד
	2인칭 남 단	תִּפְקֹד	תִּפָּקֵד	תְּפַקֵּד
	여 단	תִּפְקְדִי	תִּפָּקְדִי	תְּפַקְּדִי
	1인칭 공 단	אֶפְקֹד	אֶפָּקֵד	אֲפַקֵּד
	3인칭 남 복	יִפְקְדוּ	יִפָּקְדוּ	יְפַקְּדוּ
	여 복	תִּפְקֹדְנָה	תִּפָּקֵדְנָה	תְּפַקֵּדְנָה
	2인칭 남 복	תִּפְקְדוּ	תִּפָּקְדוּ	תְּפַקְּדוּ
	여 복	תִּפְקֹדְנָה	תִּפָּקֵדְנָה	תְּפַקֵּדְנָה
	1인칭 공 복	נִפְקֹד	נִפָּקֵד	נְפַקֵּד
명령형	2인칭 남 단	פְּקֹד	הִפָּקֵד	פַּקֵּד
	여 단	פִּקְדִי	הִפָּקְדִי	פַּקְּדִי
	2인칭 남 복	פִּקְדוּ	הִפָּקְדוּ	פַּקְּדוּ
	여 복	פְּקֹדְנָה	הִפָּקֵדְנָה	פַּקֵּדְנָה
부정사	절 대 형	פָּקוֹד	הִפָּקֹד	פַּקֹּד
	연 계 형	פְּקֹד	הִפָּקֵד	פַּקֵּד
분사		능동 פֹּקֵד 수동 פָּקוּד	נִפְקָד	מְפַקֵּד

푸 알	히 트 파 엘	히 필	호 팔
פֻּקַּד פֻּקְּדָה פֻּקַּדְתָּ פֻּקַּדְתְּ פֻּקַּדְתִּי פֻּקְּדוּ פֻּקַּדְתֶּם פֻּקַּדְתֶּן פֻּקַּדְנוּ	הִתְפַּקֵּד הִתְפַּקְּדָה הִתְפַּקַּדְתָּ הִתְפַּקַּדְתְּ הִתְפַּקַּדְתִּי הִתְפַּקְּדוּ הִתְפַּקַּדְתֶּם הִתְפַּקַּדְתֶּן הִתְפַּקַּדְנוּ	הִפְקִיד הִפְקִידָה הִפְקַדְתָּ הִפְקַדְתְּ הִפְקַדְתִּי הִפְקִידוּ הִפְקַדְתֶּם הִפְקַדְתֶּן הִפְקַדְנוּ	הָפְקַד הָפְקְדָה הָפְקַדְתָּ הָפְקַדְתְּ הָפְקַדְתִּי הָפְקְדוּ הָפְקַדְתֶּם הָפְקַדְתֶּן הָפְקַדְנוּ
יְפֻקַּד תְּפֻקַּד תְּפֻקַּד תְּפֻקְּדִי אֲפֻקַּד יְפֻקְּדוּ תְּפֻקַּדְנָה תְּפֻקְּדוּ תְּפֻקַּדְנָה נְפֻקַּד	יִתְפַּקֵּד תִּתְפַּקֵּד תִּתְפַּקֵּד תִּתְפַּקְּדִי אֶתְפַּקֵּד יִתְפַּקְּדוּ תִּתְפַּקַּדְנָה תִּתְפַּקְּדוּ תִּתְפַּקַּדְנָה נִתְפַּקֵּד	יַפְקִיד תַּפְקִיד תַּפְקִיד תַּפְקִידִי אַפְקִיד יַפְקִידוּ תַּפְקֵדְנָה תַּפְקִידוּ תַּפְקֵדְנָה נַפְקִיד	יָפְקַד תָּפְקַד תָּפְקַד תָּפְקְדִי אָפְקַד יָפְקְדוּ תָּפְקַדְנָה תָּפְקְדוּ תָּפְקַדְנָה נָפְקַד
없음	הִתְפַּקֵּד הִתְפַּקְּדִי הִתְפַּקְּדוּ הִתְפַּקַּדְנָה	הַפְקֵד הַפְקִידִי הַפְקִידוּ הַפְקֵדְנָה	없음
פֻּקֹּד	הִתְפַּקֹּד הִתְפַּקֵּד	הַפְקֵד הַפְקִיד	הָפְקֵד הָפְקַד
מְפֻקָּד	מִתְפַּקֵּד	מַפְקִיד	מָפְקָד

제 7 과
모음변화의 일반원리

음절과 모음

7.1 히브리어 모음은 음절과 깊은 연관이 있다. 즉 개음절의 모음은 장모음을, 폐음절의 모음은 단모음을 원칙으로 한다.

예) שָׁמַר " 그가 지켰다 "

폐음절	개음절
מַר	שָׁ
↓	↓
단모음	장모음

7.2 그러나 해당음절에 강세가 오면 7.1의 원칙은 바뀌어 질 수 있다.

(가)명사 דָּבָר에서 폐음절인 בָר에는 강세가 와서 장모음이 되었다.

(나) 명사 חֶסֶד에서 첫 음절이 강세로 시작하는 낱말이기에 개음절이지

만 단모음이 되었다.

7.3 히브리어에서는 강세 음절에서 3음절이상 떨어진 음절을 강세에서 먼 음절이라고 정의한다. 강세에서 먼 개음절은 순장모음인 경우를 제외하고는 모음이 약화되어 쉐와가 된다.

דָבָר → דְבָרִים

강세를 기준으로 한 음절 구분

1음절	2음절	3음절
רִים	בָ	דְ
강세음절	옆 음절	먼 음절
폐음절	개음절	개음절
장모음	장모음	쉐와, 쉐바

7.4 유성 쉐와가 중첩되면 앞에 위치한 쉐와는 단모음이 된다.

(가) 일반적으로 단순 쉐와가 중첩되면 앞의 쉐와는 단모음 히렉으로 변화한다.

예1) בִּדְבָרִים (〈 דְבָרִים + בְּ) "말씀들",

(나) 중첩된 쉐와 중 하나가 복합 쉐와이면 대응하는 단모음으로 변화한다.

예2) לַאֲנָשִׁים (〈 אֲנָשִׁים + לְ) "사람들을 위하여"

제 8 과
부정의 방법

8.1 구약성경에서는 부정을 나타내는 데 다양한 방법을 사용한다. 일반적으로는 동사 앞에 부정어 לֹא를 두어 사용한다.

8.2 부정어 אַל은 명령이나 간접명령을 부정할 때에 사용한다.

예) אַל תִּשְׁמֹר "네가 지키지 말아라"
אַל יִשְׁמֹר "그가 지키지 말찌어다"

8.3 동사가 없는 문장을 명사문이라고 한다.

예) יוֹסֵף גָּדוֹל "요셉은 크다"
יוֹסֵף נַעַר "요셉은 청년이다"

명사문을 부정할 때에는 부정어 אֵין 을 사용한다.

אֵין יוֹסֵף גָּדוֹל "요셉은 크지 않다"
אֵין יוֹסֵף נַעַר "요셉은 청년이 아니다"

8.4 이외에도 부정문을 표현하는 낱말에는 여러 가지가 있다.

אֶפֶס בִּלְתִּי בְּלִי בַּל פֶּן

제 9 과
전치사

접두 전치사

9.1전치사 ־לְ, ־בְּ, ־כְּ 등은 접두전치사이다. 이 전치사는 명사 앞에 접두되어 쓰인다. 그 의미는 다음과 같다.

- בְּ 안에, 함께, 안에서 (in, by, with)
- כְּ 처럼, 같이, 따라서 (as, like, according to)
- לְ 에게,에서, 위하여 (at, to, for),

9.2 이들 전치사가 관사와 동시에 사용되면, 관사와 이들 전치사는 합하여 축약형이 된다. 따라서 관사의 모음 음가를 해당 전치사가 취하면서 동시에 관사의 자음은 생략한다.

예) לַנַּעַר (〈 הַנַּעַר + לְ) "그 청년에게",
כָּאִישׁ (〈 הָאִישׁ + כְּ) "그 사람처럼",
בֶּעָרִים (〈 הֶעָרִים + בְּ) "그 성읍들 안에서"

복수 명사에서 온 전치사

9.3 전치사 אֶל עַל עַד는 복수 명사에서 온 전치사이다. 따라서 이들 전치사는 목적어를 취할 때에 반드시 복수 접미사만을 취하여야 한다.

אֶל 에게, --로, --를 향하여 (at, to, toward)

עַל --위에, 관하여, (upon, over, concerning)

עַד --까지, (unto, until)

9.4 이 외의 다른 전치사들은 독립 전치사이다.

함께	**אֵת, עִם**	떨어져,통하여, 위하여	**בְּעַד**
뒤에, 후에	**אַחֲרֵי**	때문에	**יַעַן**
옆에, 곁에	**אֵצֶל**	앞에	**לִפְנֵי**
때문에	**בִּגְלַל**	마주하여, 반대하여	**נֶגֶד**
사이에, 가운데	**בֵּין**	아래에, 대신에	**תַּחַת**
위하여	**בַּעֲבוּר**	--로 부터	**מִן**

9.5 전치사는 사람이나 물체가 장소와 갖는 관계를 나타내는 낱말 이다. 경우에 따라서는 하나의 장소가 다른 장소와 어떤 관계를 갖고 있는 지를 나타낼 떼에도 사용된다.

중급편

약동사 및
성경 강독 연습

제 10 과
약동사 개관

10.1 히브리어 동사의 어근은 3개의 자음으로 구성되어 있다. 이 어근은 의미와 관련이 있다. 즉 히브리어의 어근은 여러 유형의 모음 및 어미와 접두어 결합하여 독특한 강세와 의미를 지닌 어휘를 형성하게 된다.

예) 어근 שקל은 "무게"와 관련이 있다.

어 근		모음 및 접두어 결합
שקל (무게와 관련)	⇒	שָׁקַל 그가 무게를 달았다
		נִשְׁקַל 그것은 무거웠다.
		שֶׁקֶל 세겔이라는 동전
		מִשְׁקָל 무게

10.2 히브리어 동사의 어근은 פָּעַל(-하다)동사의 영향에 의하여 각 어근을 순서에 따라 다음과 같이 부fms다.

동사 어근의 첫 자음위치를 פ(페) 자리로 부른다

동사 어근의 둘째 자음위치를 ע(아인) 자리로 부른다

동사 어근의 셋째 자음위치를 ל(라메드) 자리로부른다

동사 어근	ל	ע	פ
자음 순서	③	②	①
	↓	↓	↓
명 칭	라메드 자 리	아인 자 리	페 자 리

예) 동사 ברא(창조하다)의 철자는 다음과 같다.

페 자리에 ב (베트)

아인 자리에 ר (레쉬)

라메드 자리에 א (알렙)이 온다.

약동사

10.3 동사의 어근 자음 가운데에 약자음이 있는 동사를 약동사라고 한다.

일반적으로 자음은 자신의 음가를 유지한다. 이러한 원칙에 충실한 자음을 강자음이라고 부른다.

예) ב는 어느 위치에 와도 b 또는 v의 음가를 유지한다.

10.4 그러나 적절한 환경이 되면 묵음이 되거나 뒷자음에 동화되

는 소수의 자음이 있다. 이러한 자음을 약자음이라 부른다.

예) 히브리어 נ은 위치에 따라 음가가 변한다.

נָפַל napal → יִפֹּל yippol

즉 초성의 위치에서는 n 으로 발음된다

그러나 p음 앞에서는 p음으로 동화된다.

동사 어근의 세자음 중에 약자음이 들어있는 동사를 약동사라고 일컫는다. 히브리어의 약자음은 묵음이 되는 י, ו와 동화가 되는 נ이 있다. 그리고 넓은 의미에서 후음자음을 약동사에 포함하는 학자도 있다.

약동사의 분류

10.5 다양한 유형의 약동사를 간편하게 분류하기 위하여 약 자음의 종류와 그 위치에 따라 다음과 같이 구분한다.

약동사 구분 1			
순 서	③	②	①
	↓	↓	↓
약자음 종 류	ה י	י ו	י ו
약동사 명 칭	라멘 헤 동사	아인 요드 바브 동사	페 요드 바브 동사

약동사 구분 2		
순 서	③ ②	①
	↓ ↓	↓
약자음 종 류	동일자음 반복	נ
약동사 명 칭	중복동사	페눈동사

제 11 과
페-눈 동사

11.1 히브리어 자음 נ은 음절의 끝이 될 때에는 다음 자음에 동화하는 특성을 가지고 있다.

예) 니팔 미완료

יִנְפָקֵד * > יִפְפָקֵד * > יִפָּקֵד

칼 완료 1인칭

תִּי +נָתַן > נָתַתתִּי *> נָתַתִּי

natan+ti natatti

11.2 이러한 현상은 첫 자음이 נ으로 시작하는 페-눈 동사에서는 더욱 엄격하게 적용되며 동화된 자음은 경음점으로 표기한다.

예) יִנְגַּשׁ * > יִגְגַּשׁ * > יִגַּשׁ

יִנְפֹּל * > יִפְפֹּל * > יִפֹּל

11.3 페-눈 동사의 이러한 특성은 발음의 편이를 위한 것으로 자

연언어에 나타나는 음성 현상에 해당한다. 이러한 현상은 우리말이나 영어에서도 관찰된다. 우리말과 영어에서는 뒷 자음이 유음이 되는 경우에만 나타나는 제약이 있으나, 그러나 히브리어에서는 후음자음을 제외한 모든 자음에서 동화현상이 나타난다.

1) 한국말의 경우
난리 > 날리　　　　한류(韓流) 〉 할류
논리 > 놀리　　　　천리안> 철리안

2) 영어의 경우
in + logic > illogic
in + moral > immoral

11.4 따라서 페-눈 동사는 첫 자음(נ)이 음절의 끝에 해당하는 경우를 살펴보는 것이 대단히 중요하다. 정상동사(פָּקַד)와 페-눈 동사 (נָגַשׁ)의 기본형을 비교하여 본다.

구　　분	칼 미완료	니팔 완료	히필 완료	히필 미완료	호　팔
정상동사	יִפְקֹד	נִפְקַד	הִפְקִיד	יַפְקִיד	הָפְקַד
페눈동사	יִגַּשׁ	נִגַּשׁ	הִגִּישׁ	יַגִּישׁ	הֻגַּשׁ

11.5 그러나 페-눈 동사의 이러한 변화는 후음자음 앞에서는 발생하지 않는다. 그 이유는 후음자음은 강경점을 받지 못하는 자음이기 때문이다.

예) 일반자음 앞에서　　* יִנְגַּשׁ > יִגַּשׁ
후음자음 앞에서　　יִנְחַן > יִנְחַן

11.6 그러나 칼동사의 명령법, 부정사 연계형에서는 첫 자음(נ)이 철자로 표기되는 부류와 동화되어 표기되지 않는 두 가지 유형으로 구분된다.

미완료형에서 중근모음이 홀렘(ֹ o)인 경우에는 נ이 철자로 표기가 된다. 그러나 중근모음이 파타흐(ַ a)나 체레(ֵ e)인 경우에는 동화되어 표기되지 않는다.

תִּפֹּל (미완료 2인칭) → נְפֹל (명령형)
תִּגַּשׁ (미완료 2인칭) → גַּשׁ (명령형)

11.7 동사 לָקַח "취하다"의 첫 자음 ל는 미완료형에서 페-눈 동사의 변화와 동일한 변화를 보여준다.

לָקַח(완료 3인칭) → יִקַּח (미완료 3인칭)

【주요한 페·눈 동사】

נָפַל 떨어지다. נָגַשׁ 접근하다.
נָטַשׁ 포기하다. נָגַד (히)말하다.
נָצַר 지키다. 보호하다 לָקַח 취하다.
נָצַל (히)구원하다. נָשָׂא 들어올리다.
נָבֵל 시들다. נָבָא 예언하다.
נָגַף 치다. 재앙을 내리다. נָשַׁק (피)입 맞추다.
נָטַע 심다. נָסַע 출발하다.
נָצַג 앉다. נָתַן 주다. 두다.
נָדַר 맹세하다. נָצַב 서다,든든히 자리잡다.
נָבַט (피)훑어보다. 바라보다. נָצַח 감독하다. נָחַם (피)위로하다.

구분		칼		니팔	히필
	3인칭 남 단	נָפַל	נָגַשׁ	נִגַּשׁ	הִגִּישׁ
	여 단	נָפְלָה		נִגְּשָׁה	הִגִּישָׁה
완	2인칭 남 단	נָפַלְתָּ	규	נִגַּשְׁתָּ	הִגַּשְׁתָּ
	여 단	נָפַלְתְּ	칙	נִגַּשְׁתְּ	הִגַּשְׁתְּ
료	1인칭 공 단	נָפַלְתִּי	적	נִגַּשְׁתִּי	הִגַּשְׁתִּי
	3인칭 공 복	נָפְלוּ	으	נִגְּשׁוּ	הִגִּישׁוּ
형	2인칭 남 복	נְפַלְתֶּם	로	נִגַּשְׁתֶּם	הִגַּשְׁתֶּם
	여 복	נָפַלְתֶּן		נִגַּשְׁתֶּן	הִגַּשְׁתֶּן
	1인칭 공 복	נָפַלְנוּ		נִגַּשְׁנוּ	הִגַּשְׁנוּ
	3인칭 남 단	יִפֹּל	יִגַּשׁ	יִנָּגֵשׁ	יַגִּישׁ
	여 단	תִּפֹּל	תִּגַּשׁ		תַּגִּישׁ
미	2인칭 남 단	תִּפֹּל	תִּגַּשׁ	규	תַּגִּישׁ
	여 단	תִּפְּלִי	תִּגְּשִׁי	칙	תַּגִּישִׁי
완	1인칭 공 단	אֶפֹּל	אֶגַּשׁ	적	אַגִּישׁ
	3인칭 남 복	יִפְּלוּ	יִגְּשׁוּ	으	יַגִּישׁוּ
료	여 복	תִּפֹּלְנָה	תִּגַּשְׁנָה	로	תַּגֵּשְׁנָה
	2인칭 남 복	תִּפְּלוּ	תִּגַּשׁוּ		תַּגִּישׁוּ
형	여 복	תִּפֹּלְנָה	תִּגַּשְׁנָה		תַּגֵּשְׁנָה
	1인칭 공 복	נִפֹּל	נִגַּשׁ		נַגִּישׁ
명	2인칭 남 단	נְפֹל	גַּשׁ		הַגֵּשׁ
령	여 단	נִפְלִי	גְּשִׁי		הַגִּישִׁי
형	2인칭 남 복	נִפְלוּ	גְּשׁוּ		הַגִּישׁוּ
	여 복	נְפֹלְנָה	גַּשְׁנָה		הַגֶּשְׁנָה
부정사	절 대 형		נָגוֹשׁ		הַגֵּשׁ
	연 계 형	נְפוֹל	גֶּשֶׁת		הַגִּישׁ
분사				נִגָּשׁ	מַגִּישׁ

【강독연습】

1. שָׂא עֵינֶיךָ אֶל אֱלֹהִים !

2. אִם תֵּלֵךְ בַּמִּדְבָּר בַּלַּיְלָה
   תִּפֹּל בְּבוֹרוֹת

3. מִי יַצִּיל אֶת שְׂעִיר הָעִזִּים
   מִן הַחַיָּה הַטּוֹרֶפֶת ?

4. כַּאֲשֶׁר יִפֹּל הַבֵּן בַּדֶּרֶךְ
   וְלֹא יוּכַל לָלֶכֶת עוֹד יִשָּׂא אֹתוֹ אָבִיו.

5. מָשְׁכוּ אֶת הַחֲמוֹר וְהִכּוּ אֹתוֹ
   וְלֹא קָם מֵעַל הָאָרֶץ.

6. אֵין אִישׁ יָכֹל לָגֶשֶׁת אֶל הַמֶּלֶךְ
   כִּי שׁוֹמְרָיו נִצָּבִים עָלָיו.

7. הִצַּלְנוּ אֶת הָעִזִּים מְחַיּוֹת הַשָּׂדֶה.

8. תְּנוּ לִי לֶחֶם לֶאֱכֹל !

9. עִבְרוּ עַל פֶּתַח בֵּיתָם וְקִרְאוּ לָהֶם !

10. יִסְעוּ בְּעוֹד שְׁנֵים עָשָׂר יוֹם.

11. אַל תִּשָּׂא אֶת הָעֵז לְבַדֵּךְ
כִּי כָּבְדָה הִיא !

12. מִי זֶה נִצָּב שָׁם בַּפֶּתַח.

13. אַל תִּסְעוּ בַּיּוֹם פֶּן תַּכֶּה אֶתְכֶם הַשֶּׁמֶשׁ !

【성경 강독】

□창 13:13-15□

13 וְאַנְשֵׁ֣י סְדֹ֔ם רָעִ֖ים וְחַטָּאִ֑ים לַיהוָ֖ה מְאֹֽד׃

14 וַֽיהוָ֞ה אָמַ֣ר אֶל־אַבְרָ֗ם אַחֲרֵי֙ הִפָּֽרֶד־ל֣וֹט מֵֽעִמּ֔וֹ

שָׂ֣א נָ֤א עֵינֶ֙יךָ֙ וּרְאֵ֔ה מִן־הַמָּק֖וֹם

אֲשֶׁר־אַתָּ֣ה שָׁ֑ם צָפֹ֥נָה וָנֶ֖גְבָּה וָקֵ֥דְמָה וָיָֽמָּה׃

15 כִּ֧י אֶת־כָּל־הָאָ֛רֶץ אֲשֶׁר־אַתָּ֥ה רֹאֶ֖ה לְךָ֣

אֶתְּנֶ֑נָּה וּֽלְזַרְעֲךָ֖ עַד־עוֹלָֽם׃

【어휘 연구】

רָע	악하다	חָטָא	죄를 짓다
מְאֹד	매우(부사)	יהוה	여호와
אָמַר	말하다		
אַחֲרֵי	(전) -후에	פָּרַד	떠나다
מֵעִמּוֹ	그로부터	נָשָׂא	들다
עַיִן, עֵינַיִם	눈(眼)	רָאָה	보다
מָקוֹם	장소	שָׁם	거기
צָפוֹן	북	נֶגֶב	네게브 또는 남
קֶדֶם	동	יָם	바다, 서쪽
נָתַן	주다	זֶרַע	후손
עוֹלָם	영원히		

□렘1:7-10□

7 וַיֹּ֤אמֶר יְהוָה֙ אֵלַ֔י אַל־תֹּאמַ֖ר נַ֣עַר אָנֹ֑כִי
כִּ֠י עַל־כָּל־אֲשֶׁ֤ר אֶֽשְׁלָחֲךָ֙ תֵּלֵ֔ךְ
וְאֵ֛ת כָּל־אֲשֶׁ֥ר אֲצַוְּךָ֖ תְּדַבֵּֽר׃
8 אַל־תִּירָ֖א מִפְּנֵיהֶ֑ם
כִּֽי־אִתְּךָ֥ אֲנִ֛י לְהַצִּלֶ֖ךָ נְאֻם־יְהוָֽה׃
9 וַיִּשְׁלַ֤ח יְהוָה֙ אֶת־יָד֔וֹ וַיַּגַּ֖ע עַל־פִּ֑י
וַיֹּ֤אמֶר יְהוָה֙ אֵלַ֔י הִנֵּ֛ה
נָתַ֥תִּי דְבָרַ֖י בְּפִֽיךָ׃
10 רְאֵ֞ה הִפְקַדְתִּ֣יךָ ׀
הַיּ֣וֹם הַזֶּ֗ה עַל־הַגּוֹיִם֙ וְעַל־הַמַּמְלָכ֔וֹת
לִנְת֥וֹשׁ וְלִנְת֖וֹץ וּלְהַאֲבִ֣יד וְלַהֲר֑וֹס לִבְנ֖וֹת וְלִנְטֽוֹעַ׃

【어휘 연구】

אָמַר 말하다 **נַעַר** 청년, 아이

אָנֹכִי 나(인칭대명사)

עַל־כָּל־אֲשֶׁר --한 모든 사람에게

שָׁלַח 보내다. 뻗다 **הָלַךְ** 걷다

צָוָה (피)직무를 주다 명령하다, 임명하다

דִּבֵּר (피) 이야기 하다. **יָרֵא** 두려워하다

פָּנִים 얼굴 **נָצַל** (히필)붙잡다 구해내다

נְאֻם 말함, 선언, 발성 **יָד** 손

נָגַע 대다, 손을 뻗다 **פֶּה** 입

נָתַן 주다, 두다. **רְאֵה** 너는 보아라

פָּקַד 방문하다. (히필)위임하다, 세우다 맡기다

גּוֹי 국민 백성 나라 민족 **מַמְלָכָה** 왕국, 주권

נָתַשׁ 뿌리를 뽑다, 근절하다 **נָתַץ** 허물다, 부숴버리다

אָבַד 멸망하다 **הָרַס** 넘어뜨리다, 내던지다

בָּנָה 세우다 **נָטַע** 심다.

□욘1:7–8□

7 וַיֹּאמְרוּ אִישׁ אֶל־רֵעֵהוּ לְכוּ
וְנַפִּילָה גוֹרָלוֹת וְנֵדְעָה בְּשֶׁלְּמִי
הָרָעָה הַזֹּאת לָנוּ וַיַּפִּלוּ גּוֹרָלוֹת
וַיִּפֹּל הַגּוֹרָל עַל־יוֹנָה׃
8 וַיֹּאמְרוּ אֵלָיו הַגִּידָה־נָּא לָנוּ
בַּאֲשֶׁר לְמִי־הָרָעָה הַזֹּאת לָנוּ

מַה־מְּלַאכְתְּךָ וּמֵאַיִן
תָּבוֹא מָה אַרְצֶךָ וְאֵי־מִזֶּה עַם אָתָּה׃

【어휘 연구】

רֵעַ 이웃	**אִישׁ אֶל־רֵעֵהוּ** 그의 이웃들에게 서로
נָפַל 떨어뜨리다 뽑다	**גּוֹרָל** 제비
נֵדְעָה 우리가 알자	**בְּשֶׁלְּמִי** 누구로 인하여
רָע 악, 재앙	**הִגִּיד** 말하다, 고하다
בַּאֲשֶׁר לְמִי 무슨 연고로	**מְלָאכָה** 생업
מֵאַיִן 어디서	**בָּא** 오다, 가다
עַם 백성, 민족	**אַתָּה** 너, 당신(2인칭 단수)

제 12 과
페-요드 동사

12.1 첫 자음이 י로 시작하는 동사에는 두 가지 종류가 있다.
첫째 원래형은 ו이지만 기본형은 י인 동사가 있다.
둘째 원래형과 기본형이 모두 י인 동사가 있다.
이 두 유형의 동사 중에서 첫 번째 동사를 바브형 동사, 두 번째 동사를 요드형 동사라고 한다.

바브형 동사

12.2 바브형 동사의 특징은 기본형이 ו로 시작한다는 것이다. 그러나 어두의 첫 자음(ו) 앞에 다른 자음이 접속되지 않으면 ו는 י로 변화는 특성이 있다.

ולד * → ילד

13.3 그러나 첫 자음 앞에 다른 자음이 접속되면 기본형인 ו(바브)가 되살아나서 순장모음의 역할을 한다.

예) יָלַד → 니팔 נוֹלַד
↘ 히필 הוֹלִיד
↘ 호팔 הוּלַד

12.4 따라서 바브형 동사는 첫 자음 앞에 다른 자음이 접속되는 경우를 살펴보는 것이 중요하다. 강동사(פָּקַד)와 바브형 동사(יָלַד)를 비교하여 첫 자음이 음절 끝이 되는 경우를 살펴본다.

구 분	칼 미완료	니팔 완료	니팔 미완료	히필 완료	히필 미완료
정상동사	יִפְקֹד	נִפְקַד	יִפָּקֵד	הִפְקִיד	יַפְקִיד
바브형동사		נוֹלַד	תִּוָּלֵד	הוֹלִיד	יוֹלִיד

12.5 칼 미완료형에서는 상태동사와 동작동사간에 다른 변화형을 보인다. 동작동사는 미완료형과 명령형에서 첫 자음을 생략한 후에, 남은 두 자음을 어간으로 하여 변화한다. 그러나 상태동사의 변화는 정상동사와 동일한 변화를 한다.

הָלַךְ동사는 미완료형과 관련형에서 페-요드 동사의 변화를 따른다.

구 분	완료형	미완료형	부정사연계형	명령형
동작동사	יָלַד	יֵלֵד	לָלֶדֶת	לֵד
상태동사	יָרֵא	יִירָא	לִירֹא	יְרָא
הָלַךְ 동사	הָלַךְ	יֵלֵךְ	לָלֶכֶת	לֵךְ

12.6 바브형 동사의 이러한 특성은 히브리 사람들의 자연스런 발성 관습에 해당한다. 이는 마치 우리말의 두음법칙을 연상하면 이해하기가 쉽다. 우리말 ㄹ, ㄴ은 낱말의 초두에 올때에는 ㅇ 으로 소리나지만, 그 앞에 다른 음이 접속되면 본래형인 ㄹ 과 ㄴ 으로 변화한다. 이는 두음법칙이라고 부르는 인간언어의 자연스러운 발성관습이다.

예)

율법 → 법률, 여자 → 숙녀, 미녀,

양심 → 선량, 역도 → 협력

페-바브 동사도 인간언어의 자연스런 발성관습을 따라간다. 히브리어 바브형 동사는 낱말의 초두에 올 때에는 י로 발음되어 표기된다. 그러나 앞에 다른 자음이나 음절이 접속되어 자신의 모음이 무성 쉐와를 갖게 되면 본래형인 ו로 변하는 속성이 있다.

요드형 동사

12.7 요드형 동사는 다음 4가지뿐이다.

יָנַק 젖을 빨다.
יָטַב 선하다. 잘되다.
יָלַל (히) 소리지르다.
יָקַץ (잠에서, 술에서) 깨어나다.

12.8 요드형 동사의 변화는 바브형 동사의 상태동사와 동일하다. 즉 칼 미완료형에서 י가 접두어의 모음과 연합하여 순장모음을 이루어 소실되지 않는다.

예) יָנַק → 칼 미완료 יִינַק
↘ 히필 완료 הֵינִיק
↘ 히필 미완료 יֵינִיק

【주요한 페·요드 페·바브 동사】

יָשֵׁן	자다	יָשַׁב	거주하다.
יָרַד	내려가다	יָצָא	나가다
יָסַף	더하다	יָלַד	(아기를)낳다
יָרָה	가르치다.	יָתַר	(니) 남다.
יָדַע	알다	יָצַק	(물을)따르다. 붓다.
יָכֹל	~할 수 있다.		
יָכַח	(니)함께 논쟁하다, (히)꾸짖다. 비난하다.		
יָצַר	만들다.	יָבֵשׁ	마르다.
יָרֵא	두려워하다.	יָעַץ	충고하다.
יָרַשׁ	상속하다. 소유하다, 얻다.		
יָצַת	~에 불을 붙이다.		
הָלַךְ	걷다.	יָסַד	기초를 놓다.

구분		칼	니팔	히필	호팔
완료형	3인칭 남 단	יָשַׁב	נוֹשַׁב	הוֹשִׁיב	הוּשַׁב
	여 단	יָשְׁבָה	נוֹשְׁבָה	הוֹשְׁבָה	הוּשְׁבָה
	2인칭 남 단	יָשַׁבְתָּ	נוֹשַׁבְתָּ	הוֹשַׁבְתָּ	הוּשַׁבְתָּ
	여 단	יָשַׁבְתְּ	נוֹשַׁבְתְּ	הוֹשַׁבְתְּ	הוּשַׁבְתְּ
	1인칭 공 단	יָשַׁבְתִּי	נוֹשַׁבְתִּי	הוֹשַׁבְתִּי	הוּשַׁבְתִּי
	3인칭 공 복	יָשְׁבוּ	נוֹשְׁבוּ	הוֹשִׁיבוּ	הוּשְׁבוּ
	2인칭 남 복	יְשַׁבְתֶּם	נוֹשַׁבְתֶּם	הוֹשַׁבְתֶּם	הוּשַׁבְתֶּם
	여 복	יְשַׁבְתֶּן	נוֹשַׁבְתֶּן	הוֹשַׁבְתֶּן	הוּשַׁבְתֶּן
	1인칭 공 복	יָשַׁבְנוּ	נוֹשַׁבְנוּ	הוֹשַׁבְנוּ	הוּשַׁבְנוּ
미완료형	3인칭 남 단	יֵשֵׁב	יִוָּשֵׁב	יוֹשִׁיב	יוּשַׁב
	여 단	תֵּשֵׁב	תִּוָּשֵׁב	תּוֹשִׁיב	תּוּשַׁב
	2인칭 남 단	תֵּשֵׁב	תִּוָּשֵׁב	תּוֹשִׁיב	תּוּשַׁב
	여 단	תֵּשְׁבִי	תִּוָּשְׁבִי	תּוֹשִׁיבִי	תּוּשְׁבִי
	1인칭 공 단	אֵשֵׁב	אֶוָּשֵׁב	אוֹשִׁיב	אוּשַׁב
	3인칭 남 복	יֵשְׁבוּ	יִוָּשְׁבוּ	יוֹשִׁיבוּ	יוּשְׁבוּ
	여 복	תֵּשַׁבְנָה	תִּוָּשַׁבְנָה	תּוֹשֵׁבְנָה	תּוּשַׁבְנָה
	2인칭 남 복	תֵּשְׁבוּ	תִּוָּשְׁבוּ	תּוֹשִׁיבוּ	תּוּשְׁבוּ
	여 복	תֵּשַׁבְנָה	תִּוָּשַׁבְנָה	תּוֹשֵׁבְנָה	תּוּשַׁבְנָה
	1인칭 공 복	נֵשֵׁב	נִוָּשֵׁב	נוֹשִׁיב	נוּשַׁב
명령형	2인칭 남 단	שֵׁב	הִוָּשֵׁב	הוֹשֵׁב	
	여 단	שְׁבִי	הִוָּשְׁבִי	הוֹשִׁיבִי	
	2인칭 남 복	שְׁבוּ	הִוָּשְׁבוּ	הוֹשִׁיבוּ	
	여 복	שֵׁבְנָה	הִוָּשַׁבְנָה	הוֹשֵׁבְנָה	
부정사	절대형	יָשֹׁב	הִוָּשֵׁב	הוֹשֵׁב	הוּשַׁב
	연계형	שֶׁבֶת		הוֹשִׁיב	
분사	능동	יוֹשֵׁב	נוֹשָׁב	מוֹשִׁיב	מוּשַׁב
	수동	יָשׁוּב			

구 분		칼	히필
완료형	3인칭 남 단	יָטַב	הֵיטִיב
	여 단	יָטְבָה	הֵיטִיבָה
	2인칭 남 단	יָטַבְתָּ	הֵיטַבְתָּ
	여 단	יָטַבְתְּ	הֵיטַבְתְּ
	1인칭 공 단	יָטַבְתִּי	הֵיטַבְתִּי
	3인칭 공 복	יָטְבוּ	הֵיטִיבוּ
	2인칭 남 복	יְטַבְתֶּם	הֵיטַבְתֶּם
	여 복	יְטַבְתֶּן	הֵיטַבְתֶּן
	1인칭 공 복	יָטַבְנוּ	הֵיטַבְנוּ
미완료형	3인칭 남 단	יִיטַב	יֵיטִיב
	여 단	תִּיטַב	תֵּיטִיב
	2인칭 남 단	תִּיטַב	תֵּיטִיב
	여 단	תִּיטְבִי	תֵּיטִיבִי
	1인칭 공 단	אִיטַב	אֵיטִיב
	3인칭 남 복	יִיטְבוּ	יֵיטִיבוּ
	여 복	תִּיטַבְנָה	תֵּיטֵבְנָה
	2인칭 남 복	תִּיטְבוּ	תֵּיטִיבוּ
	여 복	תִּיטַבְנָה	תֵּיטֵבְנָה
	1인칭 공 복	נִיטַב	נֵיטִיב
명령형	2인칭 남 단		הֵיטֵב
	여 단		הֵיטִיבִי
	2인칭 남 복		הֵיטִיבוּ
	여 복		הֵיטַבְנָה
부정사	절 대 형	יָטוֹב	הֵיטֵב
	연 계 형	יְטֹב	הֵיטִיב
분사	능 동	יֹטֵב	מֵיטִיב
	수 동	יָטוּב	

【강독연습】

1. מִכָּל בָּנָיו נוֹתְרוּ לוֹ שְׁנַיִם.

2. לֹא תֵלְכוּ עִמָּנוּ.

3. אִם יָשִׂימוּ לִפְנֵיהֶם אֹכֶל רַב לֹא יוּכְלוּ
לֶאֱכֹל אֹתוֹ כִּי קְטַנִּים הֵם.

4. בַּבֹּקֶר הוֹרַדְנוּ אֶת הַצֹּאן אֶל הָעֵמֶק.

5. אַחַר אֲשֶׁר הִתְוַדְּעוּ אֵלַי הֵכַּרְתִּי אֹתָם.

6. לֹא נִירָא לָמוּת.

7. הֵם הוֹלִידוּ בָּנִים רַבִּים לִפְנֵי שְׁנֵי הָרָעָב.

8. טוֹב כִּי תֵצְאוּ מִן הָעִיר
בְּטֶרֶם יוֹצִיאוּ אֶתְכֶם הַשּׁוֹמְרִים.

9. דְּעוּ לִפְנֵי מִי אַתֶּם עוֹמְדִים !

10. אַל תִּירְאוּ לָרֶדֶת מִצְרָיְמָה.

11. הָאֲנָשִׁים אוֹהֲבִים כִּי נְשֵׁיהֶם תֵּלַדְנָה בָּנִים.

12. וְשָׁבְתָּ אֶל אָבִיהָ וְיָשַׁבְתָּ לְפָנָיו וְבָכִיתָ.

13. כִּי נִכְמְרוּ רַחֲמָיו אֶל הַחֲמוֹר,
וְיּוֹרִיד אֶת הָאַמְתַּחַת הַכְּבֵדָה מִמֶּנּוּ.

【성경 강독】

▢시 23편▢

23:1 מִזְמ֥וֹר לְדָוִ֑ד

יְהוָ֥ה רֹ֝עִ֗י לֹ֣א אֶחְסָֽר׃

2 בִּנְא֣וֹת דֶּ֭שֶׁא יַרְבִּיצֵ֑נִי עַל־מֵ֖י מְנֻח֣וֹת יְנַהֲלֵֽנִי׃

3 נַפְשִׁ֥י יְשׁוֹבֵ֑ב יַֽנְחֵ֥נִי בְמַעְגְּלֵי־צֶ֝֗דֶק לְמַ֣עַן שְׁמֽוֹ׃

4 גַּ֤ם כִּֽי־אֵלֵ֨ךְ בְּגֵ֪יא צַלְמָ֡וֶתלֹא־אִ֘ירָ֤א רָ֗ע

כִּי־אַתָּ֥ה עִמָּדִ֑י שִׁבְטְךָ֥ וּ֝מִשְׁעַנְתֶּ֗ךָ הֵ֣מָּה יְנַֽחֲמֻֽנִי׃

5 תַּעֲרֹ֬ךְ לְפָנַ֨י ׀ שֻׁלְחָ֗ן נֶ֥גֶד צֹרְרָ֑י דִּשַּׁ֖נְתָּ

בַשֶּׁ֥מֶן רֹ֝אשִׁ֗י כּוֹסִ֥י רְוָיָֽה

6 אַ֤ךְ ׀ ט֤וֹב וָחֶ֣סֶד יִ֭רְדְּפוּנִי כָּל־יְמֵ֣י חַיָּ֑י

וְשַׁבְתִּ֥י בְּבֵית־יְ֝הוָ֗ה לְאֹ֣רֶךְ יָמִֽים׃

【어휘 연구】

חָסַר	결여되다, 모자라다	**נְאוֹת**	풀밭, 목초지
דֶּשֶׁא	풀, 새싹	**הִרְבִּיץ**	눕게 하다
מְנוּחָה	쉬는 곳, 휴식	**נָהַל**	이끌다, 인도하다
שׁוּב	돌아가다, 돌아오다	**נָחָה**	인도하다. 앞서가다

מַעְגָּל	지나간 자국, 참호	**גַּיְא**	골짜기
צַלְמָוֶת	죽음의 그림자. 어두움, 짙은 그늘		
מִשְׁעֶנֶת	막대기	**שֵׁבֶט**	지팡이
צָרַר	적의를 가지다, 공격하다	**דָּשֵׁן**	뚱뚱하다, 살찌다
כּוֹס	잔	**רְוָיָה**	포화상태

□왕상19:10–14□

10 וַיֹּ֡אמֶר קַנֹּ֣א קִנֵּאתִי֩ לַיהוָ֨ה ׀
אֱלֹהֵ֜י צְבָא֗וֹת כִּֽי־עָזְב֤וּ בְרִֽיתְךָ֙
בְּנֵ֣י יִשְׂרָאֵ֔ל אֶת־מִזְבְּחֹתֶ֣יךָ הָרָ֔סוּ
וְאֶת־נְבִיאֶ֖יךָ הָרְג֣וּ בֶחָ֑רֶב
וָֽאִוָּתֵ֤ר אֲנִי֙ לְבַדִּ֔י וַיְבַקְשׁ֥וּ אֶת־נַפְשִׁ֖י לְקַחְתָּֽהּ׃
11 וַיֹּ֗אמֶר צֵ֣א וְעָמַדְתָּ֣ בָהָר֮ לִפְנֵ֣י יְהוָה֒
וְהִנֵּ֧ה יְהוָ֣ה עֹבֵ֗ר וְר֣וּחַ
גְּדוֹלָ֡ה וְחָזָ֞ק מְפָרֵ֨ק הָרִ֜ים
וּמְשַׁבֵּ֤ר סְלָעִים֙ לִפְנֵ֣י יְהוָ֔ה לֹ֥א
בָר֖וּחַ יְהוָ֑ה וְאַחַ֤ר הָר֙וּחַ֙ רַ֔עַשׁ לֹ֥א בָרַ֖עַשׁ יְהוָֽה׃
12 וְאַחַ֤ר הָרַ֙עַשׁ֙ אֵ֔שׁ לֹ֥א בָאֵ֖שׁ יְהוָ֑ה

וְאַחַ֣ר הָאֵ֔שׁ ק֖וֹל דְּמָמָ֥ה דַקָּֽה׃
13 וַיְהִ֣י ׀ כִּשְׁמֹ֣עַ אֵלִיָּ֗הוּ וַיָּ֤לֶט פָּנָיו֙ בְּאַדַּרְתּ֔וֹ
וַיֵּצֵ֕א וַֽיַּעֲמֹ֖ד פֶּ֣תַח הַמְּעָרָ֑ה
וְהִנֵּ֤ה אֵלָיו֙ ק֔וֹל וַיֹּ֕אמֶר מַה־לְּךָ֥ פֹ֖ה אֵלִיָּֽהוּ׃
14 וַיֹּ֡אמֶר קַנֹּ֣א קִנֵּ֩אתִי֩ לַיהוָ֨ה ׀ אֱלֹהֵ֜י צְבָא֗וֹת
כִּֽי־עָזְב֤וּ בְרִֽיתְךָ֙
בְּנֵ֣י יִשְׂרָאֵ֔ל אֶת־מִזְבְּחֹתֶ֣יךָ הָרָ֔סוּ
וְאֶת־נְבִיאֶ֖יךָ הָרְג֣וּ בֶחָ֑רֶב
וָֽאִוָּתֵ֤ר אֲנִי֙ לְבַדִּ֔י וַיְבַקְשׁ֥וּ אֶת־נַפְשִׁ֖י לְקַחְתָּֽהּ׃ ס

【어휘 연구】

קָנָא	(피)질투하다 시기하다	עָזַב	굴레를 벗다, 떠나다
בְּרִית	언약	הָרַס	파괴하다
הָרַג	죽이다	יָתַר	(니)남다, 뛰어나다
בִּקֵּשׁ	찾다, 노력하다	יָצָא	나가다, 앞서가다
עָמַד	서다	הַר	산
עָבַר	건너가다 통과하다	פָּרַק	쪼개다, 부서 버리다
שָׁבַר	박살내다	רַעַשׁ	지진이 있는
אֵשׁ	불	מָמָה	음성, 속삭임 소리

דַּק 아주 작은, 세미한
אַדֶּרֶת 망토, 겉옷
מְעָרָה 동굴
מִזְבֵּחַ 제단
לָקַח 취하다
נָתַן 주다, 두다
זָהָב 금
אֶבֶן יְקָרָה 보석
אֳנִי 배, 선박
עָשָׂה 만들다, 행하다
כִּנֹּרוֹת 수금
עַד --까지
שָׁאַל 요구하다, 요청하다
פָּנָה 돌리다, 돌아가다
שֵׁשׁ 육(6)
מֵאָה, מֵאוֹת 백

לוּט 덮다, 감추다
פֶּתַח 입구, 현관
פֹּה 이 곳, 여기에
חֶרֶב 칼
לְבַד 홀로, 혼자서
רָבָה 증가하다, 많게 하다
כִּכָּר 달란트
בֹּשֶׂם 향품
עֲצֵי אַלְמֻגִּים 백단목
מִסְעָד 난간
נְבָלִים , נֶבֶל 비파
חֵפֶץ 소원
מִלְּבַד אֲשֶׁר --것 외에
מִשְׁקָל 무게
שִׁשִּׁים 육십(60)

□신18:15-19□

15 נָבִ֨יא מִקִּרְבְּךָ֤ מֵאַחֶ֙יךָ֙ כָּמֹ֔נִי יָקִ֥ים לְךָ֖
יְהוָ֣ה אֱלֹהֶ֑יךָ אֵלָ֖יו תִּשְׁמָעֽוּן׃
16 כְּכֹ֨ל אֲשֶׁר־שָׁאַ֜לְתָּ מֵעִ֨ם יְהוָ֣ה אֱלֹהֶ֗יךָ
בְּחֹרֵ֔ב בְּי֥וֹם הַקָּהָ֖ל לֵאמֹ֑ר לֹ֣א אֹסֵ֗ף

לִשְׁמֹעַ אֶת־קוֹל יְהוָה אֱלֹהָי וְאֶת־הָאֵשׁ
הַגְּדֹלָה הַזֹּאת לֹא־אֶרְאֶה עוֹד וְלֹא אָמוּת׃
17 וַיֹּאמֶר יְהוָה אֵלָי הֵיטִיבוּ אֲשֶׁר דִּבֵּרוּ׃
18 נָבִיא אָקִים לָהֶם מִקֶּרֶב אֲחֵיהֶם כָּמוֹךָ
וְנָתַתִּי דְבָרַי בְּפִיו וְדִבֶּר אֲלֵיהֶם אֵת כָּל־אֲשֶׁר אֲצַוֶּנּוּ׃
19 וְהָיָה הָאִישׁ אֲשֶׁר לֹא־יִשְׁמַע
אֶל־דְּבָרַי אֲשֶׁר יְדַבֵּר בִּשְׁמִי אָנֹכִי אֶדְרֹשׁ מֵעִמּוֹ׃

【어휘 연구】

קֶרֶב	내부, 안쪽, 중심	כָּמוֹנִי	나와 같은
קוּם	일어나다, (히필)세우다	שָׁמַע	듣다, 이해하다
שָׁאַל	구하다	קָהָל	총회, 회집
יָסַף	더하다, 증가시키다	קוֹל	음성, 목소리
אֵשׁ	불	הֵיטִיב	잘하다, 적합하다
מוּת	죽다	צָוָה	맡기다, 명령하다
נָתַן	두다, 놓다	בְּפִיו	그의 입에
דָּרַשׁ	요구하다, 묻다	שֵׁם	이름

제 13 과
라메드-헤 동사

13.1 동사 어근의 마지막 자음이 ה로 끝나는 동사를 라메드-헤 동사라고 한다.

예) עָשָׂה, הָיָה

13.2 어근의 마지막 자음 ה는 원래는 י이었던 것이 변화한 것으로 볼 수 있다.

עָשָׂה → ה는 원래 י이었다.

13.3 따라서 적절한 환경에서는 원래형인 י가 모음 문자로 나타난다.

עָשָׂה → תִּי + עָשִׂי (완료형 1인칭 단수)

13.4 원래형인 י가 나타날 때의 변화는 다음과 같다.

(가) 접미 요소가 없을 때에는 ה를 그대로 유지한다.
(즉 3인칭 남성 단수, 혹은 미완료형에서)

예) עָשָׂה, יִהְיֶה

(나) 모음 어미가 접속되면, ה는 모음어미에 축약되어 생략된다.

예)עָשָׂה → וּ + עָשָׂה > עָשׂוּ
↘ ִי + עָשָׂה > עָשִׂי

(다) 이 동사는 자음어미가 접속되면 마지막 자음 ה가 י로 대치된다.

예) תִּי + בָּכָה → בָּכִיתִי

(라) 완료 3, 여, 단, 어미는 תָה 가 된다.

예) בָּכְתָה "그 녀가 울었다"

(마) 간접명령이나 미완료 계속법에서는 마지막 자음 ה가 생략된다.

예) יִבְכֶּה > וַיֵּבְךְּ

13.5 라메드-헤동사의 이러한 특징은 우리말의 이중자음의 음성현상과 유사한 면이 있다.

예) 늙다 > 늘따 → 늘겄다, 늘근
밝다 > 발따 → 발갔다, 발근
읽다 > 일따 → 일겄다, 일근

즉 우리말의 이중 자음어의 본래 어간에 해당하는 "자음 ㄱ"은 어간에서는 생략되나, 특별한 환경이 되면 다시 음가에 반영되어 나타난다.

【주요한 라메드-헤 동사】

עָלָה	올라가다	עָשָׂה	행하다, 만들다
צִוָּה	(피) 명령하다	בָּנָה	세우다
כָּלָה	완료하다, 끝내다	שָׁקָה	(히) 물을 주다
גָּלָה	벗기다, 드러내다	רָעָה	양을치다
רָבָה	많아지다. 많다	מָנָה	계수하다
פָּקָה	열다, 눈뜨다	בָּכָה	울다
רָדָה	지배하다	נָכָה	(히)치다
קָנָה	사다, 획득하다	רָאָה	보다
שָׁתָה	마시다	הָרָה	to conceive
חָרָה	화를 내다	כָּסָה	(피) 벗기다
הָגָה	명상하다	הָיָה	--이었다.
חָיָה	살다	רָעָה	양을 치다

구분		칼	피엘	히필
완료형	3인칭 남 단	בָּכָה	בִּכָּה	הִבְכָּה
	여 단	בָּכְתָה	בִּכְּתָה	הִבְכְּתָה
	2인칭 남 단	בָּכִיתָ	בִּכִּיתָ	הִבְכִּיתָ
	여 단	בָּכִית	בִּכִּית	הִבְכִּית
	1인칭 공 단	בָּכִיתִי	בִּכִּיתִי	הִבְכִּיתִי
	3인칭 공 복	בָּכוּ	בִּכּוּ	הִבְכּוּ
	2인칭 남 복	בָּכִיתֶם	בִּכִּיתֶם	הִבְכִּיתֶם
	여 복	בָּכִיתֶן	בִּכִּיתֶן	הִבְכִּיתֶן
	1인칭 공 복	בָּכִינוּ	בִּכִּינוּ	הִבְכִּינוּ
미완료형	3인칭 남 단	יִבְכֶּה	יְבַכֶּה	יַבְכֶּה
	여 단	תִּבְכֶּה	תְּבַכֶּה	תַּבְכֶּה
	2인칭 남 단	תִּבְכֶּה	תְּבַכֶּה	תַּבְכֶּה
	여 단	תִּבְכִּי	תְּבַכִּי	תַּבְכִּי
	1인칭 공 단	אֶבְכֶּה	אֲבַכֶּה	אַבְכֶּה
	3인칭 남 복	יִבְכּוּ	יְבַכּוּ	יַבְכּוּ
	여 복	תִּבְכֶּינָה	תְּבַכֶּינָה	תַּבְכֶּינָה
	2인칭 남 복	תִּבְכּוּ	תְּבַכּוּ	תַּבְכּוּ
	여 복	תִּבְכֶּינָה	תְּבַכֶּינָה	תַּבְכֶּינָה
	1인칭 공 복	אֶבְכֶּה	נְבַכֶּה	נַבְכֶּה
명령형	2인칭 남 단	בְּכֶה	בַּכֶּה	הַבְכֵּה
	여 단	בְּכִי	בַּכִּי	הַבְכִּי
	2인칭 남 복	בְּכוּ	בַּכּוּ	הַבְכּוּ
	여 복	בְּכֶינָה	בַּכֶּיינָה	הַבְכֶּינָה
부정사	절 대 형	בָּכֹה	בַּכֹּה	הַבְכֵּה
	연 계 형	בְּכוֹת	בַּכּוֹת	הַבְכּוֹת
분사		בֹּכֶה בּכוּי		מַבְכֶּה

라메드-헤 (הָיָה) 동사의 변화

구 분		칼	니팔
완료형	3인칭 남 단	הָיָה	נִהְיֵה
	여 단	הָיְתָה	נִהְיְתָה
	2인칭 남 단	הָיִיתָ	נִהְיֵיתָ
	여 단	הָיִית	נִהְיֵית
	1인칭 공 단	הַיִיתִי	נִהְיֵיתִי
	3인칭 공 복	הָיוּ	נִהְיוּ
	2인칭 남 복	הֱיִיתֶם	נִהְיֵיתֶם
	여 복	הֱיִיתֶן	נִהְיֵיתֶן
	1인칭 공 복	הָיִינוּ	נִהְיֵינוּ
미완료형	3인칭 남 단	יִהְיֶה	יֵהָיֵה
	여 단	תִּהְיֶה	תֵּהָיֵה
	2인칭 남 단	תִּהְיֶה	תֵּהָיֵה
	여 단	תִּהְיִי	תֵּהָיִי
	1인칭 공 단	אֶהְיֶה	אֵהָיֵה
	3인칭 남 복	יִהְיוּ	יֵהָיוּ
	여 복	תִּהְיֶינָה	תֵּהָיֵינָה
	2인칭 남 복	תִּהְיוּ	תֵּהָיוּ
	여 복	תִּהְיֶינָה	תֵּהָיֵינָה
	1인칭 공 복	אֶהְיֶה	נֵהָיֵה
명령형	2인칭 남 단	הֱיֶה	הֵהָיֵה
	여 단	הֲיִי	הֵהָיִי
	2인칭 남 복	הֱיוּ	הֵהָיוּ
	여 복	הֲיֶינָה	הֵהָיֵינָה
부정사	절 대 형	הָיֹה	הֵהָיֵה
	연 계 형	הֱיוֹת	הֵהָיוֹת
분사		הֹוֶה	נִהְיֶה

【강독연습】

1. עָלִינוּ לִמְקוֹמֵנוּ.

2. צִוּוּ לְהֵרָאוֹת לָהֶם אֶת הַדָּם.

3. אֵיפֹה רָעִיתָ אֶת צֹאנְךָ בַּצָּהֳרַיִם ?

4. הֲשִׁיבוֹתֶם לִי רָעָה תַּחַת הַטּוֹבָה
אֲשֶׁר עָשִׂיתִי לָכֶם.

5. רָאוּ כִּי שִׂמְלוֹתָיו נִקְרְעוּ.

6. בָּכְתָה וְהִתְחַנְּנָה אֶל הַמֶּלֶךְ
כִּי לֹא יָמִית אֹתָהּ.

7. חִפְּשׂוּ מַיִם לִשְׁתּוֹת וְלֹא מָצְאוּ
בְּכֹל הַמָּקוֹם הַהוּא.

8. הָרָעָב כִּלָּה אֶת הָאָרֶץ.

9. כַּאֲשֶׁר הַשֶּׁמֶשׁ עָלְתָה הָיִינוּ בַּדֶּרֶךְ.

10.הִשְׁתַּחֲווּ אָרְצָה וּבִקְשׁוּ רַחֲמִים לִפְנֵי הַמֶּלֶךְ.

11. רְאִיתֶם אֶת אֲשֶׁר עָשִׂיתִי.

12. שָׁתִיתָ אֶת כֹּל הַמַּיִם אֲשֶׁר הָיוּ בַּבּוֹר.

13. כַּאֲשֶׁר כִּלְּתָה לְדַבֵּר אִישׁ לֹא עָנָה אֹתָהּ.

14. וְצִוָּה יוֹסֵף אֶת אֲשֶׁר עַל בֵּיתוֹ.

15. אַחַר תְּכַלֶּינָה לִשְׁתּוֹת אֶת הַמַּיִם,
פָּרוֹת פַּרְעֹה תַּעֲלֶינָה מִן הַיְאוֹר.

16. וּמִהַרְתָּ וְעָשִׂיתָ אֶת דְּבַר הַמֶּלֶךְ.

【성경 강독】

□창3:14-20□

14 וַיֹּ֩אמֶר֩ יְהוָ֨ה אֱלֹהִ֥ים ׀ אֶֽל־הַנָּחָשׁ֮
כִּ֣י עָשִׂ֣יתָ זֹּאת֒ אָר֤וּר אַתָּה֙
מִכָּל־הַבְּהֵמָ֔ה וּמִכֹּ֖ל חַיַּ֣ת הַשָּׂדֶ֑ה
עַל־גְּחֹנְךָ֣ תֵלֵ֔ךְ וְעָפָ֥ר תֹּאכַ֖ל כָּל־יְמֵ֥י חַיֶּֽיךָ׃
15 וְאֵיבָ֣ה ׀ אָשִׁ֗ית בֵּֽינְךָ֙ וּבֵ֣ין הָֽאִשָּׁ֔ה וּבֵ֥ין זַרְעֲךָ֖
וּבֵ֣ין זַרְעָ֑הּ ה֚וּא יְשׁוּפְךָ֣ רֹ֔אשׁ וְאַתָּ֖ה תְּשׁוּפֶ֥נּוּ עָקֵֽב׃ ס
16 אֶֽל־הָאִשָּׁ֣ה אָמַ֗ר הַרְבָּ֤ה אַרְבֶּה֙
עִצְּבוֹנֵ֣ךְ וְהֵֽרֹנֵ֔ךְ בְּעֶ֖צֶב תֵּֽלְדִ֣י בָנִ֑ים
וְאֶל־אִישֵׁךְ֙ תְּשׁ֣וּקָתֵ֔ךְ וְה֖וּא יִמְשָׁל־בָּֽךְ׃ ס
17 וּלְאָדָ֣ם אָמַ֗ר כִּֽי־שָׁמַ֮עְתָּ֮ לְק֣וֹל אִשְׁתֶּךָ֒
וַתֹּ֙אכַל֙ מִן־הָעֵ֔ץ אֲשֶׁ֤ר
צִוִּיתִ֙יךָ֙ לֵאמֹ֔ר לֹ֥א תֹאכַ֖ל מִמֶּ֑נּוּ
אֲרוּרָ֤ה הָֽאֲדָמָה֙ בַּעֲבוּרֶ֔ךָ בְּעִצָּבוֹן֙
תֹּֽאכֲלֶ֔נָּה כֹּ֖ל יְמֵ֥י חַיֶּֽיךָ׃
18 וְק֥וֹץ וְדַרְדַּ֖ר תַּצְמִ֣יחַֽ לָ֑ךְ וְאָכַלְתָּ֖ אֶת־עֵ֥שֶׂב הַשָּׂדֶֽה׃

19 בְּזֵעַת אַפֶּיךָ תֹּאכַל לֶחֶם עַד שׁוּבְךָ אֶל־הָאֲדָמָה
כִּי מִמֶּנָּה לֻקָּחְתָּ כִּי־עָפָר אַתָּה וְאֶל־עָפָר תָּשׁוּב׃
20 וַיִּקְרָא הָאָדָם שֵׁם אִשְׁתּוֹ חַוָּה
כִּי הִוא הָיְתָה אֵם כָּל־חָי׃

【어휘 연구】

אָמַר	말하다	נָחָשׁ	뱀
עָשָׂה	하다, 만들다	יהוה	여호와
אָרוּר	저주를 받다	בְּהֵמָה	가축
אַשָׂדֶה	들판, 광야	הָלַךְ	걷다, 가다
עָפָר	먼지	אָכַל	먹다
חַיִּים	생명	אֵיבָה	적, 증오
שִׁית	두다, 놓다,		--하다, 만들다.
בֵּין	사이에	שׁוּף	공격하다 깨어지다
רֹאשׁ	머리	עָקֵב	발꿈치
רָבָה	증가하다	עִצָּבוֹן, עֶצֶב	고통
הַרָיוֹן	임신	שׁוּף	공격하다 깨어지다
יָלַד	아이를 갖다 낳다	תְּשׁוּקָה	갈망
מָשַׁל	다스리다 지배하다	שָׁמַע	듣다

קוֹל 목소리, 음성

עֵץ 나무

בַּעֲבוּר --때문에

עֵשֶׂב 식물

דַּרְדַּר 엉겅퀴

לֶחֶם 빵, 음식

לָקַח 취하다

אֲדָמָה 땅

צִוָּה 명령하다

צָמַח 솟아나오다

קוֹץ 가시, 가시덤불

זֵעַת 땀

שׁוּב 돌아오다

קָרָא 부르다

□합2:1-8□

2:1 עַל־מִשְׁמַרְתִּי אֶעֱמֹדָה וְאֶתְיַצְּבָה עַל־מָצוֹר

וַאֲצַפֶּה לִרְאוֹת מַה־יְדַבֶּר־בִּי וּמָה אָשִׁיב עַל־תּוֹכַחְתִּי׃

2 וַיַּעֲנֵנִי יְהוָה וַיֹּאמֶר כְּתוֹב חָזוֹן וּבָאֵר

עַל־הַלֻּחוֹת לְמַעַן יָרוּץ קוֹרֵא בוֹ׃

3 כִּי עוֹד חָזוֹן לַמּוֹעֵד וְיָפֵחַ לַקֵּץ

וְלֹא יְכַזֵּב אִם־יִתְמַהְמָהּ

חַכֵּה־לוֹ כִּי־בֹא יָבֹא לֹא יְאַחֵר׃

4 הִנֵּה עֻפְּלָה לֹא־יָשְׁרָה נַפְשׁוֹ בּוֹ

וְצַדִּיק בֶּאֱמוּנָתוֹ יִחְיֶה׃

5 וְאַף כִּי־הַיַּיִן בּוֹגֵד גֶּבֶר יָהִיר
וְלֹא יִנְוֶה אֲשֶׁר הִרְחִיב כִּשְׁאוֹל נַפְשׁוֹ
וְהוּא כַמָּוֶת וְלֹא יִשְׂבָּע
וַיֶּאֱסֹף אֵלָיו כָּל־הַגּוֹיִם וַיִּקְבֹּץ אֵלָיו כָּל־הָעַמִּים׃
6 הֲלוֹא־אֵלֶּה כֻלָּם עָלָיו מָשָׁל יִשָּׂאוּ
וּמְלִיצָה חִידוֹת לוֹ וְיֹאמַר הוֹי הַמַּרְבֶּה
לֹּא־לוֹ עַד־מָתַי וּמַכְבִּיד עָלָיו עַבְטִיט׃
7 הֲלוֹא פֶתַע יָקוּמוּ נֹשְׁכֶיךָ וְיִקְצוּ מְזַעְזְעֶיךָ
וְהָיִיתָ לִמְשִׁסּוֹת לָמוֹ׃
8 כִּי אַתָּה שַׁלּוֹתָ גּוֹיִם רַבִּים יְשָׁלּוּךָ
כָּל־יֶתֶר עַמִּים מִדְּמֵי
אָדָם וַחֲמַס־אֶרֶץ קִרְיָה וְכָל־יֹשְׁבֵי בָהּ׃ פ

【어휘 연구】

הִתְיַצֵּב 주장하다 위치에서다
צָפָה 기다리다
עָנָה 대답하다
בֵּאֵר 분명하게 하다
מָצוֹר 성루
תּוֹכֵחָה 질문
חָזוֹן 묵시, 비전
לוּחַ 판, 서판

רוּץ	달려가다	פּוּחַ	불다, 불어오다
קֵץ	마지막, 종료, 끝	כָּזֵב	거짓말 하다
הִתְמַהְמָה	더디다,지체하다	חָכָה	기다리다
אֵחֵר	지체하다, 늦어지다	עָפַל	교만하게 하다
יָשַׁר	꼿꼿이 선	בָּגַד	잘못 행하다
גֶּבֶר	남자 혹은 영웅	יָהִיר	교만하다
נָוָה	도달하다 성공하다	הִרְחִיב	넓히다
שָׂבַע	풍요롭다	קָבַץ	모으다
מָשָׁל	속담, 격언	מְלִיצָה	비유
חִידָה	풍자, 비유	עַבְטִיט	담보물, 부채
פֶּתַג	홀연히	נָשַׁךְ	물다
יָקַץ	깨우다	זִעְזֵעַ	떨다, 전율하다
מְשִׁסָּה	약탈	קִרְיָה	성, 성읍, 예루살렘
שָׁלַל	약탈하다	חָמָס	잘못, 포학
בָּצַע בֶּצַע	이익을 얻다	קֵן	보금자리
מָרוֹם	높은 곳, 고지	כַּף	손바닥

□삿18:17-24□

17 וַיַּעֲלוּ חֲמֵשֶׁת הָאֲנָשִׁים הַהֹלְכִים לְרַגֵּל אֶת־הָאָרֶץ
בָּאוּ שָׁמָּה לָקְחוּ אֶת־הַפֶּסֶל וְאֶת־הָאֵפוֹד
וְאֶת־הַתְּרָפִים וְאֶת־הַמַּסֵּכָה וְהַכֹּהֵן נִצָּב פֶּתַח הַשַּׁעַר
וְשֵׁשׁ־מֵאוֹת הָאִישׁ הֶחָגוּר כְּלֵי הַמִּלְחָמָה׃

18 וְ֠אֵלֶּה בָּ֚אוּ בֵּ֣ית מִיכָ֔ה וַיִּקְחוּ֙ אֶת־פֶּ֣סֶל הָאֵפ֔וֹד
וְאֶת־הַתְּרָפִ֖ים וְאֶת־הַמַּסֵּכָ֑ה
וַיֹּ֚אמֶר אֲלֵיהֶם֙ הַכֹּהֵ֔ן מָ֖ה אַתֶּ֥ם עֹשִֽׂים׃
19 וַיֹּאמְרוּ֩ ל֨וֹ הַחֲרֵ֜שׁ שִׂים־יָדְךָ֚ עַל־פִּ֙יךָ֙
וְלֵ֣ךְ עִמָּ֔נוּ וֶהְיֵה־לָ֖נוּ
וְלֵ֣ךְ עִמָּ֔נוּ וֶהְיֵה־לָ֖נוּ לְאָ֣ב
וּלְכֹהֵ֑ן הֲט֣וֹב ׀ הֱיוֹתְךָ֣ כֹהֵ֗ן
לְבֵית֙ אִ֣ישׁ אֶחָ֔ד א֚וֹ הֱיוֹתְךָ֣
כֹהֵ֔ן לְשֵׁ֥בֶט וּלְמִשְׁפָּחָ֖ה בְּיִשְׂרָאֵֽל׃
20 וַיִּיטַב֙ לֵ֣ב הַכֹּהֵ֔ן וַיִּקַּח֙ אֶת־הָ֣אֵפ֔וֹד
וְאֶת־הַתְּרָפִ֖ים וְאֶת־הַפָּ֑סֶל וַיָּבֹ֖א בְּקֶ֥רֶב הָעָֽם׃
21 וַיִּפְנ֖וּ וַיֵּלֵ֑כוּ וַיָּשִׂ֨ימוּ אֶת־הַטַּ֧ף וְאֶת־הַמִּקְנֶ֛ה
וְאֶת־הַכְּבוּדָּ֖ה לִפְנֵיהֶֽם׃
22 הֵ֥מָּה הִרְחִ֖יקוּ מִבֵּ֣ית מִיכָ֑ה וְהָאֲנָשִׁ֗ים
אֲשֶׁ֤ר בַּבָּתִּים֙ אֲשֶׁר֙ עִם־בֵּ֣ית מִיכָ֔ה נִזְעֲק֕וּ
וַיַּדְבִּ֖יקוּ אֶת־בְּנֵי־דָֽן׃
23 וַיִּקְרְאוּ֙ אֶל־בְּנֵי־דָ֔ן וַיַּסֵּ֖בּוּ פְּנֵיהֶ֑ם
וַיֹּאמְר֣וּ לְמִיכָ֔ה מַה־לְּךָ֖ כִּ֥י נִזְעָֽקְתָּ׃
24 וַיֹּ֩אמֶר֩ אֶת־אֱלֹהַ֨י אֲשֶׁר־עָשִׂ֜יתִי לְקַחְתֶּ֧ם
וְאֶת־הַכֹּהֵ֛ן וַתֵּלְכ֖וּ וּמַה־לִּ֣י ע֑וֹד
וּמַה־זֶּ֛ה תֹּאמְר֥וּ אֵלַ֖י מַה־לָּֽךְ׃

제 14 과
두 자음 어간 동사

14.1 어근의 두 번째 자리에 모음이 있는 동사를 두 자음 어간 동사라고 일컫는다. 또한 학자에 따라서는 이를 아인-와우, 아인-요드 동사라고도 부른다.

예) קוּם, בּוֹא → 아인-와우 동사 ↘

두 자음어간 동사

בִּין, שִׂים → 아인-요드 동사 ↗

14.2 칼 완료형 변화에서는 중근 모음이 탈락되고, 대신에 카메츠 혹은 체레 모음이 들어선다.

קוּם → קָם , קַמְתִּי　　　מוּת → מֵת , מַתִּי

שִׂים → שָׂם , שַׂמְתִּי　　　בִּין → בָּן , בַּנְתִּי

14.3 부정사 연계형과, 칼 미완료형에서는 두 자음 사이에 י나 ו가 순장모음 형태로 삽입된다.
또한 미완료 2인칭 3인칭 여성 복수는 두가지 형태가 있다.

예) שׁוּב → תְּשׁוּבֶינָה

↘ תָּשֹׁבְנָה

14.4 히필 동사의 변화형에는 두 가지가 있다.

הֵשִׁיב

↙ ↘

הֵשַׁבְתִּי 형 הֲשִׁיבוֹתִי 형

14.5 이 동사는 중간자음의 취약성으로 인하여 규칙적인 강조형 변화를 발전시키지 못했다.

(가) 그러나 대신에 능동에 폴렐, 수동에 폴랄, 재귀에 히트폴렐 변화를 한다.

예) קוֹמֵם 그가 섰다 קוֹמַם הִתְקוֹמֵם

(나) 어떤 경우에는 필펠, 폴팔 변화를 한다.

כִּלְכֵּל 그가 공궤했다. כָּלְכַּל

【주요한 두 자음 어간 동사】

אוֹר 날이 밝다, 밝다, (히)밝히다.

שָׁב שׁוּב 돌아오다, 돌아가다

בָּא בּוֹא 오다, 가다.

מֵת מוּת 죽다

קָם קוּם 일어나다

כּוּן 확고히 하다(히)준비하다

רוּם 높아지다. 높다.

נוּחַ 머물다, 쉬다.

רוּץ 달리다 . 뛰다.
גּוּר 거주하다, 살다
בּוֹשׁ בֹּשׁ 부끄러워하다.
צוּד צָד 사냥하다
עוֹף 날다.
פּוּץ 흩어지다. 분산되다.
בִּין 이해하다.
שִׁיר 노래하다
שִׂים שָׂם (שׂוּם도 가능)두다, 놓다.
שִׂישׂ שָׂשׂ (שׂוּשׂ도 가능) 기뻐하다
נוּס נָס 도망가다, 달아나다.
פּוּק 비틀거리다. (히)요동하다
סוּר סָר 떠나다,돌다 (히)떠나게 하다,제거하다
לִין 아침까지 남겨두다, 밤을 새다
רִיב 다투다. 논쟁하다. 진술하다.

□두 자음 명사와 형용사□

קַל 가벼운	דַּל 악한	דַּק 고운	
מַר 쓴	חַי 살아있는	קַר 차가운	חַם 뜨거운
עַם(백성)	הַר 산	גַּן 동산	שַׂר 방백
פַּר 황소	כַּף 손바닥	צֵל(그림자)	לֵב 마음
אֵם 어머니	קֵץ 끝	חֵץ 화살	עִם אֵת 함께
חֹק (법칙)	דֹּב 곰	תֹּף 소고	כֹּל 모든
עֹל 멍에	עֹז 힘	חֹם열	קֹר 추위
חֻקָּה 법칙			

구 분		칼	니팔	히필
완료형	3인칭 남 단	קָם	נָקוֹם	הֵקִים
	여 단	קָמָה	נָקוֹמָה	הֵקִימָה
	2인칭 남 단	קַמְתָּ	נָקוּמוֹתָ	הֲקִימוֹתָ
	여 단	קַמְתְּ	נָקוּמוֹת	הֲקִימוֹת
	1인칭 공 단	קַמְתִּי	נָקוּמוֹתִי	הֲקִימוֹתִי
	3인칭 공 복	קָמוּ	נָקוֹמוּ	הֵקִימוּ
	2인칭 남 복	קַמְתֶּם	נְקֹמוֹתֶם	הֲקִימוֹתֶם
	여 복	קַמְתֶּן	נְקֹמוֹתֶן	הֲקִימוֹתֶן
	1인칭 공 복	קַמְנוּ	נָקוּמוֹנוּ	הֲקִימוֹנוּ
미완료형	3인칭 남 단	יָקוּם	יִקּוֹם	יָקִים
	여 단	תָּקוּם	תִּקּוֹם	תָּקִים
	2인칭 남 단	תָּקוּם	תִּקּוֹם	תָּקִים
	여 단	תָּקוּמִי	תִּקּוֹמִי	תָּקִימִי
	1인칭 공 단	אָקוּם	אֶקּוֹם	אָקִים
	3인칭 남 복	יָקוּמוּ	יִקּוֹמוּ	יָקִימוּ
	여 복	תְּקוּמֶינָה	תְּקִּימֶינָה	(תָּקֵמְנָה)
	2인칭 남 복	תָּקוּמוּ	תִּקּוֹמוּ	תָּקִימוּ
	여 복	תְּקוּמֶינָה	תְּקִּימֶינָה	(תְּקִימֶינָה)
	1인칭 공 복	נָקוּם	נִקּוֹם	קִים
명령형	2인칭 남 단	קוּם	הִקּוֹם	הָקֵם
	여 단	קוּמִי		הָקִימִי
	2인칭 남 복	קוּמוּ		הָקִימוּ
	여 복	קֹמְנָה		הָקֵמְנָה
부정사	절 대 형	קוּם	הִקּוֹם	הָקֵם
	연 계 형	קוּם	הִקּוֹם	הָקִים
분사		קָם	נָקוֹם	מֵקִים

호 팔	폴 렐	폴 랄	히트폴렐
הוּקַם	קוֹמֵם	קוֹמַמ	הִתְקוֹמֵמ
הוּקְמָה	קוֹמְמָה	קוֹמְמָה	הִתְקוֹמְמָה
הוּקַמְתָּ	קוֹמַמְתָּ	קוֹמַמְתָּ	הִתְקוֹמַמְתָּ
הוּקַמְתְּ	קוֹמַמְתְּ	קוֹמַמְתְּ	הִתְקוֹמַמְתְּ
הוּקַמְתִּי	קוֹמַמְתִּי	קוֹמַמְתִּי	הִתְקוֹמַמְתִּי
הוּקְמוּ	קוֹמְמוּ	קוֹמְמוּ	הִתְקוֹמְמוּ
הוּקַמְתֶּם	קוֹמַמְתֶּם	קוֹמַמְתֶּם	הִתְקוֹמַמְתֶּם
הוּקַמְתֶּן	קוֹמַמְתֶּן	קוֹמַמְתֶּן	הִתְקוֹמַמְתֶּן
הוּקַמְנוּ	קוֹמַמְנוּ	קוֹמַמְנוּ	הִתְקוֹמַמְנוּ
יוּקַם	יְקוֹמֵם	יְקוֹמַם	יִתְקוֹמֵמ
תּוּקַם	תְּקוֹמֵם	תְּקוֹמַם	תִּתְקוֹמֵמ
תּוּקַם	תְּקוֹמֵם	תְּקוֹמַם	תִּתְקוֹמֵמ
תּוּקְמִי	תְּקוֹמְמִי	תְּקוֹמְמִי	תִּתְקוֹמְמִי
אוּקַם	אֲקוֹמֵם	אֲקוֹמַם	אֶתְקוֹמֵמ
יוּקְמוּ	יְקוֹמְמוּ	יְקוֹמְמוּ	יִתְקוֹמְמוּ
תּוּקַמְנָה	תְּקוֹמֵמְנָה	תְּקוֹמַמְנָה	תִּתְקוֹמֵמְנָה
תּוּקְמוּ	תְּקוֹמְמוּ	תְּקוֹמְמוּ	תִּתְקוֹמְמוּ
תּוּקַמְנָה	תְּקוֹמֵמְנָה	תְּקוֹמַמְנָה	תִּתְקוֹמֵמְנָה
נוּקַם	נְקוֹמֵם	נָקוֹמַם	נִתְקוֹמֵמ
	קוֹמֵם		הִתְקוֹמֵמ
	קוֹמְמִי		הִתְקוֹמְמִי
	קוֹמְמוּ		הִתְקוֹמְמוּ
	קוֹמֵמְנָה		הִתְקוֹמֵמְנָה
	קוֹמֵם	קוֹמֹם	הִתְקוֹמֵמ
הוּקַם	קוֹמֵם		הִתְקוֹמֵמ
	מְקוֹמֵם	מְקוֹמָם	מִתְקוֹמֵמ

【강독연습】

1. הָכֵן אֶת הַלֶּחֶם וְהַמַּיִם
כִּי בָאִים הַשָּׂרִים לֶאֱכֹל אִתָּנוּ!

2. אִם תָּשׁוּבוּ, תָּשִׁיבוּ לוֹ אֶת הַכֶּסֶף.

3. הֵמִיתוּ אֶת הָעֶבֶד
כִּי בִקֵּשׁ לְהָמִית אֶת הַמֶּלֶךְ.

4. צָרוֹת גְּדוֹלוֹת תָּבוֹאנָה עֲלֵיכֶם
אִם לֹא תָּכִינוּ אֹכֶל לְדֶרֶךְ.

5. זָכַרְנוּ אֶת רַחֲמֶיךָ הָרַבִּים.

6. הַמַּיִם מְשִׁיבִים אֶת הַנֶּפֶשׁ.

7. בֶּאֱמֶת הַדֶּרֶךְ קָשָׁה,
וְהִיא תָּבִיא אֶתְכֶם.

8. בַּתְּחִלָּה יָשִׂימוּ מַיִם לְפָנָיו,
וְאַחַר יָבִיאוּ אֶת הַלֶּחֶם.

9. אֲנִי מְבִיאָה אֶת הַיֶּלֶד אֶל אִמּוֹ.

10. הֵם שָׂמוּ אֶת הָאֹכֶל עַל חֲמוֹרֵיהֶם.

【성경강독】

□창39:13-17□

13 וַֽיְהִי֙ כִּרְאוֹתָ֔הּ כִּֽי־עָזַ֥ב בִּגְד֖וֹ בְּיָדָ֑הּ
וַיָּ֖נָס הַחֽוּצָה׃
14 וַתִּקְרָ֞א לְאַנְשֵׁ֣י בֵיתָ֗הּ וַתֹּ֤אמֶר לָהֶם֙
לֵאמֹ֔ר רְא֗וּ הֵ֥בִיא לָ֛נוּ אִ֥ישׁ עִבְרִ֖י
לְצַ֣חֶק בָּ֑נוּ בָּ֤א אֵלַי֙ לִשְׁכַּ֣ב עִמִּ֔י וָאֶקְרָ֖א
בְּק֥וֹל גָּדֽוֹל׃
15 וַיְהִ֣י כְשָׁמְע֔וֹ כִּֽי־הֲרִימֹ֥תִי קוֹלִ֖י וָאֶקְרָ֑א
וַיַּעֲזֹ֤ב בִּגְדוֹ֙ אֶצְלִ֔י וַיָּ֖נָס וַיֵּצֵ֥א הַחֽוּצָה׃
16 וַתַּנַּ֥ח בִּגְד֖וֹ אֶצְלָ֑הּ עַד־בּ֥וֹא אֲדֹנָ֖יו אֶל־בֵּיתֽוֹ׃
17 וַתְּדַבֵּ֣ר אֵלָ֔יו כַּדְּבָרִ֥ים הָאֵ֖לֶּה לֵאמֹ֑ר
בָּֽא־אֵלַ֞י הָעֶ֧בֶד הָֽעִבְרִ֛י
אֲשֶׁר־הֵבֵ֥אתָ לָּ֖נוּ לְצַ֥חֶק בִּֽי׃

【어휘 연구】

עָזַב	남겨두다 떠나다	נוּס	도망하다
חוּצָה	밖으로	קָרָא	외치다, 부르다
צָחֵק	(피)장난하다 농담하다	שָׁכַב	눕다
הֵרִים	들어 올리다	נוּחַ	(히) 두다, 배치하다
אֵצֶל	곁에, 함께	הֵבִיא	데려오다

【성경 강독】

▢사 40:8-11▢

8 יָבֵ֥שׁ חָצִ֖יר נָ֣בֵֽל צִ֑יץ
וּדְבַר־אֱלֹהֵ֖ינוּ יָק֥וּם לְעוֹלָֽם׃ ס
9 עַ֣ל הַר־גָּבֹ֤הַ עֲלִי־לָךְ֙ מְבַשֶּׂ֣רֶת צִיּ֔וֹן
הָרִ֤ימִי בַכֹּ֙חַ֙ קוֹלֵ֔ךְ מְבַשֶּׂ֖רֶת יְרוּשָׁלִָ֑ם
הָרִ֙ימִי֙ אַל־תִּירָ֔אִי אִמְרִי֙
לְעָרֵ֣י יְהוּדָ֔ה הִנֵּ֖ה אֱלֹהֵיכֶֽם׃
10 הִנֵּ֨ה אֲדֹנָ֤י יְהוִה֙ בְּחָזָ֣ק יָב֔וֹא וּזְרֹע֖וֹ מֹ֣שְׁלָה ל֑וֹ
הִנֵּ֤ה שְׂכָרוֹ֙ אִתּ֔וֹ וּפְעֻלָּת֖וֹ לְפָנָֽיו׃
11 כְּרֹעֶה֙ עֶדְר֣וֹ יִרְעֶ֔ה בִּזְרֹעוֹ֙ יְקַבֵּ֣ץ טְלָאִ֔ים
וּבְחֵיק֖וֹ יִשָּׂ֑א עָל֖וֹת יְנַהֵֽל׃ ס

【어휘 연구】

יָבֵשׁ	마르다	חָצִיר	풀

נָבֵל 시들다, 쓰러지다
קוּם 서다, 일어나다
גָּבֹהַ 높은, 큰
רוּם 높이다. 들어 올리다
חָזָק 강함
מָשַׁל 다스리다
פְּעֻלָּה 대가, 형벌, 일, 상급
צִיץ 꽃, 조화
לְעוֹלָם 영원히
בָּשַׂר 즐겁다, 좋은 소식을 전하다
כֹּחַ 능력
זְרוֹעַ 팔, 팔뚝
שָׂכָר 상급, 임금, 몫

□삿 19:11-17□

11 הֵם עִם־יְבוּס וְהַיּוֹם רַד מְאֹד
וַיֹּאמֶר הַנַּעַר אֶל־אֲדֹנָיו לְכָה־נָּא
וְנָסוּרָה אֶל־עִיר־הַיְבוּסִי הַזֹּאת וְנָלִין בָּהּ׃
12 וַיֹּאמֶר אֵלָיו אֲדֹנָיו לֹא נָסוּר אֶל־עִיר נָכְרִי
אֲשֶׁר לֹא־מִבְּנֵי יִשְׂרָאֵל הֵנָּה וְעָבַרְנוּ עַד־גִּבְעָה׃
13 וַיֹּאמֶר לְנַעֲרוֹ לְךָ וְנִקְרְבָה בְּאַחַד הַמְּקֹמוֹת
וְלַנּוּ בַגִּבְעָה אוֹ בָרָמָה׃
14 וַיַּעַבְרוּ וַיֵּלֵכוּ וַתָּבֹא לָהֶם הַשֶּׁמֶשׁ
אֵצֶל הַגִּבְעָה אֲשֶׁר לְבִנְיָמִן׃
15 וַיָּסֻרוּ שָׁם לָבוֹא לָלוּן בַּגִּבְעָה
וַיָּבֹא וַיֵּשֶׁב בִּרְחוֹב הָעִיר
וְאֵין אִישׁ מְאַסֵּף־אוֹתָם הַבַּיְתָה לָלוּן׃
16 וְהִנֵּה׀ אִישׁ זָקֵן בָּא מִן־מַעֲשֵׂהוּ
מִן־הַשָּׂדֶה בָּעֶרֶב וְהָאִישׁ מֵהַר אֶפְרַיִם
וְהוּא־גָר בַּגִּבְעָה וְאַנְשֵׁי הַמָּקוֹם בְּנֵי יְמִינִי׃

17 וַיִּשָּׂא עֵינָיו וַיַּרְא אֶת־הָאִישׁ הָאֹרֵחַ בִּרְחֹב הָעִיר
וַיֹּאמֶר הָאִישׁ הַזָּקֵן אָנָה תֵלֵךְ
וּמֵאַיִן תָּבוֹא׃

[어휘 연구]

יָרַד 내려가다, 떨어지다
סוּר 돌이키다, 옮기다
לִין 유숙하다, 밤을 지내다
נָכְרִי 외국의, 낯선
נַעַר 젊은이, 남종
קָרַב 접근하다, 가까이가다
מָקוֹם 장소
שֶׁמֶשׁ 해
אֵצֶל 가까이
רְחוֹב 거리
יָשַׁב 앉다, 거주하다
אָסַף (피) 모으다, 받다
עֶרֶב 저녁
גּוּר 살다, 거주하다
אָרַח 걷다, 행하다
מֵאַיִן 어디로부터

제 15 과
중복 동사

중복 동사란

15.1 동사어근의 2번째와 3번째 자음이 동일할 때에 이를 중복동사라고 한다.

예) סָבַב הָלַל

15.2 칼 완료형 3인칭의 형태는 두 가지가 있다.

סָבַב, סָבְבוּ → 타동사
סַב סַבּוּ → 자동사

15.3 그러나 칼 완료형의 다른 변화형에서는 -וֹ가 첨가되고 축약된 변화가 나타난다.

예: סַבּוֹתִי

15.4 칼 미완료형의 변화는 두가지 형태가 있다.

יָסֹב → 두자음 어간 동사의 영향인 것 같다.
יִסֹּב → 페-눈 동사와 흡사하다.

15.5 칼 분사, 부정사 절대형, 그리고 모든 강조형에서는 단축현상이 나타나지 않는다.

15.6 히필 동사의 변화형은 두 자음 어간 동사의 변화와 유사한 면이 있다.

두 자음 동사	중복 동사
הֲשִׁיבוֹתִי	הֲסִבּוֹתִי
הֵשִׁיב	הֵסֵב
יָשִׁיב	יָסֵב
מְשִׁיבָה	מְסִבָּה

【주요한 중복 동사】

קָלַל 작다, 경시되다.
סָבַב 돌다, 둘러싸다.
אָרַר 저주하다.
גָּלַל 굴리다. (니)말리다.
הָלַל 찬송하다.
כָּנַן 사랑하다
חָנַן 긍휼히 여기다. 관심을 보이다.
חָלַל 찌르다 또는 더럽히다 (히) 시작하다
　　חָלִילָה 마옵소서, --이 있지 마소서.
מָדַד 구획하다, 재어서 나누다.
פָּלַל (피) 심판하다. (히트)기도하다.

בָּזַז 약탈하다.
צָרַר 곤란에 처하다.
רָעַע 악하다
מָרַר (맛이)쓰다, 절망하다.
רָבַב 많다. 많아지다.
קָדַד 무릎을 꿇다, 숙이다.
דָּמַם 잠잠하다, 잠잠히 서 있다
מָשַׁשׁ 느끼다 만져보다
חָגַג 축하하다
שָׁמַם 황폐하다
תָּמַם 완성되다. 끝내다

구 분		칼		니팔	히필
완료형	3인칭 남 단	סַב	סָבַב	נָסַב	הֵסֵב
	여 단	סַבָּה	סָבְבָה	נָסַבָּה	הֵסֵבָּה
	2인칭 남 단	סַבּוֹתָ	סַבּוֹתָ	נָסַבּוֹתָ	הֵסִבּוֹתָ
	여 단	סַבּוֹת	סַבּוֹת	נָסַבּוֹת	הֵסִבּוֹת
	1인칭 공 단	סַבּוֹתִי	סַבּוֹתִי	נָסַבּוֹתִי	הֵסִבּוֹתִי
	3인칭 공 복	סַבּוּ	סָבְבוּ	נָסַבּוּ	הֵסֵבּוּ
	2인칭 남 복	סַבּוֹתֶם	סַבּוֹתֶם	נָסַבּוֹתֶם	הֲסִבּוֹתֶם
	여 복	סַבּוֹתֶן	סַבּוֹתֶן	נָסַבּוֹתֶן	הֲסִבּוֹתֶן
	1인칭 공 복	סַבּוֹנוּ	סַבּוֹנוּ	נָסַבּוֹנוּ	הֲסִבּוֹנוּ
미완료형	3인칭 남 단	יָסֹב	יִסֹּב	יִסַּב	יָסֵב
	여 단	תָּסֹב	תִּסֹּב	תִּסַּב	תָּסֵב
	2인칭 남 단	תָּסֹב	תִּסֹּב	תִּסַּב	תָּסֵב
	여 단	תָּסֹבִּי	תִּסְּבִי	תִּסַּבִּי	תָּסֵבִּי
	1인칭 공 단	אָסֹב	אֶסֹּב	אֶסַּב	אָסֵב
	3인칭 남 복	יָסֹבּוּ	יִסְּבוּ	יִסַּבּוּ	יָסֵבּוּ
	여 복	תְּסֻבֶּינָה	תִּסֹּבְנָה	תִּסַּבֶּינָה	תְּסִבֶּינָה
	2인칭 남 복	תָּסֹבּוּ	תִּסְּבוּ	תִּסַּבּוּ	תָּסֵבּוּ
	여 복	תְּסֻבֶּינָה	תִּסֹּבְנָה	תִּסַּבֶּינָה	תְּסִבֶּינָה
	1인칭 공 복	נָסֹב	נִסֹּב	נִסַּב	נָסֵב
명령형	2인칭 남 단	סֹב		הִסַּב	הָסֵב
	여 단	סֹבִּי		הִסַּבִּי	הָסֵבִּי
	2인칭 남 복	סֹבּוּ		הִסַּבּוּ	הָסֵבּוּ
	여 복	סֻבֶּינָה		הִסַּבֶּינָה	הֲסִבֶּינָה
부정사	절 대 형	סָבוֹב		הִסּוֹב	הָסֵב
	연 계 형	סֹב		הִסֵּב	הָסֵב
분사	능 동	סֹבֵב		נָסָב	מַסֵב
	수 동	סָבוּב			

1. אֱלֹהִים לֹא תְקַלֵּל וְנָשִׂיא בְעַמְּךָ לֹא תָאֹר

2. עַל הָאַלְמָנָה אֲשֶׁר אֲנִי מִתְגּוֹרֵר עִמָּהּ הֲרֵעוֹתָ
לְהָמִת אֶת־בְּנָהּ

3. חָלִילָה לִּי יהוה מַעֲשׂוֹתִי זֹאת הֲדַם הָאֲנָשִׁים
הַהֹלְכִים בְּנַפְשׁוֹתָם וְלֹא אָבָה לִשְׁתּוֹתָם

제16과 후음 동사

후음 동사란?

16.1 동사어근에 후음자음이 있는 동사를 후음동사라고 한다. 후음동사는 후음자음의 위치에 따라 다음과 같이 그 명칭을 구별하여 부른다.

동사 어근	ל	ע	פ
자음순서	③	②	①
	↓	↓	↓
명 칭	라메드 후음	아인 후음	페 후음

예) עָמַד, הָרַג → 페 후음 동사
בָּעַר, בָּרַךְ → 아인 후음 동사
שָׁמַע, בָּטַח → 라메드 후음 동사

후음 자음과 그 특성

16.2 후음자음이란 목 안쪽 깊숙한 곳에서 나는 소리로 א ע ה

ח 의 네 가지가 있다. 또한 ר는 후음자음은 아니지만 후음자음의 특성을 닮아가는 경향이 있어 반(半)후음 자음이라고 부른다. 후음자음이란 그 특성이 숨소리 혹은 그와 유사한 소리들을 일컫는다. 따라서 후음자음이란 용어는 이런 특성을 지닌 자음을 말한다.

16.3 후음자음의 특성은 다음과 같다

(1) 이 소리들은 특성상 다게쉬를 받지 못한다. 따라서 중복점이 오는 동사 유형에 이 특성이 나타난다.

(2) 후음자음 앞의 선행모음은 장모음화하거나 파타흐를 취하려는 경향이 있다.

(3)단순 쉐와 대신 합성 쉐와를 취한다.

후음동사의 특성

16.4 이들 자음들을 가진 동사는 후음자음이 지닌 특별한 특성을 따른다.

1) 후음자음은 다게쉬를 취하지 못하기 때문에 중복점이 오는 니팔 미완료형 등에서는 중복점을 찍을 수 없다. 이런 이유로 선행 모음을 연장하여 준다.

예) יִפָּקֵד (정상동사) → יֵעָמֵד (후음동사)

2) 후음자음은 유성 쉐바를 취할 경우 합성쉐바를 취한다.

예) פְּקַדְתֶּם (정상동사) → עֲמַדְתֶּם (후음동사)

3) 칼 미완료형에서 후음자음 앞의 모음 히렉(ִ. i)을 후음자음의 합성쉐바에 대응되는 단모음 세골(ֶ e) 이나 파타흐(ַ a)를 취한다.

예) נִפְקַד (정상동사) → נֶעֱמַד (후음동사) (니팔 완료)
יִפְקֹד (정상동사) → יַעֲבֹד (후음동사) (칼 미완료)
יִקְטֹל (정상동사) → יֶעֱסֹף (후음동사) (칼 미완료)

4) 아인 후음동사 칼 미완료형에서 정상동사의 중근 모음이 홀렘(ֹ o) 인 경우에 중근모음은 파타흐(ַ a)를 취한다.

예) יִקְטֹל (정상동사) → נֶעֱמַד (후음동사) (니팔 완료)

5) 후음자음들은 개모음(開母音)인 모음 아(ַ)를 선호한다. 따라서 후음자음 앞 또는 뒤에 개모음이 아닌 모음이 있으면 파타흐(ַ)로 바꾸어야 한다.

페-후음동사의 변화

16.5 페 자리에서 후음자음의 특성을 나타내는 경우를 정상동사와 비교하여 본다.

구 분	칼미완료 동작	칼미완료동작	니팔 완료	히필 완료
정상동사	יִפְקֹד	יִכְבַּד	נִפְקַד	הִפְקִיד
페후음동사	יַעֲמֹד	יֶחֱרַד	נֶעֱצַב	הֶעֱמִיד

페-후음 동사는 정상동사와는 달리 쉐바를 취할 때에 합성쉐바를 취하는 경향을 강하게 보여준다.

아인-후음동사의 변화

16.6 두 번째 어근이 후음인 동사이기에 피엘형에서는 두 가지 변화가 나타난다. (부록의 변화표 참조)

16.7 칼과 니팔형에서 다른 변화를 하는 것은 합성쉐바를 취하는 후음 자음의 특성과 일치한다.

라메드-후음동사의 변화

16.8 후음자음이 음절의 마지막에 위치하면 선행하는 모음이 파타흐(ַ a)가 되는 경향이 있다.

16.9 히필형에서 후음자음은 선입 파타흐를 취하는 경향이 있다.

구분	칼	니팔	피엘		히필	
	미완료	미완료	완료	미완료	완료	미완료
정상동사	יִפְקֹד	יִפָּקֵד	פִּקֵּד	פֵּקַּד	הִפְקִיד	יַפְקִיד
라메드 후음동사	יִשְׁלַח	יִשָּׁלַח	שִׁלַּח	שֵׁלַּח	הִשְׁמִיעַ	יַשְׁמִיעַ

페-알렙 동사

16.10 페 알렙 동사는 페-후음동사와 유사하다. 그러나 칼 미완료형에서 첫 모음이 홀렘이 되는 것이 다르다.

예) יִקְטֹל (정상동사) → יֹאמַר (페-알렙동사) (칼 미완료)

16.11 페 알렙 동사는 다음 5개이다. 나머지는 א으로 시작하여도 후음동사로 간주한다.

אָבַד(멸하다) אָכַל(먹다) אָמַר(말하다) אָבָה(원하다) אָפָה(굽다)

페 후음 동사 이외의 다른 동사들의 변화형은 부록에 실린 변화표를 참고하시기 바랍니다.

주요한 후음 동사

חָלַם 꿈을 꾸다	עָבַר 지나가다
עָבַד 섬기다. 일하다	שָׁבַע (니팔)맹세하다, 서약하다
חָטָא 죄를 짓다	חָשַׁב생각하다
שָׂנֵא 미워하다	אָרַךְ 길게 하다, 연장하다
חָכַם 지혜롭다	אָחַז 붙잡다
חָזַק 강하다	אָמַץ 강하다
אָמַן 믿다	אָסַר 매다, 싸매다
צָעַק 부르짖다	בָּרַךְ 축복하다
בָּחַר 택하다	רָחַץ 씻다, 목욕하다
אָבֵל 애곡하다	אָסַף 모으다
טָעַם 맛보다	שָׁרַת (피엘) 섬기다

구분		칼	니팔	히필
완료형	3인칭 남 단	עָמַד	נֶעֱמַד	הֶעֱמִיד
	여 단	עָמְדָה	נֶעֶמְדָה	הֶעֱמִידָה
	2인칭 남 단	עָמַדְתָּ	נֶעֱמַדְתָּ	הֶעֱמַדְתָּ
	여 단	עָמַדְתְּ	נֶעֱמַדְתְּ	הֶעֱמַדְתְּ
	1인칭 공 단	עָמַדְתִּי	נֶעֱמַדְתִּי	הֶעֱמַדְתִּי
	3인칭 공 복	עָמְדוּ	נֶעֶמְדוּ	הֶעֱמִידוּ
	2인칭 남 복	עֲמַדְתֶּם	נֶעֱמַדְתֶּם	הֶעֱמַדְתֶּם
	여 복	עֲמַדְתֶּן	נֶעֱמַדְתֶּן	הֶעֱמַדְתֶּן
	1인칭 공 복	עָמַדְנוּ	נֶעֱמַדְנוּ	הֶעֱמַדְנוּ
미완료형	3인칭 남 단	יַעֲמֹד	יֵעָמֵד	יַעֲמִיד
	여 단	תַּעֲמֹד	תֵּעָמֵד	תַּעֲמִיד
	2인칭 남 단	תַּעֲמֹד	תֵּעָמֵד	תַּעֲמִיד
	여 단	תַּעַמְדִי	תֵּעָמְדִי	תַּעֲמִידִי
	1인칭 공 단	אֶעֱמֹד	אֵעָמֵד	אַעֲמִיד
	3인칭 남 복	יַעַמְדוּ	יֵעָמְדוּ	יַעֲמִידוּ
	여 복	תַּעֲמֹדְנָה	תֵּעָמַדְנָה	תַּעֲמֵדְנָה
	2인칭 남 복	תַּעַמְדוּ	תֵּעָמְדוּ	תַּעֲמִידוּ
	여 복	תַּעֲמֹדְנָה	תֵּעָמַדְנָה	תַּעֲמֵדְנָה
	1인칭 공 복	נַעֲמֹד	נֵעָמֵד	נַעֲמִיד
명령형	2인칭 남 단	עֲמֹד	הֵעָמֵד	הַעֲמֵד
	여 단	עִמְדִי	הֵעָמְדִי	הַעֲמִידִי
	2인칭 남 복	עִמְדוּ	הֵעָמְדוּ	הַעֲמִידוּ
	여 복	עֲמֹדְנָה	הֵעָמַדְנָה	הַעֲמֵדְנָה
부정사	절대형	עָמֹד	הֵעָמֵד	הַעֲמֵד
	연계형	עֲמֹד	הֵעָמֵד	הַעֲמִיד
분사	능동 수동	עוֹמֵד	נֶעֱמָד	מַעֲמִיד

제 17 과
이중 약동사

17.1 이중 약동사에서 사용하는 약자음의 정의는 일반 약동사보다 그 의미가 더욱 확장된 경우에 해당한다. 일반적으로 약자음이라 하면 자신의 음가를 환경에 따라 유지하지 못하는 י, ו, נ 등을 의미한다. 그러나 이중 약동사에서는 이들 자음 외에도 후음자음을 약자음으로 추가하여 정의하고 있다. 따라서 이곳에서는 약자음의 의미가 확장된 경우라고 할 수 있다.

이 동사들은 약자음의 규칙과 후음자음의 규칙을 이중으로 적용하는 동사이다. 원리는 이처럼 단순하지만 실제적인 변화는 이중으로 적용하는 번거로움 때문에 복잡하게 느껴진다. 따라서 이 동사들은 취약성 자음이 어느 위치에 있는 지 사전을 찾아서 확인해야 한다.

17.2 이중 약동사의 변화는 크게 세 가지 유형으로 구분된다.

첫째는 라메드-알렙 동사에 약자음이 하나 더 추가된 경우이며 이를 라메드-알렙 형의 이중 약동사라고 칭한다

둘째는 라메드-헤 동사에 약자음이 하나 더 추가된 경우이다. 이를 라메드-헤 형의 이중 약동사라고 칭한다

셋째는 페-요드 동사에 라메드-후음이 추가된 경우이다. 이를 페-요드 동사형 이중 약동사라고 칭하다

17.3 라메드-알렙 형의 이중 약동사

라메드-알렙 형의 이중 약동사의 특징은 자음 א의 특성과 관련이 있다. 자음으로서의 א의 특징은 두가지이다. 첫째는 앞모음을 장음화하려는 경향이 있다. 두번째는 자신은 모음 뒤에서 묵음이 되려는 경향이 있다.

1. 페-눈, 라메드-알렙 동사

נָשָׂא(들어올리다)

구분	완료	미완료	명령형	부정사
정상동사	קָטַל	יִקְטֹל	קְטֹל	קְטֹל
נָשָׂא	נָשָׂא	יִשָּׂא	שָׂא	שְׂאֵת

라메드-알렙 동사의 특징과 더불어

페-눈 동사의 특징인 נ이 다음 자음에 중복점으로 동화되는 현상이 동시에 나타난다.

2. 페-바브, 라메드-알렙 동사

יָצָא (나가다)

구분	완료	미완료	명령형	부정사	히필
정상동사	קָטַל	יִקְטֹל	קְטֹל	קְטֹל	הִקְטִיל
יָצָא	יָצָא	יֵצֵא	צֵא	צֵאת	הוֹצִיא

라메드-알렙의 특징과 함께

페-바브 동사의 특징인 앞에 다른 음절이 첨가되면 ו로 되려는 경향과 함께 미완료형에서 앞모음을 장모음화하고 자신은 생략되는 형태를 살펴볼 수가 있다.

3. 아인-바브, 라메드-알렙 동사

בּוֹא (오다, 가다)

구분	완료	미완료	명령형	부정사	히필
정상동사	קָטַל	יִקְטֹל	קְטֹל	קְטֹל	הִקְטִיל
בּוֹא	בָּא	יָבוֹא	בּוֹא	בּוֹא	הֵבִיא

라메드-알렙의 동사 특징과 더불어

두자음 어간동사의 특징인 미완료형과 부정사 연계형에서 י 혹은 ו가 순장모음화 하는 현상을 보여준다.

17.4 라메드-헤 형의 이중 약동사

라메드-헤 형의 이중 약동사의 특징은 라메드-헤 의 특성과 관련이 있다.

라메드 자리에 있는 헤는 자음 י 이었으나 기본형에서 ה 로 바뀌었다.

자음어미가 오면 ה는 순장모음인 י로 바뀐다. בָּכָה → בָּכִיתִי

모음어미 ו 앞에서는 ה가 생략된다. בָּכָה → בָּכוּ, יִבְכּוּ

모음어미 ָה 앞에서 ה는 ת로 변화 된다 בָּכָה → בָּכְתָה,

바브 계속법에서 기본형인 ה는 자주 생략된다. יִבְכֶּה → וַיֵּבְךְּ

1. 페-눈, 라메드-헤 동사

נָטָה(뻗다, 펼치다)

נָכָה(때리다)

구분	완료	미완료	명령형	부정사	히필	참고사항
정상동사	קָטַל	יִקְטֹל	קְטֹל	קְטֹל	הִקְטִיל	נָטוּ
נָטָה	נָטָה	יִטֶּה יֵט(단축형)	נְטֵה	נְטוֹת	הִטָּה	(칼,완,3,복) וַיֵּט(계속법)

페-눈 동사의 특징인 נ이 다음 자음에 중복점으로 동화되는 현상이 동시에 나타난다.

2 페-알렙, 라메드-헤 동사

אָבָה(원하다)

אָפָה(굽다)

구분	완료		미완료		부정사
정상동사	קָטַל	קָטְלוּ	יִקְטֹל	יִקְטֹל(단축혀)	קְטֹל
אָבָה	אָבָה	אָבוּ	יֹאבֶה	יֹבֵא(단축형)	

페-알렙 동사란 페-후음 동사와는 달리 칼 미완료형에서 א밑에 쉐바를 취하지 않고 앞 모음을 홀렘(o)을 취하면서 자신은 묵음이 되는 동사를 말한다. 페-알렙 동사는 다음의 다섯가지 동사가 있다.

אָבַד(멸하다) אָכַל(먹다) אָמַר(말하다) אָבָה(원하다) אָפָה(굽다)

이들 중에서 이중 약동사는 אָבָה(원하다) אָפָה(굽다) 둘이 해당한다.

이 다섯 동사 외에 א으로 시작하는 동사는 페-후음 동사로 취급한다.

3. 페-후음, 라메드-헤 동사

עָלָה(올라가다) עָנָה(대답하다)

עָשָׂה(행하다, 만들다) רָאָה(보다)

אָלָה (저주하다, 서약하다)

אָתָה (오다, 가다)

אָוָה(아름답다, 합당하다)

구분	완료	미완료	명령형	부정사
정상동사	קָטַל קָטַלְתָּ	יִקְטֹל	קְטֹל	קְטֹל
עָלָה	עָלָה עָלִיתָ	יַעֲלֶה	עֲלֵה	עֲלוֹת

페- 자리에서 후음의 특성이 나타난다.

후음의 주요 특성은 쉐바를 취할 때에 합성 쉐바를 취한다.

열린 모음인 파타흐 나 카메츠를 후음 자음 앞뒤에서 취하거나 선입파타흐를 취하려는 경향이 있다.

이 유형에 속하는 **הָיָה** 동사와 **רָאָה** 동사는 변화가 중요하기에 17.6.의 변화표를 참조하기 바란다.

17.5. 페-요드형 이중 약동사

페-요드 페-바브 형의 이중 약동사의 특징은 다음과 같다.

페-요드, 페-바브 동사의 특징은

히필, 니팔 등에서 **י** 가 **ו** 로 변화하는 특성이 있다.

칼 미완료형에서는 페-요드는 순장모음 **יִ**.로

페-바브 동사는 **י**를 생략해 주는 대신에

앞모음을 장음화하는 경향이 있다.

1. 페-요드, 라메드-헤 동사

יָרָה(던지다)

יָפָה(아름답다)

구분	**완료**	**미완료**	**명령**	**부정사**	**히필**		**참고사항**
정상동사	קָטַל	יִקְטֹל	קְטֹל	קְטֹל	הִקְטִיל	יַקְטִיל	וַנִּירָם (1인칭복수 계속법)
יָרָה	יָרָה	יִירֶה	יְרֵה	יְרוֹת	הוֹרָה	יוֹרֶה וַיּוֹר (계속법)	

2. 페-요드, 라메드-후음 동사

יָדַע(알다)

יָרֵא(두려워하다)

יָצָא(나가다)

יָשָׁא(구원하다)

구분	완료	미완료	명령형	부정사	히필		참고
정상동사	קָטַל	יִקְטֹל	קְטֹל	קְטֹל	הִקְטִיל	יַקְטִיל	
יָדַע	יָדַע	יֵדַע	דַּע	דַּעַת	הוֹדִיעַ	יוֹדִיעַ	

17.6. הָיָה 동사와 רָאָה 동사는 이중 약동사이면서 구약성경에서 대단히 많이 나오는 동사이기에 그 변화를 살펴보는 것은 대단히 중요하다

1. הָיָה 동사의 변화

구분		완료	미완료	계속법	명령형
단수	3 남	הָיָה	יִהְיֶה	וַיְהִי	
	3 여	הָיְתָה	תִּהְיֶה	וַתְּהִי	
	2 남	הָיִיתָ	תִּהְיֶה	וַתְּהִי	הֱיֵה
	2 여	הָיִית	תִּהְיִי	וַתִּהְיִי	הֲיִי
	1	הָיִיתִי	אֶהְיֶה	וָאֱהִי	
복수	3 남	הָיוּ	יִהְיוּ		
	3 여		תִּהְיֶינָה		
	2 남	הֱיִיתֶם	תִּהְיוּ	וַתִּהְיוּ	הֱיוּ
	2 여	הֱיִיתֶן	תִּהְיֶינָה		הֱיֶינָה
	1	הָיִינוּ	נִהְיֶה	וַנְּהוּ	
부정사		הֱיוֹת			

2. רָאָה 동사의 변화

구분		칼동사			히필 동사		
		완료	미완료	명령형	완료	미완료	명령형
단수	3 남	רָאָה	יִרְאֶה		הֶרְאָה	יַרְאֶה	
	3 여	רָאֲתָה	תִּרְאֶה		הֶרְאֲתָה	תַּרְאֶה	
	2 남	רָאִיתָ	תִּרְאֶה	רְאֵה	הֶרְאֵיתָ	תַּרְאֶה	הַרְאֵה
	2 여	רָאִית	תִּרְאִי	רְאִי	הֶרְאֵית	תַּרְאִי	הַרְאִי
	1	רָאִיתִי	אֶרְאֶה		הֶרְאֵיתִי	אַרְאֶה	
복수	3 남	רָאוּ	יִרְאוּ		הֶרְאוּ	יַרְאוּ	
	3 여		תִּרְאֶינָה			תַּרְאֶינָה	
	2 남	רְאִיתֶם	תִּרְאוּ	רְאוּ	הֶרְאֵיתֶם	תַּרְאוּ	הַרְאוּ
	2 여	רְאִיתֶן	תִּרְאֶינָה	רְאֶינָה	הֶרְאֵיתֶן	תַּרְאֶינָה	הַרְאֶינָה
	1	רָאִינוּ	נִרְאֶה		הֶרְאִינוּ	נַרְאֶה	
부정사		רְאוֹת			הַרְאוֹת		

1. וַיַּעַן מֶלֶךְ אֱדוֹם לֵאמֹר לֹא תַעַבְרוּ בְּאַרְצִי.

2. וַיַּעַל דָּוִד וַיִּגַּשׁ אֶל־גַגִּבּוֹר
וַיַּךְ אֶת־הַפְּלִשְׁתִּי אַרְצָה.

3. אָנֹכִי אֶעֱלֶה וְהִכִּיתִי אֹתוֹ
וַהֲבֵאתִי אֵלֶיךָ אֶת־רֹאשׁוֹ.

4. וַיַּעַשׂ מֹשֶׁה כַּאֲשֶׁר צִוָּהוּ יהוה
וַיֵּט אֶת־יָדוֹ עַל־הַיָּם

וַיָּשׁוּבוּ הַמַּיִם לִמְקוֹמָם.
וַיֵּט אָהֳלֹה בֵּית־אֵל מִיָּם וְהָעַי מִקֶּדֶם.

5. כִּי יְדַעְתִּיו לְמַעַן אֲשֶׁר יְצַוֶּה אֶת־בָּנָיו
וְאֶת־בֵּיתוֹ אַחֲרָיו וְשָׁמְרוּ
דֶּרֶךְ יהוה לַעֲשׂוֹת צְדָקָה וּמִשְׁפָּט

6. וַתֹּאמֶר הָאִשָּׁה אֶת־מִי אַעֲלֶה־לָּךְ
וַיֹּמֶר אֶת־שָׁמוּאֵל הַעֲלִי־לִי
וּמַלְכִּי־צֶדֶק מֶלֶךְ שָׁלֵם הוֹצִיא לֶחֶם וָיָיִן.

7. וַיִּתְאַוֶּה דָוִד וַיֹּאמַר מִי יַשְׁקֵנִי מַיִם מִבְּאֵר
בֵּית־לֶחֶם אֲשֶׁר בַּשָּׁעַר.

제 18 과
결여 동사

18.1. 결여(缺如)동사란 무엇인가?

일부 동사에서는 히브리어 동사의 전체 변화 7요형을 모두 갖추지 못하고 특별한 형태만 발전한 경우가 관찰된다. 이러한 동사를 결여동사라고 일컫는다. 예를 들면 강조형이 없는 경우, 수동태인 니팔, 호팔, 푸알이 발전하지 못한 경우, 칼 동사의 형태만 발전한 경우, 완료는 정상인데 미완료형은 그 형태가 발전하지 못한 동사 등 그 형태는 다양하다,

18.2. 결여동사의 종류에는 두 가지 부류가 있다.

첫째는 어근이 유사한 두 동사가 서로 부족한 부분을 보완하는 동사이다. 이를 상호보완동사라고 부른다. 상호보완동사는 형태의 유사성이 있으나 어근적으로는 분명히 다른 두 동사가 상호 보완하는 동사를 의미한다.

둘째는 한 어근에서 발달한 동사가 어떤 형태는 규칙동사의 변화형을 다른 형태는 다른 유형의 변화형에서 빌려오는 동사가 있다. 이를 불완전동사라고 부른다.

18.3. 상호보완동사 고찰

어근적으로 관련된 두 약동사가 같은 뜻으로 사용되면서 둘다 모두가 결함이 있는 동사가 히브리어에서는 자주 관찰된다. 그러

나 이 둘은 사용하지 않는 형태나 분야가 다른 동사에서 나타나기 때문에 상호 보완적이 되어, 둘이 합쳐서 하나의 완전한 동사를 이루는 경우가 많다.

이는 헬라어의 ἔρχομαι(현재), ἦλθον(부정과거), ἐλευσομαι(미래)처럼 다른 어원을 가진 동사가 각각의 시제를 보충하여 "가다, 오다"라는 하나의 의미아래에서 상호보완적인 역할을 하는 동사를 일컫는다. 한국어에서도 자다(일상어), 주무시다(높임말)라는 두 동사가 같은 의미아래에서 서로 발전하지 못한 형태를 보완하여 주는 경향이 있다. 그러나 히브리어에서는 상호보완동사라 하더라도 어근의 형태적인 관련성이 밀접하다는 점에서 더욱 엄밀한 경향을 보인다.

따라서 상호 보완동사란 어근이 유사한 두 동사가 부족한 부분을 상호 보충하는 경우를 말한다. 이럴 경우에 어근적 관점에서 보면 두 동사는 서로 다른 동사이나, 의미적으로 보면 서로 관련되어 있다. 이들 두 동사는 각자의 어근을 함께 익힐 때에 문법적 설명이 용이해진다.

בּוֹשׁ(부끄럼 당하다) → 히필 הֵבִישׁ הוֹבִישׁ 두 가지이며 이중 후자는 (יָבֵשׁ)의 히필형이다

טוֹב(좋다) → 완료형은 טוֹב이나, 미완료 יִיטַב 히필 הֵיטִיב 은 יָטַב에서 왔다.

יָגֹר (두려워하다) → 미완료 יָגוּר 는 גוּר에서 왔다.

יָקַץ(깨다, 깨어나다) → 미완료형 יִיקַץ 미완료형으로만 사용된다. 완료형 הֵקִיץ는 קוּץ의 히필 형태에서 왔다.

שָׁתָה (마시다) → 칼동사로만 사용된다. 히필 הִשְׁקָה 는 שָׁקָה의 히필 형태에서 왔다.

הָלַךְ(걷다, 걸어가다)→ 미완료형 יֵלֵךְ , 히필 הוֹלִיךְ 는 יָלַךְ의 변화형에서 왔다.

נָפַץ(산산이 부수다, 조각내다) → 미완료 יָפוּץ 폴렐 פּוֹצֵץ 는

פּוּץ의 변화형에서 왔다.

18.4. 불완전 변화 동사 고찰

동일한 어근에서 변화된 형태가 어떤 형태는 규칙 변화형이나, 대응되는 다른 형태는 동일한 동사의 다른 유형의 변화형에서 보충하여 주는 동사를 일컫는다.

1. 완료 규칙 , 미완료 차용 동사

יָסַף(더하다) 칼 완료 יָסַף (규칙) ↔ 미완료 יוֹסִיף (히필)
כָּשַׁל (걸려 넘어지다) 칼 완료 כָּשַׁל(규칙, 드물게 נִכְשַׁל) ↔ 미완료 יִכָּשֵׁל (니팔),

분사 נִכְשָׁל(니팔)
נָחָה(인도하다) 칼 완료 נָחָה(규칙) ↔ 미완료 יַנְחֶה (히필)

2. 완료 차용, 미완료 규칙 동사

לָאָה(피곤하다) 칼 완료 נִלְאָה (니팔) ↔ 미완료 יִלְאֶה (규칙)
מוּג(녹다)칼완료,분사 נָמוֹג(니팔) ↔ 미완료תָּמוּג 부정사מוּג(규칙)
יָצַת(불타다) 칼 완료 נִצַּת(니팔) ↔ 미완료 יִצַּת(규칙)
נָתַךְ (쏟아지다) 완료 נִתַּךְ(니팔) ↔ 미완료 יִתַּךְ (규칙)
נָגַשׁ(접근하다) 완료 נִגַּשׁ(니팔) ↔ 미완료 יִגַּשׁ 명령 גַּשׁ (규칙)

יָדוֹעַ תֵּדְעוּ כִּי לֹא יוֹסִיף
יהוה אֱלֹהֵיכֶם לְהוֹרִישׁ
אֶת־הַגּוֹיִם הָאֵלֶּה מִלִּפְנֵיכֶם
וְהָיוּ לָכֶם לְפַח (수23:13)
וְעָנָה גְאוֹן־יִשְׂרָאֵל בְּפָנָיו וְיִשְׂרָאֵל

וְאֶפְרַיִם יִכָּשְׁלוּ בַּעֲוֺנָם
כָּשַׁל גַּם־יְהוּדָה עִמָּם (호5:5)

וַיִּשָּׂא מְשָׁלוֹ וַיֹּאמַר
מִן־אֲרָם יַנְחֵנִי בָלָק מֶלֶךְ־מוֹאָב מֵהַרְרֵי־קֶדֶם
לְכָה אָרָה־לִּי יַעֲקֹב וּלְכָה זֹעֲמָה יִשְׂרָאֵל (민23:7)

וּלְאַבְרָם הֵיטִיב בַּעֲבוּרָהּ וַיְהִי־לוֹ צֹאן־וּבָקָר וַחֲמֹרִים
וַעֲבָדִים וּשְׁפָחֹת וַאֲתֹנֹת וּגְמַלִּים׃(창12:16)

אָז נִבְהֲלוּ אַלּוּפֵי אֱדוֹם אֵילֵי מוֹאָב יֹאחֲזֵמוֹ רָעַד
נָמֹגוּ כֹּל יֹשְׁבֵי כְנָעַן׃(출15:15)

טָמַן עָצֵל יָדוֹ בַּצַּלָּחַת נִלְאָה לַהֲשִׁיבָהּ אֶל־פִּיו׃
(잠26:15)

וַתִּגַּשׁ גַּם־לֵאָה וִילָדֶיהָ וַיִּשְׁתַּחֲווּ
וְאַחַר נִגַּשׁ יוֹסֵף וְרָחֵל וַיִּשְׁתַּחֲווּ׃(창33:7)

제19과
동사 어근 200

19.1 어근이란 무엇인가?

히브리어의 규칙성은 문법체계에서 잘 나타난다, 그러나 어휘면에서도 잘 발달되어 있는 것을 알 수가 있다. 즉 셈어(Semitic Languages)의 특징인 철저한 어근(roots) 중심의 언어이기에 적은 노력으로 많은 효과를 얻을 수 있는 경제적인 언어가 히브리어이다.

어근이란 단어를 분석할 때, 실질적 의미를 나타내는 중심이 되는 부분. '덮개'의 '덮-', '어른스럽다'의 '어른' 따위에 해당한다고 정의한다(표준국어대사전). 이러한 우리말의 설명으로는 어간과 어근의 차이를 느끼기 힘들다. 다음은 표준 국어 대사전에 실린 어간의 의미이다

어간 – 활용어가 활용할 때에 변하지 않는 부분. '보다', '보니', '보고'에서 '보-'와 '먹다', '먹니', '먹고'에서 '먹-' 따위이다

이는 한국어에 나타나는 현상만을 가지고 설명하기 때문에 그 차이를 살펴보기가 쉽지 않다. 그러나 셈어에서는 다르다. 모든 셈어에서 나타나는 동족어간의 유사한 현상이 어근이다. 셈어에서는 세 자음으로 구성된 기본적인 의미부를 구성하는 요소를 어근이라 부른다. 이 어근은 다양한 방식으로 어휘를 구성하여 유사한 의미 범주 속에 있는 많은 어휘를 구성하게 된다.

예를 들어 세 자음으로 구성된 **למד**라는 어근은 가르침의 의미와 관련이 있다. 다음은 어근과 어간과 각종 파생어와의 관계를 나타낸 것이다

למד (어근)	→	자음으로 구성된 주요한 의미부 (가르침)
↓		↓
לָמַד (어간)	→	동사나 명사 활용에서 변하지 않는 부분 (가르치다)
↓		↓
לָמַד (배우다) לִמֵּד (가르치다) לְמִידָה (학습) לַמְדָן (학자)	→	각종 파생 낱말

이처럼 하나의 어근을 익히게 되면 그 어근에서 파생된 많은 어휘들을 추론할 수 있는 규칙적인 언어가 히브리어 이다. 여기에서는 이스라엘 사람들이 사랑하는 학자 Abraham Halkin이 쓴 201 Hebrew Verbs라는 책에 실린 동사들을 소개한다. 히브리어에서 중요시 여기는 비중있는 동사이기에 소개하려고 한다. 아울러서 발음의 편의상 자음으로만 구성된 어근을 나열하지 않고 칼 동사의 형태로 제시하였다. 그러나 이는 어근의 개념이기에 다게쉬나 다른 표기들은 생략하였다.

19.2 동사어근 200

[א]

אָבַד 멸망하다

אוֹר 빛이 비추다

אָחַז 사랑하다

אָהַב 사랑하다

אָחַר 늦다. 늦게 오다

אָכַל 먹다

אָמַן 믿다, 신뢰하다
אָמַר 말하다
אָסַף 모으다

[ב]

בֵּאֵר 설명하다
בּוֹא 오다, 가다
בָּטַח믿다, 신뢰하다
בָּטַל 끝내다, 그만두다
בָּלַע 삼키다, 들이키다
בָּרָא 창조하다
בָּקַר 물어보다, 찾다
בָּרַר 깨끗이 하다
בָּרַךְ 무릎을 꿇다, 축복하다
בָּחַר선택하다
בָּכָה 울다
בָּלָה 닳다, 낡다
בָּנָה세우다, 건축하다
בָּרַח 피하다
בָּקַשׁ 찾다, 조사하다
בָּשַׁל 익히다, 끓이다

[ג]

גָּאַל 구속하다; 부정하다
גָּבַר강하다, 힘세다
גּוּר 살다, 거주하다
גָּלָה 벗기다,
גָּנַב 훔치다,
גָּרַשׁ 쫓아내다
גָּדַל 크다, 성장하다
גָּזַר 나누다, 분배하다
גָּמַר 끝내다, 마치다
גָּרַם 남기다

[ד]

דָּאַג 걱정하다,
דָּחָה 밀다
דִּין 심판하다
דָּמָה 닮다, 유사하다
דָּבַר 말하다
דָּחַף 몰다, 쫓다
דָּלַק 불타다
דָּפַק 두드리다, 치다

דָּרַךְ 걷다, 나아가다

[ה]

הָיָה 이다, 있다, 일어나다

הָלַךְ 걷다, 걸어가다

הָלַל 찬양하다

הָפַךְ 돌다, 돌아오다

הָרַג 죽이다

[ז]

זָחַל (우글거리다)

זָכָה 깨끗하다, 투명하다

זָכַר 기억하다

זָמַן 초청하다

זָקֵן 늙다, 나이가 들다

[ח]

חָבַשׁ 매다, 묶다

חָגַג절기를 지키다, 순례하다

חָדַל 중지하다, 그만두다

חָזַק 강하다, 힘세다

חָזַר 돌아오다, 선회하다

חָטָא 빗나가다, 죄를 짓다

חוֹל 돌리다,

חָיָה 살다, 존재하다

חָכָה 기다리다

חָלָה 달래다

חָלַם 꿈을 꾸다

חָלַף 지나가다, 통과하다

חָלַק 나누다, 분배하다

חָמַד 좋아하다, 즐기다

חָסַר 부족하다

חָפַשׂ 찾다, 조사하다

חָקַר 찾다, 구하다

חָשַׁב 생각하다

חָתַךְ 결심하다, 결정하다

[ט]

טָבַע 가라앉다, 내려앉다

טִיל 던지다, 보내다

טָעָה 길을 잃다, 헤매다

טָעַן 짐을 신다, 운반하다: 궤

뚫다, 관통하다
טָפַל 붙이다, 바르다

[י]
יָבַל 안내하다, 처신하다
יָבֵשׁ 마르다,
יָדָה 던지다
יָדַע 알다
יָכַח 판단하다, 결정하다
יָכֹל 할 수 있다
יָלַד 출산하다, 낳다
יָסַף 더하다, 보태다, 증가하다
יָעַץ 충고하다, 조언하다
יָצָא 나오다
יָרַד 내려가다
יָרָה 쏘다, 던지다
יָשַׁב 살다, 거주하다
יָשֵׁן 잠자다
יָתַר 머무르다, 남다

[כ]
כָּאַב 아프다, 고통스럽다
כָּבֵד 무겁다
כָּבָה 불을 끄다
כָּבַשׁ 정복하다
כּוּן 세우다, 준비하다, 확고히 하다
כָּנַס 모으다,
כָּסָה 덮다,
כָּתַב 쓰다, 적다

[ל]
לָבַשׁ(옷을) 입다
לָוָהꟷ꾸다, 빌리다
לָחַם 싸우다, 양식을 먹다
לִין 밤을 새다
לָמַד 배우다, 공부하다
לָקַח 취하다, 차지하다
לָקַט 따다, 뜯다

[מ]

מָדַד측정하다

מָהַר 서두르다, 가격을 지불하여 얻다

מוּת 죽다

מָכַר 팔다,

מָלֵא 가득 차다, 채우다

מָלַךְ 통치하다,

מָנַע 보류하다

מָסַר 인도하다, 제공하다

מָצָא 발견하다

מָשַׁךְ 끌다, 당기다

[נ]

נָבַט 바라보다, 응시하다

נָבַע 나오다, 표현하다

נָגַד 반대하다

נָגַן 연주하다

נָגַע 만지다, 건드리다

נָגַשׁ 다가가다, 접근하다

נָהַג 안내하다, 이끌다,

נָהַל 인도하다

נוּחַ 쉬다,

נָטָה 펼치다, 내밀다

נָסַע 떠나다, 여행하다

נָשָׂא 들다, 올리다

נָתַן 주다, 두다, 놓다

[ס]

סָבַב 돌다

סָבַל (짐을) 나르다, 운반하다

סָגַר (문을) 닫다, 잠그다

סָדַר 배열하다, 나열하다

סוּר 옆으로 피하다,

סָלַח 용서하다

סָמַךְ 기대다, 의지하다,

סָפַר 계산하다, 말하다

[ע]

עָבַד 일하다, 섬기다

עָבַר 지나가다

עוּר 깨우다

עָזַב 떠나다

עָזַר 돕다

עָלָה 올라가다

עָלַם 사라지다, 숨기다

עָמַד 서다, 멈추어 서다

עָנָה 대답하다
עָרַךְ 배열하다, 나열하다
עָשָׂה 행하다, 만들다

[פ]

פָּגַע 만나다, 도착하다
פָּגַשׁ 만나다
פָּחַד 두려워하다
פָּלָא 뛰어나다, 우수하다
פָּלַל 결정하다, 기도하다
פָּנָה 돌다, 회전하다
פָּסַק 그만두다, 방해하다
פָּקַד 방문하다, 소집하다
פָּשַׁט (옷을) 벗다
פָּתַח (문을) 열다, 시작하다

[צ]

צָדַק 바르게 하다
צָחַק 웃다
צָלַח 달리다, 돌진하다
צָעַק 울다, 외치다
צָעַר 하찮게 여기다, 대수롭지 않게 생각하다
צָפָה 주의하다

[ק]

קָבַר 묻다
קָוָה 기대하다; 모으다
קוּם 서다, 일어나다
קָטֹן 작다, 적다
קָנָה 사다, 팔다
קָפַץ 모이다
קָרָא 부르다, 읽다
קָרַב 가까이가다, 접근하다
קָרָה (일이) 발생하다
קָשַׁר 묶다, 연합하다

[ר]

רָאָה 보다
רָדַף 쫓다, 추격하다
רוּם 높다, 올라가다
רוּץ 뛰다, 달리다
רָחַץ 씻다, 목욕하다
רָחַם 연민하다, 사랑하다
רִיב 다투다
רָכַב 타다, 몰다

רָצָה 원하다, 바라다

רָקַד 춤을 추다,

רָצַח 살인하다

רָשַׁם 기록하다, 새기다

[שׂ, שׁ]

שִׂים 두다, 놓다

שָׂמַח 기뻐하다

שָׂרַף 태우다, 불을 내다

שָׁאַל 물어보다, 질문하다

שָׁבַע 맹세하다

שָׁבַת 그만두다, 쉬다

שִׁיר 노래하다

שָׁכֵן 정착하다, 살다

שָׁמַע 듣다

שָׁנָה 반복하다; 바꾸다

שָׁפַךְ 붓다, 쏟다

שָׁתַף 동반자가 되다

שָׂכַר 고용하다

שָׂנֵא 미워하다

שָׁאַר 남다

שָׁבַר 산산 조각내다, 부수다

שׁוּב 돌아가다

שָׁכַב 눕다

שָׁלַח 넘겨주다, 보내다

שָׁמַר 지키다, 보호하다

שָׁפַט 판단하다, 재판하다

שָׁתָה 마시다

[ת]

תָאַם 적응하다; 두 겹으로 하다

תָבַע 요구하다, 소환하다

תָחַל 시작하다

תָמַם 끝내다, 완성하다

תּוּר 알아보다

תָלָה 매달다, 걸다

תָפַשׂ 붙잡다

고급편

수사 및
구문론의 이해

제 20 과
주요 수사 정리

20.1 주요한 히브리어 수사를 정리해본다. 수사에는 **기수**(**하나**, 둘, 셋...)와 **서수**(첫째, 둘째. 셋째....)(차례)가 있다. 문장 속에서 수사는 명사 및 형용사로 사용되기 때문에 역시 남성형과 여성형이 존재한다

20.2 히브리어에서 주의 해야할 부분은 형태적인 면에서 특이한 점을 보인다. (기 수 1부터 10까지)를 보면 여성형을 기본형으로 한다. 남성형은 여성형에서 어미 ָה를 첨가하여 만든다.

순 서	남 성 형	여 성 형
1	אֶחָד	אַחַת
2	שְׁנַיִם	שְׁתַּיִם
3	שְׁלֹשָׁה	שָׁלֹשׁ
4	אַרְבָּעָה	אַרְבַּע
5	חֲמִשָּׁה	חָמֵשׁ
6	שִׁשָּׁה	שֵׁשׁ
7	שִׁבְעָה	שֶׁבַע
8	שְׁמֹנָה	שְׁמֹנֶה
9	תִּשְׁעָה	תֵּשַׁע
10	עֲשָׂרָה	עֶשֶׂר

20.3 11- 19의 표시

남성	여성
אַחַד עָשָׂר	אַחַת עֶשְׂרֵה
שְׁנֵים עָשָׂר	שְׁתֵּי עֶשְׂרֵה
שְׁלֹשָׁה עָשָׂר	שְׁלֹשׁ עֶשְׂרֵה

20.4 10자리 수의 표시
10은 עֶשֶׂר이다. 그리고 20이상은 숫자 단위 뒤에 어미 ִים을 붙여서 표시한다.

עֶשֶׂר　עֶשְׂרִים　שְׁלֹשִׁים　אַרְבָּעִים　חֲמִשִּׁים
שִׁשִּׁים　שִׁבְעִים　שְׁמֹנִים　תִּשְׁעִים

20.5 100자리 수의 표시
100은 מֵאָה이다. 300부터는 מֵאָה의 복수형인 מֵאוֹת와 숫자의 결합으로 나타낸다.

מֵאָה　מָאתַיִם　שְׁלֹשׁ מֵאוֹת

20.6 1000은 אֶלֶף, 일만은 רִבּוֹא이다.

□서 수□

20.7 서수는 첫째, 둘째. 셋째....처럼 (차례) 혹은 순서를 나타내는 낱말이다. 서수를 만들 때는 몇 가지를 제외하고는 기수에 어미 ִי를 첨가하여 만든다. 여성형은 남성형에 어미 ת를 덧붙인다.

어미 ִי + 기본형 → 남성형 서수
어미 ִית + 기본형 → 여성형 서수

순 서	남 성 형	여 성 형
1	רִאשׁוֹן	רִאשׁוֹנָה
2	שֵׁנִי	שֵׁנִית
3	שְׁלִישִׁי	שְׁלִישִׁית
4	רְבִיעִי	רְבִיעִית
5	חֲמִישִׁי	חֲמִישִׁית
6	שִׁשִּׁי	שִׁשִּׁית
7	שְׁבִיעִי	שְׁבִיעִית
8	שְׁמִינִי	שְׁמִינִית
9	תְּשִׁיעִי	תְּשִׁיעִית
10	עֲשִׂירִי	עֲשִׂירִית ־ ־יָּה

【성경 강독】

▢민 1:19–25▢

19 כַּאֲשֶׁר צִוָּה יְהוָה אֶת־מֹשֶׁה
וַיִּפְקְדֵם בְּמִדְבַּר סִינָי׃ פ
20 וַיִּהְיוּ בְנֵי־רְאוּבֵן בְּכֹר יִשְׂרָאֵל תּוֹלְדֹתָם לְמִשְׁפְּחֹתָם
לְבֵית אֲבֹתָם בְּמִסְפַּר שֵׁמוֹת לְגֻלְגְּלֹתָם כָּל־זָכָר
מִבֶּן עֶשְׂרִים שָׁנָה וָמַעְלָה כֹּל יֹצֵא צָבָא׃
21 פְּקֻדֵיהֶם לְמַטֵּה רְאוּבֵן שִׁשָּׁה
וְאַרְבָּעִים אֶלֶף וַחֲמֵשׁ מֵאוֹת׃ פ
22 לִבְנֵי שִׁמְעוֹן תּוֹלְדֹתָם לְמִשְׁפְּחֹתָם
לְבֵית אֲבֹתָם פְּקֻדָיו בְּמִסְפַּר שֵׁמוֹת לְגֻלְגְּלֹתָם
כָּל־זָכָר מִבֶּן עֶשְׂרִים שָׁנָה וָמַעְלָה
כֹּל יֹצֵא צָבָא׃

23 פְּקֻדֵיהֶם לְמַטֵּה שִׁמְעוֹן תִּשְׁעָה
וַחֲמִשִּׁים אֶלֶף וּשְׁלֹשׁ מֵאוֹת׃ פ
24 לִבְנֵי גָד תּוֹלְדֹתָם לְמִשְׁפְּחֹתָם לְבֵית אֲבֹתָם
בְּמִסְפַּר שֵׁמוֹת מִבֶּן עֶשְׂרִים שָׁנָה
וָמַעְלָה כֹּל יֹצֵא צָבָא׃
25 פְּקֻדֵיהֶם לְמַטֵּה גָד חֲמִשָּׁה וְאַרְבָּעִים אֶלֶף
וְשֵׁשׁ מֵאוֹת וַחֲמִשִּׁים׃ פ

【어휘 연구】

צִוָּה (피)명령하다, 지적하다	פָּקַד 계수하다, 탐색하다
מִדְבָּר 광야	בְּכוֹר 장자
תּוֹלְדָה 태어난 자	מִשְׁפָּחָה 가족
מִסְפָּר 수, 숫자	זָכָר 남성, 남자
גֻּלְגֹּלֶת 머리수, 두 골	מַעְלָה 이상으로
צָבָא 군대. 군복무	יָצָא 나가다
מַטֶּה 막대기, 지파, 줄기	

□창11:10-17□

10 אֵלֶּה תּוֹלְדֹת שֵׁם שֵׁם בֶּן־מְאַת שָׁנָה
וַיּוֹלֶד אֶת־אַרְפַּכְשָׁד שְׁנָתַיִם אַחַר הַמַּבּוּל׃
11 וַיְחִי־שֵׁם אַחֲרֵי הוֹלִידוֹ אֶת־אַרְפַּכְשָׁד
חֲמֵשׁ מֵאוֹת שָׁנָה וַיּוֹלֶד בָּנִים וּבָנוֹת׃ ס
12 וְאַרְפַּכְשַׁד חַי חָמֵשׁ וּשְׁלֹשִׁים שָׁנָה וַיּוֹלֶד אֶת־שָׁלַח׃

13 וַיְחִי אַרְפַּכְשַׁד אַחֲרֵי הוֹלִידוֹ אֶת־שֶׁלַח
שָׁלֹשׁ שָׁנִים וְאַרְבַּע מֵאוֹת שָׁנָה וַיּוֹלֶד בָּנִים וּבָנוֹת׃ ס
14 וְשֶׁלַח חַי שְׁלֹשִׁים שָׁנָה וַיּוֹלֶד אֶת־עֵבֶר׃
15 וַיְחִי־שֶׁלַח אַחֲרֵי הוֹלִידוֹ אֶת־עֵבֶר שָׁלֹשׁ שָׁנִים
וְאַרְבַּע מֵאוֹת שָׁנָה וַיּוֹלֶד בָּנִים וּבָנוֹת׃ ס
16 וַיְחִי־עֵבֶר אַרְבַּע וּשְׁלֹשִׁים שָׁנָה וַיּוֹלֶד אֶת־פָּלֶג׃
17 וַיְחִי־עֵבֶר אַחֲרֵי הוֹלִידוֹ אֶת־פֶּלֶג
שָׁנָה וְאַרְבַּע מֵאוֹת שָׁנָה וַיּוֹלֶד בָּנִים וּבָנוֹת׃ ס
שְׁלֹשִׁים

【어휘 연구】

שָׁנָה 해, 년(年)
שְׁנָתַיִם 2년
בָּנִים 아들들
יָלַד 아이를 낳다
מַבּוּל 하늘의 바다, 대 홍수
בָּנוֹת 딸들

□**서수**□대상2:10-16□

10 וְרָם הוֹלִיד אֶת־עַמִּינָדָב
וְעַמִּינָדָב הוֹלִיד אֶת־נַחְשׁוֹן נְשִׂיא בְּנֵי יְהוּדָה׃
11 וְנַחְשׁוֹן הוֹלִיד אֶת־שַׂלְמָא
וְשַׂלְמָא הוֹלִיד אֶת־בֹּעַז׃
12 וּבֹעַז הוֹלִיד אֶת־עוֹבֵד וְעוֹבֵד הוֹלִיד אֶת־יִשָׁי׃

13 וְאִישַׁ֗י הוֹלִ֛יד אֶת־בְּכֹר֖וֹ אֶת־אֱלִיאָ֑ב
וַאֲבִֽינָדָב֙ הַשֵּׁנִ֔י וְשִׁמְעָ֖א הַשְּׁלִישִֽׁי׃
14 נְתַנְאֵל֙ הָֽרְבִיעִ֔י רַדַּ֖י הַחֲמִישִֽׁי׃
15 אֹ֚צֶם הַשִּׁשִּׁ֔י דָּוִ֖יד הַשְּׁבִעִֽי׃
16 (וְאַחְיתֵיהֶם) [וְאַחְיוֹתֵיהֶ֖ם] צְרוּיָ֣ה
וַאֲבִיגָ֑יִל וּבְנֵ֣י צְרוּיָ֗ה אַבְשַׁ֛י
וְיוֹאָ֥ב וַעֲשָׂה־אֵ֖ל שְׁלֹשָֽׁה׃

제 21 과
명사의 구문론

21.1 수사의 사용

(가)명사가 2-10의 수사와 함께 사용되어 계산의 단위가 되면 항상 복수형으로 사용된다. 11-19도 역시 복수로 사용된다.

עֲשָׂרָה חֲמוֹרִים , חָמֵשׁ שָׁנִים

(나) 그러나 그 기간을 하나의 단위로 볼 때에는 단수형으로도 사용 가능하다.

שְׁבַע־עֶשְׂרֵה שָׁנָה

21.2 형용사의 특별한 용법을 정리하여 본다.

비교의 용법

(전치사 מִן) גָּבֹהַּ מִכָּל ־ הָעָם (삼하 9:2)

(전치사 כְּ) וִהְיִיתֶם כֵּאלֹהִים יֹדְעֵי טוֹב וָרָע(창3:5)

최상의 용법

(가) 관사 + 형용사 בְּנוֹ הַקָּטָן

(나) 형용사를 연계형으로 사용 **קְטֹן בָּנָיו**

(다) 형용사 + 접미대명사

טוֹבָם (그들 중 최고의)

(라) 최상의 속격 **עֶבֶד עֲבָדִים**

(마) 신적인 표현을 사용

עִיר גְּדוֹלָה לֵאלֹהִים

21.3 이사일어(二詞一語)(신 7: 9)

9 וְיָדַעְתָּ֕ כִּֽי־יְהוָ֥ה אֱלֹהֶ֖יךָ ה֣וּא
הָאֱלֹהִ֑ים הָאֵל֙ הַֽנֶּאֱמָ֔ן שֹׁמֵ֨ר
הַבְּרִ֜ית וְהַחֶ֗סֶד לְאֹהֲבָ֛יו
וּלְשֹׁמְרֵ֥י (מִצְוֹתוֹ) [מִצְוֹתָ֖יו] לְאֶ֥לֶף דּֽוֹר׃

21.4 성수의 표현

אֲלֻמָּה → **אֲלֻמִּים**

↘ 일반적인 곡식단을 가리킬 때에 사용

אֲלֻמּוֹת

אֲלֻמָּה는 특별한 볏단을 가리킬 때에 사용,

אֲלֻמּוֹת 는 그 복수형에 사용.

제 22 과
어순의 효과

어순

22.1 우리말이나 히브리어는 어순의 중요성이 영어처럼 그렇게 크지 않다. 그렇다하더라도 어느 언어에서나 어순은 형태적으로 표현할 수 없는 문법적 중요성을 지니는 경우가 일반적이다.

22.2 히브리어의 어순은 동사문과 명사문에서 각각 다르게 나타난다.

동사문의 어순

22.3 동사문이란 문장 중에 동사가 하나 이상 나타나는 문장을 의미한다.

22.4 동사문의 정상 어순은 VSO가 일반적이다.
 즉 동사 + 주어 + 목적어 순이다.
따라서 히브리어에서는 동사가 앞에 위치하는 경우를 정상 어순으로 간주한다. 그러나 동사를 부정하는 부정어 **לֹא** 와 불변화사 및 접속사 ו 와 **כִּי**는 동사 앞에 위치한다.

וַיִּבְרָא אֱלֹהִים אֶת־הָאָדָם בְּצַלְמוֹ.

(창1:27) 하나님이 자기 형상대로 사람을 창조하시되

וְכָתַב אֶת־הָאָלֹת הָאֵלֶּה הַכֹּהֵן בַּסֵּפֶר

(민5:23)그리하여 제사장이 이 저주의 글을 그 서책에 써서

22.5 그러나 문장 중에서 어느 한 요소가 강조되거나 초점을 갖을 때에는 해당 요소가 동사 앞에 위치할 수가 있다. 이러한 경우는 다음과 같다.

가) 강조
나) 대조 및 대비가 될 때에
다) 주어의 변화를 암시할 때에
라) 계속법이 적용되지 않을 때
마) 수사적인 이유 때문에

이러한 현상은 우리말에서도 나타난다. 정상어순에서 변형된 형태들은 나름대로 강조 혹은 초점 및 대비의 기능을 가지고 있음을 알 수가 있다.

철수가 영희를 사랑한다.
영희를 철수가 사랑한다.
사랑한다 철수가 영희를.

명사문의 어순

22.6 명사문의 어순은 일반적으로 주어-술어의 순(順)이다.

וְהַבּוֹר רֵק (창 37:24) "그 구덩이는 빈 것이라"
וְאָחִיו מֵת (창 44:20) "그의 형은 죽고"
אֲנִי יוֹסֵף (창 45: 3) "나는 요셉이라"

22.7 그러나 문장이 도치되어 술어가 앞에 위치하면 그 술어는 강조된 것으로 볼 수 있다.

מְרַגְּלִים אַתֶּם

(42: 9) "너희는 정탐들이라"

בְּנֵי אִישׁ אֶחָד נָחְנוּ כֵּנִים אֲנַחְנוּ

(42:11) "우리는 다 한사람의 아들로 독실한 자니"

אֲבָל אֲשֵׁמִים אֲנַחְנוּ

(42:21) "우리가 범죄하였도다"

22.8 접속사 **אִם**과 **כִּי**가 이끄는 문장은 술어가 강조되는 경향이 있다. 따라서 이때에는 술어가 도치된다.

כִּי אָחִינוּ בְשָׂרֵנוּ הוּא

(37:27) "그는 우리의 동생이요 우리의 골육이니라"

כִּי שֹׁמֵעַ יוֹסֵף

(42:23) "요셉이 알아들은 줄을"

אִם כֵּנִים אַתֶּם

(42:19) "너희가 독실한 자이면"

כִּי אָחִיו מֵת (42:38) "그의 형은 죽고"

22.9 의문문에서는 술어가 강조되는 것이 일반적이다. 때문에 어순이 도치된다. 그러나 주어가 강조되면 정상적인 어순을 취한다.

הַכְּתֹנֶת בִּנְךָ הִוא

(37:32) "아버지의 아들의 옷이 아닌가?"

그러나 의문문도 주어가 강조되면 역시 정상적인 어순을 취한다.

הֲזֶה אֲחִיכֶם הַקָּטֹן

(43:29) "너희 작은 동생이 이냐?"

אָנָא אֲנִי בָא

(37:30) "나는 어디로 갈까?"

목적어의 어순

22.10 목적어는 동사의 뒤에 위치하는 것이 일반적이다

הָאֱלֹהִים מָצָא אֶת עֲוֹן עֲבָדֶיךָ

(44:16)"하나님이 종들의 죄악을 적발하였으니"

אֲדֹנִי שָׁאַל אֶת עֲבָדָיו

(44:19) "내 주께서 종들에게 물으시되"

22.11 그러나 목적어가 동사 앞에 위치하면 그 목적어는 강조된 것으로 간주한다.

כִּי אֹתוֹ אָהַב אֲבִיהֶם

(37: 4) "(그들의) 아비가 그를 사랑함을 보고"

אֹתִי שִׁכַּלְתֶּם

(42:36) "너희가 나로 (자식들을) 잃게 하도다"

강조되지 않은 정상적인 문장을 42:9에서 살펴볼 수 있다;

לִרְאוֹת אֶת עֶרְוַת הָאָרֶץ בָּאתֶם

22.12 직접 목적어는 간접 목적어보다 항상 앞선다.

וַיִּמְכְּרוּ אֶת יוֹסֵף לַיִּשְׁמְעֵאלִים

(37:28) "(그들이) 요셉을 이스마엘 사람들에게 팔매"

וַיִּתֵּן מִסְפּוֹא לַחֲמֹרֵיהֶם

(43:24) "그 나귀에게 먹이를 주더라"

(가) 그러나 간접목적어가 더 짧은 표현이면, 직접목적어 앞에 올 수가 있다.

וְהִגַּדְתֶּם לְאָבִי אֶת כָּל כְּבוֹדִי בְּמִצְרַיִם (45:13) "당신들은 나의 애굽에서의 모든 영화를 다 내 아버지께 고하고"

(나) 그러나 대명사의 경우에는 직접목적어 앞에 온다.

וְעָשָׂה לוֹ כְּתֹנֶת פַּסִּים

(37:3) "(그에게) 채색 옷을 지었더니"

וַיְסַפֵּר אֹתוֹ לְאֶחָיו

(37:9) "(요셉이) 그것(꿈)을 그 형들에게 고하여 가로되"

제 23 과
성수의 일치

일치 현상

23.1 성과 수의 일치 현상은 다음과 같다.

(가) 주어가 앞설 때에는 성수의 일치가 유지된다.

(나) 동사가 앞설 때에는 3인칭 남성으로 표현될 때가 있다. 특히 무생물이나 동물일 경우에 이러한 현상이 자주 나타난다.

יְהִי מְאֹרֹת בִּרְקִיעַ הַשָּׁמַיִם.

(창 1:14)

(다) 쌍수와 집합명사는 복수로 취급하는 것이 원칙이다.

(라) 주어가 두 개 이상일 경우에는 마지막의 주어에 일치하는 경우가 종종 있다.

וַתְּדַבֵּר מִרְיָם וְאַהֲרֹן בְּמֹשֶׁה

(민 12:1)

(마) 2인칭 여성 복수는 자주 남성으로 대치된다.

כַּאֲשֶׁר עֲשִׂיתֶם

(룻1:8)

여기서 남성 복수형으로 쓰인 너희들은 룻의 며느리를 가리킨다.

(바) 존엄의 복수와 추상명사는 일반적으로 단수 취급한다.

일치현상의 특별한 예

23.2 수의 일치

(창 30:31)

30 כִּ֡י מְעַט֩ אֲשֶׁר־הָיָ֨ה לְךָ֤ לְפָנַי֙
וַיִּפְרֹ֣ץ לָרֹ֔ב וַיְבָ֧רֶךְ יְהוָ֛ה
אֹתְךָ֖ לְרַגְלִ֑י וְעַתָּ֗ה
מָתַ֛י אֶֽעֱשֶׂ֥ה גַם־אָנֹכִ֖י לְבֵיתִֽי׃

31 וַיֹּ֖אמֶר מָ֣ה אֶתֶּן־לָ֑ךְ
וַיֹּ֤אמֶר יַעֲקֹב֙ לֹא־תִתֶּן־לִ֣י מְא֔וּמָה
אִם־תַּֽעֲשֶׂה־לִּי֙ הַדָּבָ֣ר הַזֶּ֔ה אָשׁ֛וּבָה
אֶרְעֶ֥ה צֹאנְךָ֖ אֶשְׁמֹֽר׃

(레 11: 23)

שָׁלְלוּ חֵילֵךְ וּבָזְזוּ רְכֻלָּתֵךְ
וְהָרְסוּ חוֹמוֹתַיִךְ
וּבָתֵּי חֶמְדָּתֵךְ יִתֹּצוּ וַאֲבָנַיִךְ וְעֵצַיִךְ
וַעֲפָרֵךְ בְּתוֹךְ מַיִם יָשִׂימוּ

(레 26: 12)

12 וְהִתְהַלַּכְתִּי֙ בְּת֣וֹכְכֶ֔ם
וְהָיִ֥יתִי לָכֶ֖ם לֵאלֹהִ֑ים
וְאַתֶּ֖ם תִּֽהְיוּ־לִ֥י לְעָֽם׃

23.3. 히브리어 명사는 격변화를 하지 않는다. 그러나 방향을 나타내는 어미를 고대 히브리어의 격변화의 흔적으로 보는 경우도 있다.

17 וַיַּ֣עַשׂ הָאִ֔ישׁ כַּאֲשֶׁ֖ר אָמַ֣ר יוֹסֵ֑ף
וַיָּבֵ֥א הָאִ֛ישׁ אֶת־הָאֲנָשִׁ֖ים
בֵּ֥יתָה יוֹסֵֽף׃

(창 43: 17)

23.4. 이사일어(二詞一語)란 두 명사가 합하여 하나의 의미를 나타내는 경우를 의미한다. 이는 영어의 bread and butter가 버터 바른 빵을 의미하는 경우와 유사한 용법이다.

9 וְיָדַעְתָּ֕ כִּֽי־יְהוָ֥ה אֱלֹהֶ֖יךָ ה֣וּא
הָֽאֱלֹהִ֑ים הָאֵל֙ הַֽנֶּאֱמָ֔ן שֹׁמֵ֧ר
הַבְּרִ֣ית וְהַחֶ֗סֶד לְאֹהֲבָ֛יו
וּלְשֹׁמְרֵ֥י (מִצְוֹתוֹ) [מִצְוֺתָ֖יו] לְאֶ֥לֶף דּֽוֹר׃

(신 7: 9)

제 24 과
주어 술어 관계

주어의 표현

24.1 문장에서 주어와 술어 관계를 파악하는 것은 대단히 중요하다. 따라서 문장에서 주어를 표시하는 경우를 살펴본다.

(가)실재 명사

וְהַנָּחָשׁ הָיָה עָרוּם

(창3:1) "뱀이 가장 간교하더라"

(나) 대명사

וְהוּא יִמְשָׁל־בָּךְ

(창3:16) "그는 너를 다스릴것이라"

(다) 형용사 (명사적용법)

חָכָם יָרֵא וְסָר מֵרָע

(잠14:16) "지혜로운 자는 두려워하여 악을 떠나나"

(라) 분사

הַמֵּתָה תָמוּת

(슥11:9) "죽는 자는 죽는 대로"

(마) 부정사

אָכֹל דְּבַשׁ הַרְבּוֹת לֹא־טוֹב

(잠25:27) "꿀을 많이 먹는 것이 좋지 못하고"

(바) 부사

הַרְבֵּה נָפַל מִן־הָעָם

(삼하1:4) "무리 중에 엎드러져 죽은자도 많았고"

24.2 히브리어 문장에서 주어와 술어의 관계 성, 수 및 인칭의 관계에서 일치현상을 보여준다. 격이 발달하지 않은 히브리어에서 주어 술어의 일치현상은 문장의 주어를 이해하는 유일한 수단이다.

וְהַנָּחָשׁ הָיָה עָרוּם

(창3:1) "뱀이 가장 간교하더라"

עָרוּם	הָיָה		הַנָּחָשׁ
술어 (목적어)	술어(동사)		주어
	3인칭 남성 단수	⟷	3인칭 남성 단수
가장 간교하더라		일치	뱀이

【성경 강독】

□시10편□

10:1 시편 לָמָה יְהוָה תַּעֲמֹד
בְּרָחוֹק תַּעְלִים לְעִתּוֹת בַּצָּרָה׃
2 בְּגַאֲוַת רָשָׁע יִדְלַק עָנִי יִתָּפְשׂוּ ׀
בִּמְזִמּוֹת זוּ חָשָׁבוּ׃
3 כִּי־הִלֵּל רָשָׁע עַל־תַּאֲוַת נַפְשׁוֹ
וּבֹצֵעַ בֵּרֵךְ נִאֵץ ׀ יְהוָה׃

4 רָשָׁע כְּגֹבַהּ אַפּוֹ בַּל־יִדְרֹשׁ
אֵין אֱלֹהִים כָּל־מְזִמּוֹתָיו׃
5 יָחִילוּ (דַרְכּוֹ) [דְרָכָיו] ׀ בְּכָל־עֵת מָרוֹם מִשְׁפָּטֶיךָ
מִנֶּגְדּוֹ כָּל־צוֹרְרָיו יָפִיחַ בָּהֶם׃
6 אָמַר בְּלִבּוֹ בַּל־אֶמּוֹט לְדֹר
וָדֹר אֲשֶׁר לֹא־בְרָע׃
7 אָלָה פִּיהוּ מָלֵא וּמִרְמוֹת וָתֹךְ
תַּחַת לְשׁוֹנוֹ עָמָל וָאָוֶן׃
8 יֵשֵׁב ׀ בְּמַאְרַב חֲצֵרִים בַּמִּסְתָּרִים יַהֲרֹג
נָקִי עֵינָיו לְחֵלְכָה יִצְפֹּנוּ׃
9 יֶאֱרֹב בַּמִּסְתָּר ׀ כְּאַרְיֵה בְסֻכֹּה יֶאֱרֹב
לַחֲטוֹף עָנִי יַחְטֹף עָנִי
בְּמָשְׁכוֹ בְרִשְׁתּוֹ׃

【어휘 연구】

רָחֹק 멀리, 떨어져서
עָלַם (히) 감추다, 숨기다
גַּאֲוָה 일어남, 교만
דָּלַק 맹렬히 추격하다
תָּפַשׂ (니)붙잡히다
חָשַׁב 생각하다, 궁리하다
צֵרֵרתַּאֲוָה 욕망, 소망
בֵּרֵךְ 축복하다, 저주하다(반어적)
נָאַץ (피)거절하다, 경시하다

עָמַד 서다
עֵת 시기, 때, 경험
רָשַׁע 악한
עָנִי 비천한, 겸손한, 약한
מְזִמָּה 목적, 장치, 고안, 궁리
הִלֵּל 찬양하다
בָּצַע 폭력으로 얻다, 꺾어내다
אַף 코, 얼굴

דָּרַשׁ 주의하다, 돌보다
חִיל 춤추다,강하다 견고하다
מָרוֹם 높음
נֶגֶד 맞은편에, 앞에
פּוּחַ (히) 내뿜다, 콧김을 뿜다
מוֹט 비틀 거리다
מִרְמָה 속임, 사기
תַּחַת 아래에
עָמָל 고생, 수고, 해악
מַאֲרָב 잠복, 매복
מִסְתָּר 은밀한 장소
נָקִי 무죄한
אָרַב 숨어 기다리다
סֹךְ 수풀
מָשַׁךְ 당기다, 끌다

מְזִמָּה 목적, 궁리, 고안
דֶּרֶךְ 길
מִשְׁפָּט 심판
צָרַר 억누르다, 박해하다
לֵב 마음, 속사람
דּוֹר 세대, 시대
תֹּךְ 상처, 압박, 탄압
לָשׁוֹן 혀, 언어
אָוֶן 고생 근심, 죄악의 고난
חָצֵר 울타리, 정착, 마을
הָרַג 죽이다
צָפַן 숨기다, 감추다, 매복하다
אֲרִי 사자
חָטַף 움켜쥐다, 채어가다
רֶשֶׁת 그물

제 25 과
계 속 법

계속법의 정의

25.1 문장이 연속되어 여러 문장이나 동사 표현을 할 때에 서두에만 사건의 상태를 바로 표현하는 시상의 동사형을 써주고 등위 접속사 (ו)로 이어지는 이후의 문장들은 다른 시상을 써서 이야기가 계속되는 것을 보여주는 사용법을 의미한다.

25.2. 미완료 계속법

미완료 동사	·ַו	+	미완료 동사	·ַו	+	완 료 동 사

רָאָה וַיִּקְטֹל

그가 보았다 그리고 죽였다.

미완료 계속법은 동시성이나 앞선 동작을 묘사하는 데에 적합하다

25.3 완료 계속법

완료 동사	וְ	+	완료 동사	וְ	+	완료 동사

פֶּן־יִשְׁלַח יָדוֹ וְלָקַח וְאָכַל
그가 그의 손을 취하여 먹지 않도록

미래에 일어날 일들을 계속적으로 표현하는 데에 용이함

25.4 등위 접속사와 계속법으로 사용된 동사 사이에는 다른 낱말이 개입하여서는 아니 된다.

25.5 계속법에서 명령법과 부정사, 분사는 미완료형과 동등한 것으로 간주한다.

25.6 하나의 개념이나 동시성, 원인과 목적 등을 나타낼 때에 요긴하다.

【성경 강독】

□창42: 30-33 □

דִּבֶּר הָאִישׁ אֲדֹנֵי הָאָרֶץ אִתָּנוּ קָשׁוֹת
וַיִּתֵּן אֹתָנוּ כִּמְרַגְּלִים אֶת־הָאָרֶץ׃
31 וַנֹּאמֶר אֵלָיו כֵּנִים אֲנָחְנוּ
לֹא הָיִינוּ מְרַגְּלִים׃
32 שְׁנֵים־עָשָׂר אֲנַחְנוּ אַחִים

בְּנֵ֣י אָבִ֑ינוּ הָאֶחָ֣ד אֵינֶ֔נּוּ
וְהַקָּטֹ֥ן הַיּ֛וֹם אֶת־אָבִ֖ינוּ בְּאֶ֥רֶץ כְּנָֽעַן׃
33 וַיֹּ֣אמֶר אֵלֵ֗ינוּ הָאִישׁ֙ אֲדֹנֵ֣י הָאָ֔רֶץ
בְּזֹ֣את אֵדַ֔ע כִּ֥י כֵנִ֖ים אַתֶּ֑ם
אֲחִיכֶ֤ם הָֽאֶחָד֙ הַנִּ֣יחוּ אִתִּ֔י
וְאֶת־רַעֲב֥וֹן בָּתֵּיכֶ֖ם קְח֥וּ וָלֵֽכוּ׃

□창 45:9-11□

9 מַהֲרוּ֮ וַעֲל֣וּ אֶל־אָבִי֒
וַאֲמַרְתֶּ֣ם אֵלָ֗יו כֹּ֤ה אָמַר֙ בִּנְךָ֣ יוֹסֵ֔ף
שָׂמַ֧נִי אֱלֹהִ֛ים לְאָד֖וֹן לְכָל־מִצְרָ֑יִם
רְדָ֥ה אֵלַ֖י אַֽל־תַּעֲמֹֽד׃
10 וְיָשַׁבְתָּ֣ בְאֶֽרֶץ־גֹּ֗שֶׁן וְהָיִ֤יתָ קָרוֹב֙ אֵלַ֔י
אַתָּ֕ה וּבָנֶ֖יךָ וּבְנֵ֣י בָנֶ֑יךָ
וְצֹאנְךָ֥ וּבְקָרְךָ֖ וְכָל־אֲשֶׁר־לָֽךְ׃
11 וְכִלְכַּלְתִּ֤י אֹֽתְךָ֙ שָׁ֔ם
כִּי־ע֛וֹד חָמֵ֥שׁ שָׁנִ֖ים רָעָ֑ב פֶּן־תִּוָּרֵ֛שׁ אַתָּ֥ה
וּבֵֽיתְךָ֖ וְכָל־אֲשֶׁר־לָֽךְ׃

제 26 과
시어의 구문론(1)

히브리 시의 특징

26.1 Sawyer는 히브리시에서 사용하는 시어의 특징을 다음과 같이 정의한다.

(1) 병행법을 중심으로한 수사적 기법이 자주 사용된다.

(2) 강세의 대칭적 구조를 이루는 경우가 많다.

(3) 관계사 **אשר**, 전치사 **את**, 및 등위접속사 וְ, 정관사 ·הַ의 빈번한 생략이 발생한다.

(4) 접미대명사와 전치사의 축약형이 자주 사용된다.

לָהֶם לָמוֹ ◌ֵמוֹ ◌ָמוֹ מוֹ

히브리시의 낱말 유형

26.2. 시어에 적합한 낱말을 사용한다.

בַּל	부정어	לֹא
אֱנוֹשׁ	사람들	אָדָם

בּוֹא	오다	אָתָה
דֶּרֶךְ	땅, (사람이 가야할) 길	אֹרַח
רָאָה	보다,인식하다	חָזָה
יָרֵחַ	만월	לְבָנָה
דָּבָר	말, 발언(Utterance)	מִלָּה
אֶל		אֱלֵי
עַד	-- 까지	עֲדֵי
עַל	--위에(on)	עֲלֵי

【성경 강독】

▢시편 23편▢

시편 **23:1** מִזְמ֥וֹר לְדָוִ֑ד
יְהוָ֥ה רֹ֝עִ֗י לֹ֣א אֶחְסָֽר׃
2 בִּנְא֣וֹת דֶּ֭שֶׁא יַרְבִּיצֵ֑נִי עַל־מֵ֖י מְנֻח֣וֹת יְנַהֲלֵֽנִי׃
3 נַפְשִׁ֥י יְשׁוֹבֵ֑ב יַֽנְחֵ֥נִי בְמַעְגְּלֵי־צֶ֝֗דֶק לְמַ֣עַן שְׁמֽוֹ׃
4 גַּ֤ם כִּֽי־אֵלֵ֨ךְ בְּגֵ֪יא צַלְמָ֡וֶת לֹא־אִ֘ירָ֤א רָ֗ע
כִּי־אַתָּ֥ה עִמָּדִ֑י שִׁבְטְךָ֥ וּ֝מִשְׁעַנְתֶּ֗ךָ הֵ֣מָּה יְנַֽחֲמֻֽנִי׃
5 תַּעֲרֹ֬ךְ לְפָנַ֨י ׀ שֻׁלְחָ֗ן נֶ֥גֶד צֹרְרָ֑י
דִּשַּׁ֖נְתָּ בַשֶּׁ֥מֶן רֹ֝אשִׁ֗י כּוֹסִ֥י רְוָיָֽה׃
6 אַ֤ךְ ׀ ט֤וֹב וָחֶ֣סֶד יִ֭רְדְּפוּנִי כָּל־יְמֵ֣י חַיָּ֑י
וְשַׁבְתִּ֥י בְּבֵית־יְ֝הוָ֗ה לְאֹ֣רֶךְ יָמִֽים׃

제 27 과
시어의 구문론(2)

병행어법(Parallelism)

27.1 동의적 병행어법 :
두개의 다른 시구에 동일한 생각을 반복하는 경우

4 כִּֽי־אֶרְאֶ֣ה שָׁ֭מֶיךָ מַעֲשֵׂ֣י אֶצְבְּעֹתֶ֑יךָ יָרֵ֥חַ
וְ֝כוֹכָבִ֗ים אֲשֶׁ֣ר כּוֹנָֽנְתָּה׃

(시편 8:4)

27.2 반의적 병행어법 :
동일한 생각이 두개의 다른 종종 반대되는 관점에서 표현되는 경우

נֶ֣פֶשׁ שְׂ֭בֵעָה תָּב֣וּס נֹ֑פֶת
וְנֶ֥פֶשׁ רְ֝עֵבָ֗ה כָּל־מַ֥ר מָתֽוֹק׃

(잠언 27:7)

27.3 종합적 병행어법

둘째 행이 첫째 행의 시구를 완성시키거나 보완하는 경우를 의미한다.

【성경 강독】

▢시편 1편▢

1 אַ֥שְֽׁרֵי־הָאִ֗ישׁ אֲשֶׁ֤ר ׀
לֹ֥א הָלַךְ֮ בַּעֲצַ֪ת רְשָׁ֫עִ֥ים
וּבְדֶ֣רֶךְ חַ֭טָּאִים לֹ֥א עָמָ֑ד
וּבְמוֹשַׁ֥ב לֵ֝צִ֗ים לֹ֣א יָשָֽׁב׃
2 כִּ֤י אִ֥ם בְּתוֹרַ֥ת יְהוָ֗ה חֶ֫פְצ֥וֹ
וּֽבְתוֹרָת֥וֹ יֶהְגֶּ֗ה יוֹמָ֥ם וָלָֽיְלָה׃
3 וְֽהָיָ֗ה כְּעֵץ֮ שָׁת֪וּל עַֽל־פַּלְגֵ֫י מָ֥יִם
אֲשֶׁ֤ר פִּרְי֨וֹ ׀ יִתֵּ֬ן בְּעִתּ֗וֹ
וְעָלֵ֥הוּ לֹֽא־יִבּ֑וֹל וְכֹ֖ל אֲשֶׁר־יַעֲשֶׂ֣ה יַצְלִֽיחַ׃
4 לֹא־כֵ֥ן הָרְשָׁעִ֑ים
כִּ֥י אִם־כַּ֝מֹּ֗ץ אֲֽשֶׁר־תִּדְּפֶ֥נּוּ רֽוּחַ׃
5 עַל־כֵּ֤ן ׀ לֹא־יָקֻ֣מוּ רְ֭שָׁעִים בַּמִּשְׁפָּ֑ט
וְ֝חַטָּאִ֗ים בַּעֲדַ֥ת צַדִּיקִֽים׃
6 כִּֽי־יוֹדֵ֣עַ יְ֭הוָה דֶּ֣רֶךְ צַדִּיקִ֑ים
וְדֶ֖רֶךְ רְשָׁעִ֣ים תֹּאבֵֽד׃

【어휘 연구】

אֶשֶׁר	행복, 복이 있다
עֵצָה	조언, 충고
מוֹשַׁב	자리, 집회, 거주지
לֵץ	비웃는 자, 조롱하는 자
יָשַׁב	앉다, 거주하다
רָשַׁע	악한
חֵפֶץ	기쁨, 즐거움
הָגָה	묵상하다, 중얼거리다
עֵץ	나무
שָׁתַל	옮겨 심다
פֶּלֶג	수로, 강바닥
פְּרִי	열매
עָלֶה	잎, 나뭇잎
צָלַח	(히필) 성공 시키다. 번창케 하다
מֹץ	겨
נָדַף	산산이 흩어 버리다
עֵדָה	회중, 모임
צַדִּיק	의로운, 바른
יָדַע	알다
רָשַׁע	악한
דֶּרֶךְ	길
עָבַר	망하다, 파괴되다

제 28 과
문장의 구문론(1)

명령법

28.1 일반적인 명령을 나타내는 표현법을 명령법이라고 한다. 명령법의 형태는 2인칭 미완료형에서 접두자음을 제거한 기본 어간과 동일하다. 2인칭 남성단수 미완료형은 תִּשְׁמֹר이다. 여기서 미완료 접두어 -תְּ를 제거한 שְׁמֹר가 명령법의 형태이다. 명령법의 전체 변화는 다음과 같다.

구 분	복 수	단 수
남 성	שִׁמְרוּ כַּבְּדוּ	שְׁמֹר כַּבֵּד
여 성	שְׁמֹרְנָה כַּבֵּדְנָה	שִׁמְרִי כַּבְּדִי

קָטֹן과 같은 유형의 상태 동사에서는 명령법을 사용하지 않는다.

28.2 2인칭 단수 명령에는 자주 연장형 모음 ָה가 접속된다.

예) שִׁלְחָה

이는 명령형 שְׁלַח "보내라!"에 연장형 모음이 붙은 형태이다. 본래 연장형 모음은 긴급상황이나 의미의 강조에 사용하던 어미이다. 그러나 지금은 본래적인 의미로 쓰인 경우를 발견하기가 쉽지 않다.

의향법

28.3 의향법이란 1인칭 화자의 의지를 나타내는 표현법을 말한다.

예) אֶשְׁמְרָה "내가 지키리라"

נִשְׁמְרָה "우리가 지킵시다"

의향법의 형태는 1인칭 미완료형에다 연장형 모음어미 ָה를 접미시켜서 만든다. 1인칭 단수형은 빈번하게 사용된다. 1인칭 복수형은 권고를 나타낼 때에도 쓰인다.

예) נִשְׁמְרָה "자! 우리가 지키도록 합시다"

의향법의 용법은 문맥에 따라 다음과 같이 다양하다

(1) 화자의 강한 결의 (2) 자기 격려 (3)자기 흥분

(4)요청 및 간청 (5) 일치 등에 사용한다.

간접 명령

28.4 간접명령은 2, 3인칭에 대한 화자의 의지를 나타내는 표현이다.

예) תִּשְׁמֹר "당신(남성, 단수)이 보호하면 좋겠다."

יִשְׁמֹר "그로 하여금 지키게 하여라"

규칙동사의 간접명령은 칼동사의 미완료형 2인칭, 3인칭과 형태면에서 구분이 되지 않는다.

28.5 3인칭 간접명령은 문맥에 따라 다양하게 사용된다.

(1) 소원 (2) 기도와 간청 (3) 허가 (4)충고와 암시 등에 사용한다.

의문문

28.6 의문문은 문두에 הֲ 혹은 הַ가 접두되어 있다. 따라서 문두에 의문표시 הֲ 혹은 הַ가 있으면 의문문으로 간주한다.

הֲלֹא הַנַּעֲרָה טוֹבָה

"그 젊은 여자는 선하지 않느냐?"

28.7 의문 대명사 מִי와 מָה를 이용한 의문문이 있다. מִי와 מָה는 성과 수에 따라 변하지 않는다. מִי는 누구를 뜻하며 מָה는 "무엇" 혹은 "어떻게"를 의미한다.

לֹא יָדַעְתִּי מִי עָשָׂה אֶת־הַדָּבָר הַזֶּה

(창 21:26)누가 그리하였는 지는 내가 알지 못하노라?

אֶת־מִי אֶשְׁלַח וּמִי יֵלֶךְ־לָנוּ

(사6:8) 내가 누구를 보내며 누가 우리를 위하여 갈꼬?

מַה־שְּׁמוֹ "그의 이름이 무엇이냐"

מָה אֶתֵּן זֶה לִפְנֵי מֵאָה אִישׁ

(왕하4:43)어떻게 내가 이것을 일백명에게 베풀겠나이까?

의문부사

28.8 의문문에 자주 사용되는 의문 부사들은 다음과 같다.

어디에, 어디로	אֵי, אַיֵּה	어디로	אָן
	אֵיפֹה		אָנָה

어떻게	אֵיךְ	왜, 무엇 때문에	לָ֫מָּה
어디로 부터	אֵי־מִזֶּה	왜?	מַדּוּעַ
어디에서 부터	מֵאַיִן	어디로? 여기로?	אֵי־זֶה

【성경 강독】

□창 32:17□

17 וַיִּתֵּן֙ בְּיַד־עֲבָדָ֔יו עֵ֥דֶר עֵ֖דֶר לְבַדּ֑וֹ
וַיֹּ֤אמֶר אֶל־עֲבָדָיו֙ עִבְר֣וּ
לְפָנַ֔י וְרֶ֣וַח תָּשִׂ֔ימוּ בֵּ֥ין עֵ֖דֶר וּבֵ֥ין עֵֽדֶר׃

【어휘 연구】

□창 32:17□

נָתַן 주다, 두다
עֵדֶר 떼, 무리
לְבַד 홀로, 스스로
עָבַר 지나가다, 넘어가다
רֶוַח 공간, 간격
שִׂים 두다, 놓다
בֵּין 사이에, 중간에

□창 1:9□

9 וַיֹּ֣אמֶר אֱלֹהִ֗ים יִקָּו֨וּ הַמַּ֜יִם מִתַּ֤חַת הַשָּׁמַ֙יִם֙
אֶל־מָק֣וֹם אֶחָ֔ד
וְתֵרָאֶ֖ה הַיַּבָּשָׁ֑ה וַֽיְהִי־כֵֽן׃

【어휘 연구】

□창 1:9□

קָוָה	묶다, 꼬다 (니)함께 모여지다	מַיִם	물
שָׁמַיִם	하늘	מָקוֹם	장소
אֶחָד	하나(1)	רָאָה	보다, 알다
יַבָּשָׁה	마른 땅	כֵּן	바르게, 잘, 그래서, 그러므로

□삿6:39□

39 וַיֹּאמֶר גִּדְעוֹן אֶל־הָאֱלֹהִים
אַל־יִחַר אַפְּךָ בִּי וַאֲדַבְּרָה אַךְ
הַפָּעַם אֲנַסֶּה נָּא־רַק־הַפַּעַם בַּגִּזָּה יְהִי־נָא חֹרֶב
אֶל־הַגִּזָּה לְבַדָּהּ וְעַל־כָּל־הָאָרֶץ יִהְיֶה־טָּל׃

【어휘 연구】

□삿6:39□

חָרָה	화를 내다	אַף	코, 얼굴
פַּעַם	이번에	נָסָה	(피) 시험하다, 입증하다
גִּזָּה	양털	חֹרֶב	마르게 하시고
טַל	이슬, 이슬비		

제 29 과
문장의 구문론(2)

부정문

29.1 구약성경에서는 부정을 나타내는 데 다양한 방법을 사용한다. 일반적으로는 동사 앞에 부정어 **לֹא**를 두어 사용하는 것이다.

29.2 부정어 **אַל**은 명령이나 간접명령을 부정할 때에 사용한다.

예) **אַל תִּשְׁמֹר** "네가 지키지 말아라"

אַל יִשְׁמֹר "그가 지키지 말찌어다"

29.3 동사가 없는 문장을 명사문이라고 한다.

예) **יוֹסֵף גָּדוֹל** "요셉은 크다"

יוֹסֵף נַעַר "요셉은 청년이다"

명사문을 부정할 때에는 부정어 **אֵין**을 사용한다.

אֵין יוֹסֵף גָּדוֹל "요셉은 크지 않다"

אֵין יוֹסֵף נַעַר "요셉은 청년이 아니다"

29.4 문장을 부정하는 표현에는 여러 가지가 있다.

פֶּן --않도록, --하지 않기 위해

  פֶּן יִשְׁלַח (창3:22) 그가 뻗치지 않도록

אֶפֶס 다하다, 끝나다

בְּלִי, בַּל --하지 않도록, 아직--이 아니다

  בַּל יָקוּמוּ 그들이 감히 일어나지 못한다

בִּלְתִּי 더 이상 존재하지 않음, 아니

בִּלְתִּי אִם --한 경우외에는

【성경 강독】

▢출 20:3-7▢

3 לֹא יִהְיֶה־לְךָ אֱלֹהִים אֲחֵרִים עַל־פָּנָיַ׃
4 לֹא תַעֲשֶׂה־לְךָ פֶסֶל ׀ וְכָל־תְּמוּנָה
אֲשֶׁר בַּשָּׁמַיִם ׀ מִמַּעַל וַאֲשֶׁר בָּאָרֶץ מִתָּחַת
וַאֲשֶׁר בַּמַּיִם ׀ מִתַּחַת לָאָרֶץ׃
5 לֹא־תִשְׁתַּחֲוֶה לָהֶם וְלֹא תָעָבְדֵם
כִּי אָנֹכִי יְהוָה אֱלֹהֶיךָ אֵל
קַנָּא פֹּקֵד עֲוֹן אָבֹת עַל־בָּנִים
עַל־שִׁלֵּשִׁים וְעַל־רִבֵּעִים לְשֹׂנְאָי׃
6 וְעֹשֶׂה חֶסֶד לַאֲלָפִים לְאֹהֲבַי

וּלְשֹׁמְרֵ֖י מִצְוֺתָֽי׃ ס

7 לֹ֥א תִשָּׂ֛א אֶת־שֵֽׁם־יְהוָ֥ה אֱלֹהֶ֖יךָ לַשָּׁ֑וְא

כִּ֣י לֹ֤א יְנַקֶּה֙ יְהוָ֔ה

אֵ֛ת אֲשֶׁר־יִשָּׂ֥א אֶת־שְׁמ֖וֹ לַשָּֽׁוְא׃ פ

□창3:1-4□

3:1 וְהַנָּחָשׁ֙ הָיָ֣ה עָר֔וּם מִכֹּל֙ חַיַּ֣ת הַשָּׂדֶ֔ה

אֲשֶׁ֥ר עָשָׂ֖ה יְהוָ֣ה אֱלֹהִ֑ים וַיֹּ֙אמֶר֙ אֶל־הָ֣אִשָּׁ֔ה אַ֚ף

כִּֽי־אָמַ֣ר אֱלֹהִ֔ים לֹ֣א תֹֽאכְל֔וּ מִכֹּ֖ל עֵ֥ץ הַגָּֽן׃

2 וַתֹּ֥אמֶר הָֽאִשָּׁ֖ה אֶל־הַנָּחָ֑שׁ מִפְּרִ֥י עֵֽץ־הַגָּ֖ן נֹאכֵֽל׃

3 וּמִפְּרִ֣י הָעֵץ֮ אֲשֶׁ֣ר בְּתוֹךְ־הַגָּן֒

אָמַ֣ר אֱלֹהִ֗ים לֹ֤א תֹֽאכְלוּ֙ מִמֶּ֔נּוּ

וְלֹ֥א תִגְּע֖וּ בּ֑וֹ פֶּן־תְּמֻתֽוּן׃

4 וַיֹּ֥אמֶר הַנָּחָ֖שׁ אֶל־הָֽאִשָּׁ֑ה לֹֽא־מ֖וֹת תְּמֻתֽוּן׃

강독편

창세기 37장,
42장 ~ 45장

히브리어 성경개요

성경의 명칭에 관하여

고대히브리어에서는 성경을 “책” 또는 “기록물”을 의미하는 히브리어 낱말의 복수형인 סְפָרִים을 사용하였다. 이 명칭은 후에 헬라어 낱말 biblia로 번역되었다. 오늘날의 영어낱말 Bible은 이 명칭에서 나온 것이다. 후에는 구약성경을 율법서, 선지서, 그리고 후기의 기록물로 구분하였다. 이 명칭은 히브리어로 정착하였으며

각각 תּוֹרָה (율법서),

נְבִיאִים, (선지서),

כְּתוּבִים (שְׁאָר)(후기 기록물)으로 불리었다.

이 세 명칭의 약어(略語)인 תנ"ך (타나크)는 오늘날에도 히브리어 성경을 총칭하는 가장 일반적인 용어로 사용된다.

각 부분의 고찰

토라는 유대공동체의 전통적인 성문법으로써 이는 가르침을 의미하며 헬

라어로는 율법을 나타낸다. 따라서 토라는 이스라엘 민족의 초창기 전통을 담고 있다. 토라는 모세에 기원을 두고 있으며 시기적으로는 적어도 주전 5세기 이전의 작품으로 추정된다. 그 내용은 천지창조에 관한 기사로 시작하고 있으나, 점차 이스라엘 민족의 초창기 역사에 초점을 두고 있다. 즉 이스라엘의 족장시대부터 가나안 입성 바로전 시대인 모세의 죽음까지를 다루고 있다.

그 내용은 운문, 산문 및 다양한 종류의 법률들을 망라하고 있으며, 토라가 정경화된 주전 5세기 이전에 오늘날과 같은 모습의 형태를 갖춘 것으로 추정된다. 문서비평적 방법에 의하더라도 토라의 고대성과 역사적 가치는 명확히 입증되었다고 할 수 있다. 선지서는 전선지서(רִשׁוֹנִים נְבִיאִים)와 후선지서(נְבִיאִים אַחֲרוֹנִים)로 구성되어있다. 전선지서는 주전 13세기 말경으로 추정되는 가나안 정복시대부터 바벨론 포로기까지의 역사적 기록을 주 내용으로 한다. 특히 다양한 자료를 취합하여 역사 속에서 활동하시는 하나님의 섭리를 조망할 수 있도록 구성되어 있다. 왜냐하면 이 기록물들은 선지자들의 기록으로 볼뿐만 아니라, 저자가 밝혀지지 않은 익명의 기록물들조차도 선지자들의 기록으로 추정되기 때문이다.

토라의 구조

토라를 강독하기 전에 보다 체계적으로 그 구조를 살펴보고자 한다.

모세오경으로 알려져 있는 토라는 5권으로 구성되어 있다. 왜냐하면 다루기 쉽도록 고대에는 5권의 필사본으로 구분하였기 때문이다.

따라서 히브리어에서 5를 나타내는 수사 חָמֵשׁ 를 이용하여 모세오경전체를 חֲמִשָּׁה חֻמְשֵׁי תוֹרָה 로 칭하였다. 이 명칭은 즉시 헬라어로 번역되어 penta(5) teuchos(사본, 두루마리)로 일컬어졌으며, 후에 영어의 "Pentateuch"라는 낱말로 정착되었고 우리말로는 오경이라고 일컬어지게 되었다.

고대 북동지역의 관습에 따르면 각 책은 해당 사본의 첫 낱말을 사용하

여 명하게 되었다. 따라서 모세오경의 히브리어 이름은 다음과 같다.:

בְּרֵאשִׁית "태초에",

שְׁמוֹת (וְאֵלֶּה) "이름은 이러하니라",

וַיִּקְרָא "일러 가라사대",

בְּמִדְבַּר "광야에서",

דְּבָרִים "말씀이니라"

그러나 이것만이 고대의 관습은 아니었다. 알렉산드리아 유대인들은 주전 3세기경에 오경을 헬라어로 번역하는 과정에서 그 내용을 함축하는 낱말로 각 책의 명칭을 삼았다.

: Genesis"창세기", Exodos"출애굽기

"Leuitikon"레위기", Arithmoi"민수기", Deuteronomion"신명기"

이들 책명들은 제롬이 번역한 라틴어성경인 벌게이트에 의해서 고착화되었다.

유대인들은 한 주에 한번씩 오경을 공개적으로 낭독하는 관습이 있었다. 이 관습이 공식적으로 관찰된 것은 주후 1세기경이었으나, 아마도 그 이전에 이미 정착된 관습으로 추정된다. 1세기경의 유대인 역사가 요세푸스는 이에 관하여 다음과 같이 이야기 한다 :

모세는 어떠한 해명도 하지 않았다. 그는 단지 율법만이 최고의 가르침이며, 규율이라고 이야기하였으며, 그것은 한 두 번이나 몇 번들어서 끝나는 것이 아닌, 매주 마다 그들의 일상생활을 쉬고 모여서 듣고 그 율법을 정확히 습득하게 하였다. 왜냐하면 그것은 다른 어느 법률보다 뛰어난 가르침이기 때문이다.

따라서 모세오경은 읽을 수 있는 단위로 나뉘어졌는 데, 옛 팔레스타인 전통에서는 3년을 단위로 한번씩 순환하였고, 바벨론 전통에서는 일년을 단위로 순환하였는데, 오늘날에는 바벨론 전통이 널리 받아들여지고 있다. 일년 순환 경우에는 54장으로 구분하며, 각 장을 히브리어로

פָּרָשָׁה (복수 פָּרָשִׁיּוֹת) 혹은 סִדְרָה (복수 סְדָרוֹת)라고 부른다. 그리고 각 장은 첫 번째 나오는 주요낱말로 표제를 삼았다. 대부분의 인쇄 성경의 난외표제는 파라샤의 표제를 가지고서 그 책의 명칭을 삼는 경우가 많다. 매 안식일마다 회중 앞에서 봉독하는 파라샤는 7명의 봉독자에게 나누어 각각 할당되었다. 이렇게 할당된 것을 구분하기 위해 본문이나 여백에 순서를 나타내는 기호를 붙여 표시하였다.

각 문단의 구분은 1세기경 유대광야에서 발견된 사본조각에서도 찾아볼 수가 있다. 이는 공식적으로는 모세오경에서만 발견되는 데, 인쇄 성경에서는 각 절의 여백을 나타내는 전통적인 문단 구분의 여백 크기를 나타내는 문자가 사용되었다. 예를 들어 큰 여백에는 פְּתוּחָה "열림"의 약어인 פ 가 사용되었고, 작은 여백에는 סְתוּמָה "닫힘"의 약어로 ס를 사용하였다. 각 절의 구분은 숫자로 표기되지는 않았지만 꽤 오래된 것으로 추정된다. 왜냐하면 의미가 절 구분과 관련이 있기 때문이다. 고정된 절 구분은 미쉬나 시대인 주후 3세기경에 존재한 것으로 생각된다. 그러나 이 때에도 각 절의 위치와 정확한 숫자는 사본가에 따라 일치하지 않는다.

오늘날과 같은 각 장의 구분과 각 절을 숫자화시킨 표시는 기독교공동체에서 시작되었다. 13세기의 벌게이트 성경에서 오늘날과 같은 각 장의 구분이 나타나며 각 절을 순서대로 가리키는 숫자는 16세기에 나타난다. 16세기와 17세기에 이르러서 인쇄업이 발달함에 따라 절과 각 장을 나타내는 표시가 모두 공식적으로 채택되어 사용되었다.

본문의 전승

1947년도에 유대광야에서 성경사본을 발견하기 전에는 8-9세기경 것으로 추정되는 필사본 조각이 가장 초기의 것이었다. 초기의 사본들은 거의 다 소실되었는데, 그 이유는 이 폐기된 사본은 땅속에 매장하거나 회당 창고에 보관하도록 유대법에서 규정하고 있기 때문이다. 회당창고에 보관된 사본들은 해로운 곤충이나 짐승에 의해서 파괴되거나, 그 회당이 멸망할 때에 같이 소실되어 버렸다. 대부분 전하여오는 사본들은 8-9세기경의 사본 조각으로 회당창고에 보관되었던 것들이 많은데 19세기말에 솔로몬 쉐흐터에 의해 발견된 카이로 회당에서 발견한 것들이 많다.

그러나 상당한 본문들이 현재 우리들이 사용하고 있는 모음체계를 발전시킨 티베리아계 학자들에게 전하여졌다. 후대에 맛소라학파로 불리워진 이들은 성경본문을 충실하게 보전하기 위하여 많은 노력을 기울였는데, 이들의 노력은 9-10세기경의 벤-아세르 일가에 의해서 결실을 맺게 되었다. 이들은 부수적인 사본들을 모아 원형을 집대성하였다. 폴-카레의 연구에 의하면 벤-아세르 본문이 유럽지역에 흩어졌고 근동지방에서 발견되는 히브리어 성경전체를 담고 있는 본문도 동일한 것으로 밝혀졌다. 가장 최근에 발행되는 성경들은 이 본문에 근거하고 있는 것이 대부분이다.

카레 자신도 성경본문을 표준화하는 작업인 Biblia Hebraica (제 3판, Stuttgart, 1937) 출판에 적극 참여하였다. 이 본문은 오늘날 레닌그라드에 소장되어 있는 1008, 1009년경의 벤-아세르 사본에 의존하고 있다. 1957년에 스네이스는 자신이 벤-아세르 본문이라고 믿는 다른 사본에 근거하여 영국성서공회에서 또 다른 성경을 출간하였는데 이는 칼레의 본문과 대동소이하다.

오늘날 사용하고 있는 다수의 히브리어 성경본문은 후대에 나온 것들이다. 야곱 벤 하임에 의해서 편집되고, 다니엘 봄베르그에 의해서 베니스에서 인쇄되어 1524-25년에 출간된 개정판 랍비성경에 근거를 둔다. 벤 하임은 아주 유용한 사본들을 가지고 작업을 하였다. 그러나 이 사본들은 후대의 것이며, 사본간의 충돌 때문에 그 자신도 크게 고심했던 것으로 알려져 있다. 벤 하임의 본문 중에서 가장 널리 알려진 것은 반더후프트(Amsterdam & Utrecht, 1705)의 본문이다. 그것은 오늘날 본문의 기초가 된다. 메어 레테리스(Meir Letteris; Vienna, 1852)개정판 성경은 영국성서공회에 의해서 여러 판을 거듭 발행하였다(초판발행 베를린, 1866). 히브리어 성경은 이런 과정을 거쳐서 오늘에까지 이르고 있다.

창세기 37장 연구

37:1 וַיֵּשֶׁב יַעֲקֹב בְּאֶרֶץ מְגוּרֵי אָבִיו בְּאֶרֶץ כְּנָעַן׃
2 אֵלֶּה ׀ תֹּלְדוֹת יַעֲקֹב יוֹסֵף
בֶּן־שְׁבַע־עֶשְׂרֵה שָׁנָה הָיָה רֹעֶה אֶת־אֶחָיו
בַּצֹּאן וְהוּא נַעַר אֶת־בְּנֵי בִלְהָה
וְאֶת־בְּנֵי זִלְפָּה נְשֵׁי אָבִיו
וַיָּבֵא יוֹסֵף אֶת־דִּבָּתָם רָעָה אֶל־אֲבִיהֶם׃

【어휘연구 1-2절】

뜻	어휘	뜻	어휘
거주하다.	יָשַׁב	-이었다 -가 되었다.	הָיָה
거주하는	מָגוּר	양을 치다. 방목하다.	רָעָה
족보, 약전	תּוֹלֵדוֹת	오다, 가다.	בּוֹא

제 1절: וַיֵּשֶׁב יַעֲקֹב "그렇지만, 야곱이 ~에 거하였으니" 이 구절에서 36 : 8 의 이야기가 계속되고 있다. 이를 나타내기 위하여 미완료 계속법을 사용하고 있다.

제 2절: שָׁנָה 명사가 2-10의 수사와 함께 사용되어 계산의 단위로 사

용되면 항상 복수형으로 사용된다

예) **חָמֵשׁ שָׁנִים** 45:6, **עֲשָׂרָה חֲמֹרִים** 45:23.

11-19의 수사와 사용될 때에도 복수형으로 사용된다

אַחַד עָשָׂר כּוֹכָבִים 37:9.

그러나 명사가 그 기간을 하나의 단위로 볼 때에는 이곳에서처럼 단수형으로 나타낸다.

예) **שָׁנָה , יוֹם, אִישׁ**

וְהוּא נַעַר ... אָבִיו. 이 문장과 앞문장의 관계가 난해하다. 일반적으로 다음 두 가지의 견해가 널리 받아들여진다.

(1) 앞 문장과 대응되는 내용으로 평행구를 이루는 것으로 간주하는 경우이다. :

יוֹסֵף בֶּן שְׁבַע עֶשְׂרֵה שָׁנָה // הוּא נַעַר

הָיָה רֹעֶה אֶת אֶחָיו בַּצֹּאן // אֶת בְּנֵי בִלְהָה

요셉이 십 칠 세의 소년으로서

그 형제와 함께 양을 칠 때에 그 아비의 첩 빌하와 실바의 아들들로 더불어 함께 하였더니.

(2) **נַעַר** 를 특별한 의미로 간주하는 경우이다. 이 경우에는 "종이나 조력자"라는 의미로 "빌하의 아들들을 돕는 조력자이니라" 로 해석한다.

דִּבָּתָם רָעָה. 여기에서 **רָעָה** 는 특성을 나타내는 술어이다. 즉 "그들의 일이 나쁘다"는 의미이다. 이는 영어 문장 "I bought the book bound" 에 나타나는 목적어의 관계와 유사하다.

3 וְיִשְׂרָאֵ֗ל אָהַ֤ב אֶת־יוֹסֵף֙ מִכָּל־בָּנָ֔יו
כִּֽי־בֶן־זְקֻנִ֥ים ה֖וּא ל֑וֹ
וְעָ֥שָׂה ל֖וֹ כְּתֹ֥נֶת פַּסִּֽים׃
4 וַיִּרְא֣וּ אֶחָ֗יו כִּֽי־אֹת֞וֹ אָהַ֤ב אֲבִיהֶם֙
מִכָּל־אֶחָ֔יו וַֽיִּשְׂנְא֖וּ אֹת֑וֹ
וְלֹ֥א יָכְל֖וּ דַּבְּר֥וֹ לְשָׁלֹֽם׃

【어휘연구 3-4절】

늦둥이	בֶּן־זְקֻנִים	사랑하다	אָהַב
만들다	עָשָׂה	채색 옷	כְּתֹנֶת פַּסִּים
보다	רָאָה	미워하다	שָׂנֵא
할 수 있다	יָכֹל	평화스럽게	לְשָׁלֹם

제 3절: וְיִשְׂרָאֵל אָהַב "이스라엘이 깊이 사랑하여" 이 내용은 배경적인 상황을 설명하는 것으로 볼 수 있다. 따라서 완료동사가 사용된 것이다.

וְעָשָׂה לוֹ "그가 위하여 지었더니" 이 동사는 앞 절의 동사 אָהַב 와 원인관계로 보아서는 안된다. (즉 "그가 그를 사랑하였기 때문에 위하여 지었더니"라고 해석하여서는 안된다. 원인관계는 미완료 계속법인 וַיַּעַשׂ 로 나타낸다). 그러나 독립 절끼리의 연관성이 있는 것으로 볼 수는 있다.

제 4절: וַיִּרְאוּ אֶחָיו........וַיִּשְׂנְאוּ אֹתוֹ "그의 형들이 ~를 보고, 그를 미워하여" 연속되는 이 두 문장은 미완료 계속법의 동사로 연결되어 있다. 이때에 앞 문장이 뒷 문장에 대하여 시간이나 배경을 나타내는 부사절 역할을 하는 경우가 많다. 다음의 예를 살펴보자.

וַיְסַפֵּר.......וַיִּגְעַר בּוֹ "그가 ~를 고하매 (그의 아비가) 그를 꾸짖고", 제 10절 וַיִּשְׁמַע רְאוּבֵן וַיַּצִּלֵהוּ "르우벤이 듣고 (요셉을) 구원하

려하여" 제 21절 25절의 설명을 참고하기 바란다.

דַּבְּרוֹ. 이곳의 접미대명사는 특별한 경우이다. 일반적으로 접미대명사는 직접목적어로 사용되는 데, 이곳에서는 간접목적어로 사용되었다. 동일한 용법이 37:14에서도 사용된다. **הֲשִׁבֵנִי** "내게 고하라"

5 וַיַּחֲלֹם יוֹסֵף חֲלוֹם וַיַּגֵּד לְאֶחָיו
וַיּוֹסִפוּ עוֹד שְׂנֹא אֹתוֹ׃
6 וַיֹּאמֶר אֲלֵיהֶם שִׁמְעוּ־נָא
הַחֲלוֹם הַזֶּה אֲשֶׁר חָלָמְתִּי׃
7 וְהִנֵּה אֲנַחְנוּ מְאַלְּמִים אֲלֻמִּים
בְּתוֹךְ הַשָּׂדֶה וְהִנֵּה קָמָה לַאֲלֻמָּתִי
אֲלֻמָּתִי וְגַם־נִצָּבָה׃
וְהִנֵּה תְסֻבֶּינָה אֲלֻמֹּתֵיכֶם וַתִּשְׁתַּחֲוֶיןָ

【어휘연구 5-7절】

꿈을 꾸다	**חָלַם**	말하다. **נגד**의 히필	**הִגִּיד**
더하다, 증가하다	**יָסַף**	듣다	**שָׁמַע**
둘러싸다	**סָבַב**	묶다,	**אָלַם**
엎드려 절하다	**הִשְׁתַּחָה**	곡식단	**אֲלֻמִּים**

제 7절: **וְהִנֵּה** 동사 **הִנֵּה**는 설화체에서 사용되는 표현으로 독자에게 생생한 표현이나 대화자의 관심을 끌만한 경우에 사용된다. 그것은 주로 설화적 상상에 자주 등장한다. 이와 같이 이야기의 전개방식을 바꿀 때에 주로 사용하며, 분사형을 자주 사용한다.

אֲלֻמִּים 일반적인 볏단이나 곡식단을 나타낼 때 사용한다.: **אֲלֻמָּה** 특

별한 볏단을 가리킬 때에 사용하며, אֲלֻמּוֹת는 그 복수형에 사용된다.

תְּסֻבֶּינָה 어근이 סבב이며, 계속법으로 사용되어서 미완료 동사가 완료 동사와 마찬가지로 단순과거로 사용된 예이다.

וַתִּשְׁתַּחֲוֶיןָ ןָ는 נָה-의 불완전표기이다. 예상되는 곳에 어김없이 모음 문자를 표기해주는 방식을 완전표기법이라 하고, 그렇지 않은 경우를 불완전 표기법이라 한다.

8 וַיֹּאמְרוּ לוֹ אֶחָיו הֲמָלֹךְ תִּמְלֹךְ עָלֵינוּ
אִם־מָשׁוֹל תִּמְשֹׁל בָּנוּ
וַיּוֹסִפוּ עוֹד שְׂנֹא אֹתוֹ עַל־חֲלֹמֹתָיו וְעַל־דְּבָרָיו׃
9 וַיַּחֲלֹם עוֹד חֲלוֹם אַחֵר וַיְסַפֵּר אֹתוֹ לְאֶחָיו
וַיֹּאמֶר הִנֵּה חָלַמְתִּי חֲלוֹם עוֹד
וְהִנֵּה הַשֶּׁמֶשׁ וְהַיָּרֵחַ
וְאַחַד עָשָׂר כּוֹכָבִים מִשְׁתַּחֲוִים לִי׃
10 וַיְסַפֵּר אֶל־אָבִיו וְאֶל־אֶחָיו
וַיִּגְעַר־בּוֹ אָבִיו וַיֹּאמֶר לוֹ
מָה הַחֲלוֹם הַזֶּה אֲשֶׁר חָלָמְתָּ
הֲבוֹא נָבוֹא אֲנִי וְאִמְּךָ וְאַחֶיךָ
לְהִשְׁתַּחֲוֹת לְךָ אָרְצָה׃
11 וַיְקַנְאוּ־בוֹ אֶחָיו וְאָבִיו שָׁמַר אֶת־הַדָּבָר׃
12 וַיֵּלְכוּ אֶחָיו לִרְעוֹת אֶת־צֹאן אֲבִיהֶם בִּשְׁכֶם׃

【어휘연구 8절 · 12절】

통치하다	מָלַךְ	다스리다	מָשַׁל

의문사	הֲ	다른	אָחֵר
말하다	סִפֵּר	태양	שֶׁמֶשׁ
달	יָרֵחַ	별	כּוֹכָב
11개	אַחַד עָשָׂר	꾸짖다, 책망하다	גָּעַר
오다, 가다	בּוֹא	땅으로	אַרְצָה
시기하다	קָנָא	마음에 간직하다	שָׁמַר
걷다	הָלַךְ	양을 치다, 방목하다	רָעָה

제 8절: הֲמָלֹךְ......אִם מָשׁוֹל. 이는 부정사 절대형이다. 부정사 절대형은 어미 변화가 없는 것이 특징이며 정동사의 의미를 강조하는 데에 사용한다.

제 12절: אֶת 문자 위에 점을 찍는 방식은 그 문자에 특별한 관심을 끌게 하는 고대의 표기법이다. 즉 어떤 특별한 의미를 나타낼 때에 사용하는 방식이다. 이 경우에는 명확한 설명이 쉽지 않다. (그러나 랍비적 전통에 따르면 이곳에 표기된 점은 아버지의 관점에서가 아닌, 형들의 관점에서 자신들이 직접 양떼를 쳤다는 것을 강조하는 표시로 본다).

13 וַיֹּאמֶר יִשְׂרָאֵל אֶל־יוֹסֵף
הֲלוֹא אַחֶיךָ רֹעִים בִּשְׁכֶם לְכָה
וְאֶשְׁלָחֲךָ אֲלֵיהֶם וַיֹּאמֶר לוֹ הִנֵּנִי׃
14 וַיֹּאמֶר לוֹ לֶךְ־נָא רְאֵה אֶת־שְׁלוֹם אַחֶיךָ
וְאֶת־שְׁלוֹם הַצֹּאן וַהֲשִׁבֵנִי דָּבָר
וַיִּשְׁלָחֵהוּ מֵעֵמֶק חֶבְרוֹן וַיָּבֹא שְׁכֶמָה׃

【어휘연구 13-14절】

שׁוּב	돌아오다, 돌아가다	שָׁלַח	보내다
עֵמֶק	골짜기	הִנֵּנִי	내가 그리하겠나이다
שְׁכֶמָה	세겜으로	רְאֵה	רָאָה(보다)의 명령형
וַיִּשְׁלָחֵהוּ	그리하여 그를 보내며	צֹאן	양떼

15 וַיִּמְצָאֵהוּ אִישׁ וְהִנֵּה תֹעֶה בַּשָּׂדֶה
וַיִּשְׁאָלֵהוּ הָאִישׁ לֵאמֹר מַה־תְּבַקֵּשׁ׃
16 וַיֹּאמֶר אֶת־אַחַי אָנֹכִי מְבַקֵּשׁ
הַגִּידָה־נָּא לִי אֵיפֹה הֵם רֹעִים׃
17 וַיֹּאמֶר הָאִישׁ נָסְעוּ מִזֶּה
כִּי שָׁמַעְתִּי אֹמְרִים נֵלְכָה דֹּתָיְנָה
וַיֵּלֶךְ יוֹסֵף אַחַר אֶחָיו וַיִּמְצָאֵם בְּדֹתָן׃
18 וַיִּרְאוּ אֹתוֹ מֵרָחֹק
וּבְטֶרֶם יִקְרַב אֲלֵיהֶם
וַיִּתְנַכְּלוּ אֹתוֹ לַהֲמִיתוֹ׃

【어휘연구 15절-18절】

נָסַע	떠나다, 출발하다	מָצָא	발견하다
שָׁמַע	듣다	תָּעָה	방황하다
דֹּתַיְנָה	ה ָ + דֹּתָן(도단으로)	שָׁאַל	물어보다
אַחַר	뒤	בָּקַשׁ	찾다
רָחוֹק	먼, 멀리	אָנֹכִי	나(1인칭단수 대명사)
קָרַב	가까이 오다	אֵיפֹה	어디서, 어디에
נָכַל	피하다	הַגִּידָה	말하여 주소서
הֵמִית	죽이다	רֹעִים	양을 치는

제 17절: שָׁמַעְתִּי אֹמְרִים “내가 그들의 말을 들으니”

목적어가 표시되어 있지 않아도 의미상 목적어를 첨가하여 해석하는 경우가 있다. 동일한 예로 25절의 לְהוֹרִיד를 들 수 있다. 이 구절을 영어로 옮기면 "to bring them down"이 된다.

דֹּתָן - דֹּתָיְנָה 지명의 끝에 쓰인 어미 ָן과 ַיִן은 서로 자주 교차되어 나타난다.

19 וַיֹּאמְרוּ אִישׁ אֶל־אָחִיו
הִנֵּה בַּעַל הַחֲלֹמוֹת הַלָּזֶה בָּא׃
20 וְעַתָּה׀ לְכוּ וְנַהַרְגֵהוּ וְנַשְׁלִכֵהוּ בְּאַחַד הַבֹּרוֹת
וְאָמַרְנוּ חַיָּה רָעָה אֲכָלָתְהוּ
וְנִרְאֶה מַה־יִּהְיוּ חֲלֹמֹתָיו׃
21 וַיִּשְׁמַע רְאוּבֵן וַיַּצִּלֵהוּ מִיָּדָם
וַיֹּאמֶר לֹא נַכֶּנּוּ נָפֶשׁ׃

【어휘연구 19절-21절】

소유자	בַּעַל	던지다	שָׁלַךְ
이 곳, 이 것	זֶה	우물, 구덩이	בּוֹר
지금, 이제 (now)	עַתָּה	먹다	אָכַל
죽이다	הָרַג	구하다, 구원하다	נָצַל
한, 하나	אַחַד	상하게 하다, 때리다	נָכָה

제 20절: וְעַתָּה 등위접속사 ו가 어두에 나타나면 친밀감이 있는 표현이나 비공식적인 인과관계를 나타낸다. 우리말로는 정확히 번역되지 않는 경우도 있다. 44:8에서도 동일한 예를 본다. וְאֵיךְ נִגְנֹב “우리가 어찌 도

적질하리이까?"

제 21절: **לֹא נַכֶּנּוּ נָפֶשׁ** "우리가 그 생명은 상하지 말자" 문자적으로 번역하면 "우리가 그를 즉 그 생명을 상하지 말자"라고 할 수 있다. 이곳에서 **נָפֶשׁ**는 목적보어로 사용되었다. 주목적어는 동사 뒤에 사용되어 동작의 주 대상인 어미 ֶנּוּ이다. 따라서 여기에서는 목적어의 일부분을 나타내는 용법으로 사용되어 "생명"이란 의미를 가진다.

22 וַיֹּאמֶר אֲלֵהֶם ׀ רְאוּבֵן אַל־תִּשְׁפְּכוּ־דָם
הַשְׁלִיכוּ אֹתוֹ אֶל־הַבּוֹר הַזֶּה אֲשֶׁר בַּמִּדְבָּר
וְיָד אַל־תִּשְׁלְחוּ־בוֹ לְמַעַן הַצִּיל
אֹתוֹ מִיָּדָם לַהֲשִׁיבוֹ אֶל־אָבִיו׃
23 וַיְהִי כַּאֲשֶׁר־בָּא יוֹסֵף אֶל־אֶחָיו
וַיַּפְשִׁיטוּ אֶת־יוֹסֵף אֶת־כֻּתָּנְתּוֹ
אֶת־כְּתֹנֶת הַפַּסִּים אֲשֶׁר עָלָיו׃
24 וַיִּקָּחֻהוּ וַיַּשְׁלִכוּ אֹתוֹ הַבֹּרָה
וְהַבּוֹר רֵק אֵין בּוֹ מָיִם׃
25 וַיֵּשְׁבוּ לֶאֱכָל־לֶחֶם וַיִּשְׂאוּ עֵינֵיהֶם
וַיִּרְאוּ וְהִנֵּה אֹרְחַת
יִשְׁמְעֵאלִים בָּאָה מִגִּלְעָד וּגְמַלֵּיהֶם נֹשְׂאִים נְכֹאת
וּצְרִי וָלֹט הוֹלְכִים לְהוֹרִיד מִצְרָיְמָה׃
26 וַיֹּאמֶר יְהוּדָה אֶל־אֶחָיו מַה־בֶּצַע
כִּי נַהֲרֹג אֶת־אָחִינוּ וְכִסִּינוּ אֶת־דָּמוֹ׃
27 לְכוּ וְנִמְכְּרֶנּוּ לַיִּשְׁמְעֵאלִים וְיָדֵנוּ אַל־תְּהִי־בוֹ
כִּי־אָחִינוּ בְשָׂרֵנוּ הוּא וַיִּשְׁמְעוּ אֶחָיו׃

28 וַיַּעַבְרוּ אֲנָשִׁים מִדְיָנִים סֹחֲרִים וַיִּמְשְׁכוּ
וַיַּעֲלוּ אֶת־יוֹסֵף מִן־הַבּוֹר
וַיִּמְכְּרוּ אֶת־יוֹסֵף לַיִּשְׁמְעֵאלִים
בְּעֶשְׂרִים כָּסֶף וַיָּבִיאוּ אֶת־יוֹסֵף מִצְרָיְמָה׃

【어휘연구 22절-28절】

(피,물)흘리다, 쏟아내다	שָׁפַךְ	들다, 들어올리다	נָשָׂא
던져버리다	הִשְׁלִיךְ	낙타	גָּמָל
광야	מִדְבָּר	내려가다	יָרַד
보내다, 손을 대다	שָׁלַח	유익	בֶּצַע
옷을 벗기다	הִפְשִׁיט	덮다, 가리우다	כָּסָה
취하다	לָקַח	팔다	מָכַר
앉다, 머물다	יָשַׁב	육체, 살	בָּשָׂר
빵, 양식	לֶחֶם	건너가다	עָבַר
눈 (眼)	עֵינַיִם	끌다, 당기다	מָשַׁךְ

제 22절: לְמַעַן 삽입어구에 사용되었다

제 25절: לֶאֱכָל־לֶחֶם ☞ 참고 29.2

히브리어는 운율상 분리강세로 낱말이나 구가 두개의 단위로 나누어지지 않는 한 하나의 강세를 유지하려고 한다. 따라서 강세를 지닌 단음절어가 뒤에 연결되거나, 첫 음절에 강세가 있는 낱말이 잇따르는 것은 가급적 피하려고 한다. 그러나 불가피한 경우에는 다음의 방식을 취한다.

두 낱말을 하나의 강세단위로 연결하기 위하여 첫 번째와 두 번째 낱말을 연결기호인 막켚으로 이어준다. 이렇게 하면 첫 번째 낱말의 강세는 자연히

탈락되고 마지막의 낱말만이 강세를 지닌다.

וַיְקַנְאוּ וַיִּגְעַר־ בּוֹ (37:10, 11)

וַיַּעֲשׂוּ־ כֵן (42:20)

그러나 세 낱말 이상인 경우에도 이런 현상이 나타날 수 있다.

אַל־ תִּשְׁפְּכוּ־ דָם (37:22)

막켚 앞의 낱말 중 변화 가능한 모음은 전부 약화된다.

וַיִּשְׂאוּ עֵינֵיהֶם וַיִּרְאוּ "그들이 눈을 들어본즉" 연속되는 두 문장의 경우 앞의 문장이 시간을 나타내는 부사절로 사용되었다(4절의 설명 참고하기 바람). 이 때에 영어는 분사구문을 사용하나 우리말은 이어지는 문장으로 나타내는 것이 더 자연스럽다.

וַיָּשָׁב אֶל אֶחָיו וַיֹּאמַר 30절 "아우들에게로 와서 가로되"

"returning to his brothers, he said"

וַיַּכִּירָהּ וַיֹּאמֶר 33절 "(아비가) 그것을 알아보고, 가로되"

"recognizing it, he said"

וָלֹט 단음절 낱말이나 강세가 첫 음절에 오는 낱말 앞에서 접속사 וְ가 연결접사로 사용되면, 이때에는 형태적으로 וָ된다. 창44:31의 וָמֵת에서도 역시 연결접사로 사용되었다. 창8:22의 다음 예문을 보고 등위접속사의 용법과 연결접사의 용법을 이해하도록 하자.

וְקֹר וָחֹם וְקַיִץ וָחֹרֶף וְיוֹם וָלַיְלָה

"(땅이 있을 동안에는) 추위와 더위와, 여름과 겨울과, 낮과 밤이 (쉬지 아니하리라)" "cold and heat, summer and winter, day and night"

제 28절: וַיִּמְשְׁכוּ וַיַּעֲלוּ "그들이 끌어올리고" (직역: 그들이 끌어당기고, 그리고 들어 올렸다) 여기에서 두 번째 동사는 동작의 방향을 나타내는 부사로 사용되었다.

עֶשְׂרִים כָּסֶף "은 이십개" 단수로 쓴 이유는 하나의 단위로 보기 때문이다. 마찬가지로 45:22에서도 **שְׁלֹשׁ מֵאוֹת כֶּסֶף** "은 삼백"으로 표현하고 있다.

29 וַיָּשָׁב רְאוּבֵן אֶל־הַבּוֹר
וְהִנֵּה אֵין־יוֹסֵף בַּבּוֹר וַיִּקְרַע אֶת־בְּגָדָיו׃
30 וַיָּשָׁב אֶל־אֶחָיו וַיֹּאמַר הַיֶּלֶד אֵינֶנּוּ
וַאֲנִי אָנָה אֲנִי־בָא׃
31 וַיִּקְחוּ אֶת־כְּתֹנֶת יוֹסֵף
וַיִּשְׁחֲטוּ שְׂעִיר עִזִּים
וַיִּטְבְּלוּ אֶת־הַכֻּתֹּנֶת בַּדָּם׃
32 וַיְשַׁלְּחוּ אֶת־כְּתֹנֶת הַפַּסִּים
וַיָּבִיאוּ אֶל־אֲבִיהֶם וַיֹּאמְרוּ זֹאת
מָצָאנוּ הַכֶּר־נָא הַכְּתֹנֶת בִּנְךָ הִוא אִם־לֹא׃
33 וַיַּכִּירָהּ וַיֹּאמֶר כְּתֹנֶת בְּנִי
חַיָּה רָעָה אֲכָלָתְהוּ טָרֹף טֹרַף יוֹסֵף׃
34 וַיִּקְרַע יַעֲקֹב שִׂמְלֹתָיו וַיָּשֶׂם שַׂק בְּמָתְנָיו
וַיִּתְאַבֵּל עַל־בְּנוֹ יָמִים רַבִּים׃
35 וַיָּקֻמוּ כָל־בָּנָיו וְכָל־בְּנֹתָיו לְנַחֲמוֹ
וַיְמָאֵן לְהִתְנַחֵם וַיֹּאמֶר
כִּי־אֵרֵד אֶל־בְּנִי אָבֵל שְׁאֹלָה וַיֵּבְךְּ אֹתוֹ אָבִיו׃
36 וְהַמְּדָנִים מָכְרוּ אֹתוֹ אֶל־מִצְרָיִם לְפוֹטִיפַר
סְרִיס פַּרְעֹה שַׂר הַטַּבָּחִים׃ פ

【어휘연구 29절-36절】

돌아오다	שׁוּב	들짐승	חַיָּה
찢다, 산산조각 내다	קָרַע	산산히 찢다	טָרַף
옷	בֶּגֶד	찢다, 조각을 내다	קָרַע
아이	יֶלֶד	옷	שִׂמְלָה
죽이다	שָׁחַט	묶다	יָשַׂם
담그다, 잠기다	טָבַל	애통하다, 슬퍼하다	הִתְאַבֵּל
발견하다	מָצָא	일어나다	קָם
가져가다	הֵבִיא	위로하다	נָחַם
이것(지시대명사 여성)	זֹאת	거절하다	מָאֵן
알다, 인식하다	הִכִּיר	울다	בָּכָה

제 30절: אָנָה אֲנִי בָא "나는 나는 어디로 갈까?" 이 문장의 의미는 "내가 과연 무엇을 하겠는가?"라는 반어법의 의미로 사용되고 있다.

제 32절: הַכְּתֹנֶת 의문사 ה의 모음변화가 특이하다.

제 33절: טָרֹף טֹרַף יוֹסֵף 부정사 절대형은 동사 바로 앞에 위치하여 동사의 의미를 강조한다. 그 형태는 שָׁמוֹר 형태이다.

제 36절: וְהַמְּדָנִים מָכְרוּ 앞 문장과 뒷문장이 인과 관계로 연결되어 있지 않으면 이때에는 계속법이 아닌 정상적인 동사를 사용한다.

창세기
42장 연구

42:1 וַיַּ֣רְא יַעֲקֹ֔ב כִּ֥י יֶשׁ־שֶׁ֖בֶר בְּמִצְרָ֑יִם
וַיֹּ֤אמֶר יַעֲקֹב֙ לְבָנָ֔יו לָ֖מָּה תִּתְרָאֽוּ׃
2 וַיֹּ֕אמֶר הִנֵּ֣ה שָׁמַ֔עְתִּי
כִּ֥י יֶשׁ־שֶׁ֖בֶר בְּמִצְרָ֑יִם רְדוּ־שָׁ֨מָּה֙
וְשִׁבְרוּ־לָ֣נוּ מִשָּׁ֔ם וְנִחְיֶ֖ה וְלֹ֥א נָמֽוּת׃
3 וַיֵּרְד֥וּ אֲחֵֽי־יוֹסֵ֖ף עֲשָׂרָ֑ה לִשְׁבֹּ֥ר בָּ֖ר מִמִּצְרָֽיִם׃
4 וְאֶת־בִּנְיָמִין֙ אֲחִ֣י יוֹסֵ֔ף לֹֽא־שָׁלַ֥ח יַעֲקֹ֖ב אֶת־אֶחָ֑יו
כִּ֣י אָמַ֔ר פֶּן־יִקְרָאֶ֖נּוּ אָסֽוֹן׃
5 וַיָּבֹ֙אוּ֙ בְּנֵ֣י יִשְׂרָאֵ֔ל לִשְׁבֹּ֖ר בְּת֣וֹךְ הַבָּאִ֑ים
כִּֽי־הָיָ֥ה הָרָעָ֖ב בְּאֶ֥רֶץ כְּנָֽעַן׃
6 וְיוֹסֵ֗ף ה֚וּא הַשַּׁלִּ֣יט עַל־הָאָ֔רֶץ
ה֥וּא הַמַּשְׁבִּ֖יר לְכָל־עַ֣ם הָאָ֑רֶץ
וַיָּבֹ֙אוּ֙ אֲחֵ֣י יוֹסֵ֔ף וַיִּשְׁתַּחֲווּ־ל֥וֹ אַפַּ֖יִם אָֽרְצָה׃
7 וַיַּ֥רְא יוֹסֵ֛ף אֶת־אֶחָ֖יו וַיַּכִּרֵ֑ם
וַיִּתְנַכֵּ֨ר אֲלֵיהֶ֜ם וַיְדַבֵּ֧ר אִתָּ֣ם
קָשׁ֗וֹת וַיֹּ֤אמֶר אֲלֵהֶם֙ מֵאַ֣יִן בָּאתֶ֔ם
וַיֹּ֣אמְר֔וּ מֵאֶ֥רֶץ כְּנַ֖עַן לִשְׁבָּר־אֹֽכֶל׃

【동사연구 1절-7절】

서로 바라보다	הִתְרָאָה	가다	בּוֹא
יָרַד의명령(내려가라)	רְדוּ	통치자	שַׁלִּיט
곡식을 사다, 팔다	שָׁבַר	숙이다, 굽히다.	שָׁחָה
살다	חָיָה	그들이 경의를 표하다	הִשְׁתַּחֲווּ
죽다	מוּת	깨닫게 되다	הִתְנַכֵּר
곡식	בָּר	인식하다	הִכִּיר
보내다	שָׁלַח	어디에서	מֵאַיִן
외치다, 부르다	קָרָא	양식을 사기 위하여	לִשְׁבֹּר
해로움, 재해	אָסוֹן	양식	אֹכֶל

제 1절: יֵשׁ־ "-이 있다" 특히 가나안의 사건과 대비하려는 강조형으로 사용되었다.

제 2절: שִׁבְרוּ.....וְנִחְיֶה וְלֹא נָמוּת "(곡식을) 사오라, 그리하면 우리가 살고 죽지 아니하리라" 서법(권고, 명령, 제안 등을 나타내는 동사를 의미)을 나타내는 동사가 접속사 waw다음에 오면 결과나 목적을 의미한다.

וְהָבִיאוּ.....וְאֵדְעָה 42:34 "(너희 말째 아우를 내게로) 데려오라, 그리하면 내가 알리라"

זֹאת עֲשׂוּ וִחְיוּ 42:18 "너희는 이같이 하여 생명을 보전하라"

שִׁלְחוּ....וְיִקַּח.....וְיִבָּחֲנוּ 42:16 "너희는 보내어......데려오게 하고......를 시험하리라"

대체로 히브리어에서는 서법을 나타내는 동사가 명확하지 않다. 따라서 문맥을 통하여 결과나 목적의 의미를 파악하여야한다.

결과나 목적절의 부정에는 서법을 나타내는 의미의 동사가 아니더라도 자주 사용된다.

예) **וְלֹא נָמוּת** “우리가 죽지 아니하리라”

제 3절: **עֲשָׂרָה** 수사 10의 남성형

제 6절: **וְיוֹסֵף הוּא הַשַּׁלִּיט** “때에 요셉이 나라의 총리로서”

일반적으로 명사문의 술어는 관사를 갖지 않는다. 그러나 관사를 갖는 경우에는 강조적 용법으로 사용된 것이다.

☞ 참고 **פִּי הַמְדַבֵּר** 45:12 “이 말을 하는 것은 바로 내 입이라”

게다가 인칭대명사 **הוּא**도 강조적으로 사용되었다.

제 7절: **קָשׁוֹת** “혹독한 (소리로)” 여기서는 형용사가 부사적으로 사용되었다. 추상명사나 불명료한 표현에는 주로 여성형이 사용된다.

הַקֹּרֹת	42:29 “그 만난 일”
רָעָה	44: 4 “악(惡)” 혹은 “악한 일”
טוֹבָה	“선(善)” 혹은 “선한 일”

8 וַיַּכֵּר יוֹסֵף אֶת־אֶחָיו וְהֵם לֹא הִכִּרֻהוּ׃
9 וַיִּזְכֹּר יוֹסֵף אֵת הַחֲלֹמוֹת אֲשֶׁר חָלַם לָהֶם
וַיֹּאמֶר אֲלֵהֶם מְרַגְּלִים אַתֶּם
לִרְאוֹת אֶת־עֶרְוַת הָאָרֶץ בָּאתֶם׃
10 וַיֹּאמְרוּ אֵלָיו לֹא אֲדֹנִי
וַעֲבָדֶיךָ בָּאוּ לִשְׁבָּר־אֹכֶל׃
11 כֻּלָּנוּ בְּנֵי אִישׁ־אֶחָד נָחְנוּ כֵּנִים
אֲנַחְנוּ לֹא־הָיוּ עֲבָדֶיךָ מְרַגְּלִים׃

【 동사연구 8절-11절 】

רָגַל	돌아다니다	יַכֵּר	알다, 인식하다(미완료)
עֶרְוָה	약점	זָכַר	기억하다
כֵּן	정직한	חָלַם	꿈을 꾸다
לֹא־הָיוּ	그들은 --이 아닙니다	לִרְאוֹת	רָאָה(보다)의 부정사
אֲדֹנִי	내 주여 אָדוֹן + ִי	בָּא	왔다, 갔다

제 10절: וַעֲבָדֶיךָ 여기에서 바브는 반의(反意)적 용법에 해당이다.

제 11절: לֹא הָיוּ "-이 아니니이다"

상태동사의 완료형은 종종 영어의 현재시제나 현재완료로도 번역된다. 그 이유는 이미 성취된 동작의 결과나 상태가 현재에까지 미치는 영향을 표현하기 때문이다. 예를들면 동사 כָּבֵד는 "무겁다" 혹은 "무거워진다"를 의미하게 된다.

12 וַיֹּאמֶר אֲלֵהֶם לֹא כִּי־עֶרְוַת הָאָרֶץ בָּאתֶם לִרְאוֹת׃
13 וַיֹּאמְרוּ שְׁנֵים עָשָׂר עֲבָדֶיךָ אַחִים ׀
אֲנַחְנוּ בְּנֵי אִישׁ־אֶחָד בְּאֶרֶץ כְּנָעַן
וְהִנֵּה הַקָּטֹן אֶת־אָבִינוּ הַיּוֹם וְהָאֶחָד אֵינֶנּוּ׃
14 וַיֹּאמֶר אֲלֵהֶם יוֹסֵף הוּא אֲשֶׁר דִּבַּרְתִּי אֲלֵכֶם
לֵאמֹר מְרַגְּלִים אַתֶּם׃

【동사연구 12절-14절】

אֵינֶנּוּ	없다, 아니다	שְׁנַיִם	2
דִּבֵּר	말하다	עָשָׂר	10
לֵאמֹר	אָמַר 의 부정사	אֶחָד	1
מְרַגֵּל	첩자, 스파이	הִנֵּה	보라

제 13절: עֲבָדֶיךָ......אֲנַחְנוּ "주의 종 우리들은"

자신을 가리키는 명칭임을 분명히 하기 위하여 3인칭 주어를 종종 1인칭으로 바꾸어 부르기도 한다. 유사 예가 44:7-9에서 발견된다. 또한 손윗사람을 나타내는 존대어로 사용하는 אֲדֹנִי의 경우 2인칭과 3인칭 사이의 동일한 교차현상이 발견된다. 예) 44:18이하

יְדַבֶּר נָא עַבְדְּךָ דָבָר בְּאָזְנֵי אֲדֹנִי וְאַל יִחַר אַפְּךָ בְּעַבְדֶּךָ

"종으로 내주의 귀에 한 말씀을 고하게 하소서 주의 종에게 노하지 마옵소서"

אֲדֹנִי שָׁאַל אֶת עֲבָדָיו......וַתֹּאמֶר אֶל עֲבָדֶיךָ

"이전에 내 주께서 종들에게 물으시되.......주께서 또 종들에게 이르시되 "

제 14절: הוּא אֲשֶׁר דִּבַּרְתִּי אֲלֵכֶם לֵאמֹר "내가 너희에게 말한대로"

15 בְּזֹאת תִּבָּחֵנוּ חֵי פַרְעֹה אִם־תֵּצְאוּ מִזֶּה
כִּי אִם־בְּבוֹא אֲחִיכֶם הַקָּטֹן הֵנָּה׃
16 שִׁלְחוּ מִכֶּם אֶחָד וְיִקַּח אֶת־אֲחִיכֶם

וְאַתֶּם הֵאָסְרוּ וְיִבָּחֲנוּ דִּבְרֵיכֶם הַאֱמֶת אִתְּכֶם
וְאִם־לֹא חֵי פַרְעֹה כִּי מְרַגְּלִים אַתֶּם׃
17 וַיֶּאֱסֹף אֹתָם אֶל־מִשְׁמָר שְׁלֹשֶׁת יָמִים׃

【동사연구 15절-17절】

탐색하다, 시험하다	בָּחַן	보내다	שָׁלַח
밖으로 나가다	יָצָא	묶다, 감옥에 넣다	אָסַר
막내	הַקָּטֹן	모으다, 가두다	אָסַף
취하다	לָקַח	감옥	מִשְׁמָר

제 15절: חֵי פַרְעֹה אִם תֵּצְאוּ מִזֶּה.....הֵנָּה "바로의 생명으로 (맹세하노니) 너희 말째 아우가 여기 오지 아니하면 너희가 여기서 나가지 못하리라" 히브리어에서 조건절을 의미하는 אִם을 사용하여 맹세적인 표현을 한다. 특히 저주나 맹세의 표현은 명확하게 나타나지 않는다. 직역하면 "(내가 저주하건데) 만일 너희 말째 아우를 데려오지 않으면 너희는 이곳에서 나가지 못할 것이다"

제 16절: הֵאָסְרוּ "너희는 갇히어 있어라" 명령형

חֵי פַרְעֹה כִּי מְרַגְּלִים אַתֶּם

"바로의 생명으로 (맹세하노니) 너희는 과연 정탐이니라"

15절 설명 참조

18 וַיֹּ֨אמֶר אֲלֵהֶ֤ם יוֹסֵף֙ בַּיּ֣וֹם הַשְּׁלִישִׁ֔י זֹ֥את עֲשׂ֖וּ
וִֽחְי֑וּ אֶת־הָאֱלֹהִ֖ים אֲנִ֥י יָרֵֽא׃
19 אִם־כֵּנִ֣ים אַתֶּ֔ם אֲחִיכֶ֣ם אֶחָ֔ד יֵאָסֵ֖ר
בְּבֵ֣ית מִשְׁמַרְכֶ֑ם וְאַתֶּם֙ לְכ֣וּ
הָבִ֔יאוּ שֶׁ֖בֶר רַעֲב֥וֹן בָּתֵּיכֶֽם׃
20 וְאֶת־אֲחִיכֶ֤ם הַקָּטֹן֙ תָּבִ֣יאוּ אֵלַ֔י
וְיֵאָמְנ֥וּ דִבְרֵיכֶ֖ם וְלֹ֣א תָמ֑וּתוּ
וַיַּעֲשׂוּ־כֵֽן׃
21 וַיֹּאמְר֞וּ אִ֣ישׁ אֶל־אָחִ֗יו אֲבָל֮ אֲשֵׁמִ֣ים ׀
אֲנַ֘חְנוּ֮ עַל־אָחִ֒ינוּ֒ אֲשֶׁ֨ר רָאִ֜ינוּ צָרַ֥ת נַפְשׁ֛וֹ
בְּהִתְחַֽנְנ֥וֹ אֵלֵ֖ינוּ וְלֹ֣א שָׁמָ֑עְנוּ עַל־כֵּן֙ בָּ֣אָה
אֵלֵ֔ינוּ הַצָּרָ֖ה הַזֹּֽאת׃

【동사연구 18절-21절】

행하다	עָשָׂה	확실하다	אָמַן
숨쉬다, 살다	חָיָה	죽다	מוּת
두려워하다	יָרֵא	진실로	אֲבָל
אָסַר의 니팔(갇히다)	יֵאָסֵר	호의를 베풀다	חָנַן
가져가다	הֵבִיא	간청하다	הִתְחַנֵּן

제 21절: אֲשֶׁר רָאִינוּ 이곳에서 사용된 אֲשֶׁר의 용법이 불분명하다. 즉 אֲנַחְנוּ와 אָחִינוּ중 어느 것을 한정하는 지가 확실하지 않다.

צָרַת נַפְשׁוֹ "그의 영혼의 고통" 접미대명사가 한 낱말이 아닌 전체명사구를 한정하고 있다. 다음 예도 동일한 용법들이다.

צְרוֹר כַּסְפּוֹ 35절 “각인의 돈 뭉치”

צְרֹרוֹת כַּסְפֵּיהֶם “그들의 돈 뭉치”

כֶּסֶף שִׁבְרוֹ 44:2 “그 양식 값”

22 וַיַּעַן רְאוּבֵן אֹתָם לֵאמֹר
הֲלוֹא אָמַרְתִּי אֲלֵיכֶם ׀
לֵאמֹר אַל־תֶּחֶטְאוּ בַיֶּלֶד וְלֹא שְׁמַעְתֶּם
וְגַם־דָּמוֹ הִנֵּה נִדְרָשׁ׃
23 וְהֵם לֹא יָדְעוּ כִּי שֹׁמֵעַ יוֹסֵף
כִּי הַמֵּלִיץ בֵּינֹתָם׃
24 וַיִּסֹּב מֵעֲלֵיהֶם וַיֵּבְךְּ וַיָּשָׁב אֲלֵהֶם
וַיְדַבֵּר אֲלֵהֶם וַיִּקַּח
מֵאִתָּם אֶת־שִׁמְעוֹן וַיֶּאֱסֹר אֹתוֹ לְעֵינֵיהֶם׃
25 וַיְצַו יוֹסֵף וַיְמַלְאוּ אֶת־כְּלֵיהֶם בָּר
וּלְהָשִׁיב כַּסְפֵּיהֶם אִישׁ אֶל־שַׂקּוֹ
וְלָתֵת לָהֶם צֵדָה לַדָּרֶךְ וַיַּעַשׂ לָהֶם כֵּן׃

【동사연구 22절-25절】

대답하다	עָנָה	자신을 돌리다	סָבַב
죄를 짓다	חָטָא	울다, 감옥에 넣다	בָּכָה
찾다, 요구하다	דָּרַשׁ	명령하다	צָוָה
묻게 되다(니팔)	נִדְרַשׁ	채우다	מָלֵא
알다	יָדַע	נָתַן (주다)의 부정사	לָתֵת

제 22절: **וְגַם** 이곳에서의 **גַּם**은 대응을 나타내는 결과적 용법으로 사용되었다.

제 23절: **הַמֵּלִיץ** 관사의 용법이 화자가 익히 알고 있는 관습적인 개념을 표현하고 있다. 따라서 요셉과 외국인 사이에는 통역관 "**הַמֵּלִיץ** "을 두는 것이 당연하기에 관사를 사용하였다.

제 25절: **וַיְצַו.......וַיְמַלְאוּ.......וּלְהָשִׁיב** "명하여....을 채우게 하고,....에 도로 넣게 하고" 동사 **צִוָּה** 를 보충하는 두 개의 문구를 하나로 결합시킨 형태이다. 즉 **וַיְצַו וַיְמַלְאוּ** 와 **וַיְצַו לְהָשִׁיב** 가 하나로 결합되었다.

וַיַּעַשׂ לָהֶם כֵּן "그대로 행하였더라" 주어가 불분명하다. 따라서 중세 히브리어 문법가들은 이 구문의 주어로 **הָעוֹשֶׂה** "행위자"를 추가하였다. 그러나 위의 우리말 표현이나, 다음과 같은 영어 표현이 가장 적당할 것으로 생각된다. "one did so for them ".

26 וַיִּשְׂאוּ אֶת־שִׁבְרָם עַל־חֲמֹרֵיהֶם וַיֵּלְכוּ מִשָּׁם׃
27 וַיִּפְתַּח הָאֶחָד אֶת־שַׂקּוֹ לָתֵת מִסְפּוֹא
לַחֲמֹרוֹ בַּמָּלוֹן וַיַּרְא אֶת־כַּסְפּוֹ
וְהִנֵּה־הוּא בְּפִי אַמְתַּחְתּוֹ׃
28 וַיֹּאמֶר אֶל־אֶחָיו הוּשַׁב כַּסְפִּי
וְגַם הִנֵּה בְאַמְתַּחְתִּי וַיֵּצֵא
לִבָּם וַיֶּחֶרְדוּ אִישׁ אֶל־אָחִיו לֵאמֹר
מַה־זֹּאת עָשָׂה אֱלֹהִים לָנוּ׃

【동사연구 26절-28절】

들어올리다	נָשָׂא	돌아오다, 돌아가다	שׁוּב
걸어가다	הָלַךְ	나가다	יָצָא
열다, 풀다	פָּתַח	떨다, 놀라다	חָרַד
보다	רָאָה	행하다	עָשָׂה

제 28절: וַיֶּחֶרְדוּ אִישׁ אֶל אָחִיו "이에 그들이 서로 떨며 돌아보며 (가로되)"

חָרַד는 정상적으로는 전치사 אֶל을 지배하지 못한다.

왜냐하면 חָרַד는 개념상 방향과 관련이 없기 때문이다. 따라서 이곳에서는 전치사 אֶל이 동사로 표현되지 않았지만 형제들의 동작과 관련된 것으로 이해한다. 즉 그들이 떨면서 서로를 바라보거나 방향을 돌리는 행동과 연관이 있는 것으로 보아야한다. 이와같이 חָרַד אֶל과 같은 구조를 함축적 구조하고 일컫는다. 또 다른 함축적 표현을 43:33에서 볼 수 있다.

וַיִּתְמְהוּ הָאֲנָשִׁים אִישׁ אֶל רֵעֵהוּ

"그들이 서로 이상히 여겼더라"

29 וַיָּבֹאוּ אֶל־יַעֲקֹב אֲבִיהֶם אַרְצָה כְּנָעַן
וַיַּגִּידוּ לוֹ אֵת כָּל־הַקֹּרֹת אֹתָם לֵאמֹר׃
30 דִּבֶּר הָאִישׁ אֲדֹנֵי הָאָרֶץ אִתָּנוּ קָשׁוֹת
וַיִּתֵּן אֹתָנוּ כִּמְרַגְּלִים אֶת־הָאָרֶץ׃
31 וַנֹּאמֶר אֵלָיו כֵּנִים אֲנָחְנוּ לֹא הָיִינוּ מְרַגְּלִים׃
32 שְׁנֵים־עָשָׂר אֲנַחְנוּ אַחִים
בְּנֵי אָבִינוּ הָאֶחָד אֵינֶנּוּ
וְהַקָּטֹן הַיּוֹם אֶת־אָבִינוּ בְּאֶרֶץ כְּנָעַן׃

33 וַיֹּאמֶר אֵלֵינוּ הָאִישׁ אֲדֹנֵי הָאָרֶץ
בְּזֹאת אֵדַע כִּי כֵנִים אַתֶּם
אֲחִיכֶם הָאֶחָד הַנִּיחוּ אִתִּי
וְאֶת־רַעֲבוֹן בָּתֵּיכֶם קְחוּ וָלֵכוּ׃
34 וְהָבִיאוּ אֶת־אֲחִיכֶם הַקָּטֹן אֵלַי
וְאֵדְעָה כִּי לֹא מְרַגְּלִים אַתֶּם
כִּי כֵנִים אַתֶּם אֶת־אֲחִיכֶם אֶתֵּן לָכֶם
וְאֶת־הָאָרֶץ תִּסְחָרוּ׃
35 וַיְהִי הֵם מְרִיקִים שַׂקֵּיהֶם
וְהִנֵּה־אִישׁ צְרוֹר־כַּסְפּוֹ בְּשַׂקּוֹ
וַיִּרְאוּ אֶת־צְרֹרוֹת כַּסְפֵּיהֶם הֵמָּה וַאֲבִיהֶם וַיִּירָאוּ׃

【동사연구 29절-35절】

오다, 가다	בּוֹא	쉬다, 휴식을 취하다	נוּחַ
말하다	הִגִּיד	기근	רַעֲבוֹן
발생하다, 생기다	קָרָה	내가 돌려보낼 것이다	אֶתֵּן
엄하게	קָשׁוֹת	무역하다, 여행하다	סָחַר
우리가 말한다	נֹאמַר	비우다, 쏟다	רִיק
내가 알 것이다	אֵדַע	다발, 묶음	צָרוֹר

제 31절: **לֹא הָיִינוּ** "우리는 -이 아니니이다" ☞ 참고 9.3

제 32절 **שְׁנֵים עָשָׂר אֲנַחְנוּ** "우리는 12이니이다", "우리는 12이 있습니다."

제 33절: **שֶׁבֶר רַעֲבוֹן** =רַעֲבוֹן

제 34절: **כִּי לֹא מְרַגְּלִים אַתֶּם** "너희가 정탐이 아니요 (독실한 자임을 내가 알고)"

אֵין은 명사문의 부정에 사용된다.

예) **אֵין יוֹסֵף בַּבּוֹר** 37:29 "구덩이에 요셉이 없는지라"

אֵין이 나오는 문장의 어순은 **כִּי** 이후에 주어와 술어 순이 된다.:

왕상 21:15 **כִּי אֵין נָבוֹת חַי** "나봇이 살아있지 아니하고"

에 3:5 **כִּי אֵין מָרְדֳּכַי כֹּרֵעַ** "모르드개가 꿇지도 아니하고"

그러나 술어를 강조할 때에는 어순이 도치된다. 여기에서 사용한 **לֹא**는 전체문장을 부정하기보다는 다음에 나오는 분사를 부정하는 것으로 본다. "첩자"라는 낱말의 강조현상으로 보아서 그러하다.

36 וַיֹּאמֶר אֲלֵהֶם יַעֲקֹב אֲבִיהֶם
אֹתִי שִׁכַּלְתֶּם יוֹסֵף אֵינֶנּוּ
וְשִׁמְעוֹן אֵינֶנּוּ וְאֶת־בִּנְיָמִן תִּקָּחוּ עָלַי הָיוּ כֻלָּנָה׃
37 וַיֹּאמֶר רְאוּבֵן אֶל־אָבִיו
לֵאמֹר אֶת־שְׁנֵי בָנַי תָּמִית אִם־לֹא
אֲבִיאֶנּוּ אֵלֶיךָ תְּנָה אֹתוֹ עַל־יָדִי
וַאֲנִי אֲשִׁיבֶנּוּ אֵלֶיךָ׃
38 וַיֹּאמֶר לֹא־יֵרֵד בְּנִי עִמָּכֶם
כִּי־אָחִיו מֵת וְהוּא לְבַדּוֹ נִשְׁאָר
וּקְרָאָהוּ אָסוֹן בַּדֶּרֶךְ אֲשֶׁר תֵּלְכוּ־בָהּ
וְהוֹרַדְתֶּם אֶת־שֵׂיבָתִי בְּיָגוֹן שְׁאוֹלָה׃

제 36절: אֹתִי שִׁכַּלְתֶּם "너희가 바로 나로 하여금 (나의 자식을) 잃게 하였도다" ☞ 참고 27.7.

또한 37절의 르우벤의 대답과 비교하여 살펴보아라.

כֻּלָּנָה "이는 다" 여기서는 앞에서 언급한 모든 고통을 의미한다. 형태적으로는 כֻּלָּן 후에 잠시 휴지(休止)가 잇따른다. 여기서 여성형이 쓰인 이유는 7절의 설명을 참고하기 바람.

제 38절: וּקְרָאָהוּ אָסוֹן........וְהוֹרַדְתֶּם

"재난이 그 몸에 미치면, 너희가......내려가게 되리라" 영어의 if.....then 에 해당하는 "그리하면......하리라"는 조건의 가정법적 표현은 접속사 ו를 사용한 완료 계속법을 사용한다.

예) 44:22 וְעָזַב אֶת אָבִיו וָמֵת "그가 그의 아비를 떠나면 죽으리라"

44:29 וּלְקַחְתֶּם גַּם אֶת זֶה וְקָרָהוּ אָסוֹן וְהוֹרַדְתֶּם

"이도 내게서 취하여 가려한즉.....만일 재해가 미치면,.......내려가게 하리라 하니"

창세기 43장 연구

Genesis 43:1 WTT וְהָרָעָ֖ב כָּבֵ֥ד בָּאָֽרֶץ׃
2 וַיְהִ֗י כַּאֲשֶׁ֤ר כִּלּוּ֙ לֶאֱכֹ֣ל אֶת־הַשֶּׁ֔בֶר
אֲשֶׁ֥ר הֵבִ֖יאוּ מִמִּצְרָ֑יִם
וַיֹּ֤אמֶר אֲלֵיהֶם֙ אֲבִיהֶ֔ם שֻׁ֖בוּ שִׁבְרוּ־לָ֥נוּ מְעַט־אֹֽכֶל׃
3 וַיֹּ֧אמֶר אֵלָ֛יו יְהוּדָ֖ה לֵאמֹ֑ר
הָעֵ֣ד הֵעִד֩ בָּ֨נוּ הָאִ֤ישׁ לֵאמֹר֙
לֹֽא־תִרְא֣וּ פָנַ֔י בִּלְתִּ֖י אֲחִיכֶ֥ם אִתְּכֶֽם׃

【동사연구 1절-3절】

끝내다, 떨어지다	כָּלָה	곡식을 사다	שָׁבַר
먹다	אָכַל	증언하다	עוּד
오다, 가다	בּוֹא	내려가다	יָרַד
돌아오다, 돌아가다	שׁוּב	보다, 알다	רָאָה

제 3절: הָעֵד הֵעִד בָּנוּ "그 사람이 엄히/확실하게/ 진지하게 우리에게 경계하여"

4 אִם־יֶשְׁךָ֛ מְשַׁלֵּ֥חַ אֶת־אָחִ֖ינוּ
אִתָּ֑נוּ נֵֽרְדָ֕ה וְנִשְׁבְּרָ֥ה לְךָ֖ אֹֽכֶל׃
5 וְאִם־אֵינְךָ֥ מְשַׁלֵּ֖חַ לֹ֣א נֵרֵ֑ד
כִּֽי־הָאִ֞ישׁ אָמַ֤ר אֵלֵ֙ינוּ֙ לֹֽא־תִרְא֣וּ
פָנַ֔י בִּלְתִּ֖י אֲחִיכֶ֥ם אִתְּכֶֽם׃
6 וַיֹּ֙אמֶר֙ יִשְׂרָאֵ֔ל לָמָ֥ה הֲרֵעֹתֶ֖ם לִ֑י
לְהַגִּ֣יד לָאִ֔ישׁ הַע֥וֹד לָכֶ֖ם אָֽח׃

【동사연구 4절·6절】

보내다	שָׁלַח	곡식을 사다	שָׁבַר
내려가다	יָרַד	증언하다	הִגִּיד
악을 행하다, 해롭게하다	רָעַע	말하다	אָמַר
		보다, 알다	רָאָה

제 4-5절: אִם יֶשְׁךָ מְשַׁלֵּחַ......וְאִם אֵינְךָ מְשַׁלֵּחַ

"당신이 우리 아우를 보내시면........,

만일 그를 보내지 않으시면.......여기에서 יֵשׁ와 אַיִן은 어떤 행동을 하려는 생각을 표현하는 조건으로 사용하고 있다.

7 וַיֹּאמְר֡וּ שָׁא֣וֹל שָֽׁאַל־הָאִ֣ישׁ לָ֘נוּ֮
וּלְמֽוֹלַדְתֵּ֣נוּ לֵאמֹ֗ר הַע֨וֹד
אֲבִיכֶ֥ם חַי֙ הֲיֵ֣שׁ לָכֶ֣ם אָ֔ח

וַנַּגֶּד־לוֹ עַל־פִּי הַדְּבָרִים הָאֵלֶּה
הֲיָדוֹעַ נֵדַע כִּי יֹאמַר הוֹרִידוּ אֶת־אֲחִיכֶם׃
8 וַיֹּאמֶר יְהוּדָה אֶל־יִשְׂרָאֵל אָבִיו
שִׁלְחָה הַנַּעַר אִתִּי וְנָקוּמָה
וְנֵלֵכָה וְנִחְיֶה וְלֹא נָמוּת
גַּם־אֲנַחְנוּ גַם־אַתָּה גַּם־טַפֵּנוּ׃
9 אָנֹכִי אֶעֶרְבֶנּוּ מִיָּדִי תְּבַקְשֶׁנּוּ
אִם־לֹא הֲבִיאֹתִיו אֵלֶיךָ
וְהִצַּגְתִּיו לְפָנֶיךָ וְחָטָאתִי לְךָ כָּל־הַיָּמִים׃

【동사연구 7절·9절】

물어보다, 질문하다	שָׁאַל	죽다	מוּת
알다,	יָדַע	담보가 되다	עָרַב
일어나다,	קוּם	찾다, 간구하다	בִּקֵּשׁ
걸어가다, 가다	הָלַךְ	두다, 서다	יָצַג
살다	חָיָה	죄를 짓다, 범죄하다	חָטָא

제 8절: ....שִׁלְחָה 명령형 שְׁלַח "보내라!" 에 연장형 모음이 붙은 형태이다. 연장형 모음은 긴급상황이나 의미의 강조에 사용하는 어미이다.

제 9절: אִם לֹא הֲבִיאֹתִיו וְהִצַּגְתִּיו וְחָטָאתִי 동사의 시상이 완료형을 취하고 있으나 실제적으로 미래의 일과 관련되어 있다. 이러한 시상을 미래완료라고 부른다. "내가 만일 아버지께 데려다가 아버지 앞에 두지 아니하면 내가 영원히 죄를 지리이다."

10 כִּ֖י לוּלֵ֣א הִתְמַהְמָ֑הְנוּ
כִּֽי־עַתָּ֛ה שַׁ֖בְנוּ זֶ֥ה פַעֲמָֽיִם׃
11 וַיֹּ֨אמֶר אֲלֵהֶ֜ם יִשְׂרָאֵ֣ל אֲבִיהֶ֗ם
אִם־כֵּ֣ן ׀ אֵפוֹא֮ זֹ֣את עֲשׂוּ֒ קְח֞וּ מִזִּמְרַ֤ת
הָאָ֙רֶץ֙ בִּכְלֵיכֶ֔ם וְהוֹרִ֥ידוּ לָאִ֖ישׁ מִנְחָ֑ה
מְעַ֤ט צֳרִי֙ וּמְעַ֣ט דְּבַ֔שׁ
נְכֹ֣את וָלֹ֔ט בָּטְנִ֖ים וּשְׁקֵדִֽים׃
12 וְכֶ֥סֶף מִשְׁנֶ֖ה קְח֣וּ בְיֶדְכֶ֑ם וְאֶת־הַכֶּ֜סֶף
הַמּוּשָׁ֨ב בְּפִ֤י אַמְתְּחֹֽתֵיכֶם֙ תָּשִׁ֣יבוּ בְיֶדְכֶ֔ם
אוּלַ֥י מִשְׁגֶּ֖ה הֽוּא׃

【동사연구 10절-12절】

הוֹרִיד	יָרַד 의 히필
מוּשָׁב	שׁוּב 의 호팔분사
קְחוּ	לָקַח 의 칼 명령복수
הֵשִׁיב	가지고 돌아가다
אָמַר	말하다, 증언하다
מָהָה	체재하다, 머무르다
הִתְמָהָה	מָהָה 의 히트파엘
שׁוּב	돌아오다, 돌아가다,
עָשָׂה	행하다
לָקַח	취하다

13 וְאֶת־אֲחִיכֶ֖ם קָ֑חוּ
וְק֖וּמוּ שׁ֥וּבוּ אֶל־הָאִֽישׁ׃
14 וְאֵ֣ל שַׁדַּ֗י יִתֵּ֨ן לָכֶ֤ם רַחֲמִים֙
לִפְנֵ֣י הָאִ֔ישׁ וְשִׁלַּ֥ח לָכֶ֛ם אֶת־אֲחִיכֶ֥ם אַחֵ֖ר

וְאֶת־בִּנְיָמִין וַאֲנִי כַּאֲשֶׁר שָׁכֹלְתִּי שָׁכָלְתִּי׃
15 וַיִּקְחוּ הָאֲנָשִׁים אֶת־הַמִּנְחָה הַזֹּאת
וּמִשְׁנֶה־כֶּסֶף לָקְחוּ בְיָדָם וְאֶת־בִּנְיָמִן
וַיָּקֻמוּ וַיֵּרְדוּ מִצְרַיִם וַיַּעַמְדוּ לִפְנֵי יוֹסֵף׃

제 14절: יִתֵּן לָכֶם רַחֲמִים לִפְנֵי הָאִישׁ "그 사람 앞에서 너희에게 은혜를 베푸사" 그 사람이 호의적이기를 바라는 문장이다.

אֲחִיכֶם אַחֵר는 관사가 있는 형태인 אֲחִיכֶם הָאַחֵר가 정상형태로 인식되나 이곳에서는 음운현상 때문에 정관사가 생략된 것으로 보인다.

☞ 참고 42:19 אֲחִיכֶם אֶחָד과 42:33 אֲחִיכֶם הָאֶחָד를 비교하기 바람.

כַּאֲשֶׁר שָׁכֹלְתִּי שָׁכָלְתִּי "내가 잃게되면 잃으리로다" שָׁכָלְתִּי의 설명은 29.1(마) 참고하기 바람.

제 15절: וּמִשְׁנֶה כֶּסֶף "갑절 돈"

12절의 어순도치현상을 참고. 일반적으로 수사(數詞)는 명사의 앞이나 뒤에 자유롭게 쓰인다.

예) שְׁלֹשָׁה יָמִים과 יָמִים שְׁלֹשָׁה 둘 다 가능하다.

מִצְרַיִם= מִצְרַיְמָה; ☞참고 18절 בֵּית יוֹסֵף= בֵּיתָה יוֹסֵף

19절 פֶּתַח הַבַּיִת= בְּפֶתַח הַבַּיִת

16 וַיַּרְא יוֹסֵף אִתָּם אֶת־בִּנְיָמִין
וַיֹּאמֶר לַאֲשֶׁר עַל־בֵּיתוֹ הָבֵא

אֶת־הָאֲנָשִׁים הַבָּיְתָה וּטְבֹחַ טֶבַח וְהָכֵן
כִּי אִתִּי יֹאכְלוּ הָאֲנָשִׁים בַּצָּהֳרָיִם׃
17 וַיַּעַשׂ הָאִישׁ כַּאֲשֶׁר אָמַר יוֹסֵף
וַיָּבֵא הָאִישׁ אֶת־הָאֲנָשִׁים בֵּיתָה יוֹסֵף׃
18 וַיִּירְאוּ הָאֲנָשִׁים כִּי הוּבְאוּ בֵּית יוֹסֵף
וַיֹּאמְרוּ עַל־דְּבַר הַכֶּסֶף הַשָּׁב בְּאַמְתְּחֹתֵינוּ
בַּתְּחִלָּה אֲנַחְנוּ מוּבָאִים לְהִתְגֹּלֵל
עָלֵינוּ וּלְהִתְנַפֵּל עָלֵינוּ
וְלָקַחַת אֹתָנוּ לַעֲבָדִים וְאֶת־חֲמֹרֵינוּ׃

제 16절: **טְבֹחַ טֶבַח** "짐승을 잡고" 문자적으로는 영어로"slaughter a slaughtering"이 된다.

여기서 **טֶבַח**는 동족목적어이다. 즉 동사와 같은 어근을 갖는 목적어를 동족목적어라고 한다. 우리말에서는 "꿈을 꾸다" 등을 들 수가 있다. 히브리어에서 이러한 용법은 일반적이라고 하겠다.

19 וַיִּגְּשׁוּ אֶל־הָאִישׁ אֲשֶׁר עַל־בֵּית יוֹסֵף
וַיְדַבְּרוּ אֵלָיו פֶּתַח הַבָּיִת׃
20 וַיֹּאמְרוּ בִּי אֲדֹנִי יָרֹד יָרַדְנוּ
בַּתְּחִלָּה לִשְׁבָּר־אֹכֶל׃
21 וַיְהִי כִּי־בָאנוּ אֶל־הַמָּלוֹן
וַנִּפְתְּחָה אֶת־אַמְתְּחֹתֵינוּ וְהִנֵּה
כֶסֶף־אִישׁ בְּפִי אַמְתַּחְתּוֹ כַּסְפֵּנוּ
בְּמִשְׁקָלוֹ וַנָּשֶׁב אֹתוֹ בְּיָדֵנוּ׃

제 20절: יָרֹ֥ד יָרַ֖דְנוּ

이 문장에서는 부정사 절대형이 무슨 의미를 강조하는 지가 불분명하다.

22 וְכֶ֧סֶף אַחֵ֛ר הוֹרַ֥דְנוּ בְיָדֵ֖נוּ לִשְׁבָּר־אֹ֑כֶל
לֹ֣א יָדַ֔עְנוּ מִי־שָׂ֥ם כַּסְפֵּ֖נוּ בְּאַמְתְּחֹתֵֽינוּ׃
23 וַיֹּ֩אמֶר֩ שָׁל֨וֹם לָכֶ֜ם אַל־תִּירָ֗אוּ אֱ֠לֹהֵיכֶם
וֵאלֹהֵ֨י אֲבִיכֶ֜ם נָתַ֨ן לָכֶ֤ם מַטְמוֹן֙ בְּאַמְתְּחֹ֣תֵיכֶ֔ם
כַּסְפְּכֶ֖ם בָּ֣א אֵלָ֑י וַיּוֹצֵ֥א אֲלֵהֶ֖ם אֶת־שִׁמְעֽוֹן׃
24 וַיָּבֵ֧א הָאִ֛ישׁ אֶת־הָאֲנָשִׁ֖ים בֵּ֣יתָה יוֹסֵ֑ף
וַיִּתֶּן־מַ֙יִם֙ וַיִּרְחֲצ֣וּ רַגְלֵיהֶ֔ם וַיִּתֵּ֥ן מִסְפּ֖וֹא לַחֲמֹרֵיהֶֽם׃
25 וַיָּכִ֙ינוּ֙ אֶת־הַמִּנְחָ֔ה עַד־בּ֥וֹא יוֹסֵ֖ף בַּֽצָּהֳרָ֑יִם
כִּ֣י שָֽׁמְע֔וּ כִּי־שָׁ֖ם יֹ֥אכְלוּ לָֽחֶם׃
26 וַיָּבֹ֤א יוֹסֵף֙ הַבַּ֔יְתָה וַיָּבִ֥יאּוּ ל֛וֹ אֶת־הַמִּנְחָ֥ה
אֲשֶׁר־בְּיָדָ֖ם הַבָּ֑יְתָה וַיִּשְׁתַּֽחֲווּ־ל֖וֹ אָֽרְצָה׃
27 וַיִּשְׁאַ֤ל לָהֶם֙ לְשָׁל֔וֹם וַיֹּ֗אמֶר
הֲשָׁל֛וֹם אֲבִיכֶ֥ם הַזָּקֵ֖ן אֲשֶׁ֣ר אֲמַרְתֶּ֑ם הַעוֹדֶ֖נּוּ חָֽי׃

제 27절: **הֲשָׁלוֹם אֲבִיכֶם הַזָּקֵן** "너희 아버지 너희가 말하던 그 노인이 안녕하시냐?" 명사문의 술어는 반드시 주어에게만 적용하는 낱말만이 가능한 것은 아니다. 이곳에서처럼 문장의 주어와 공통적인 자질을 공유하는 것으로도 충분하다. 28절에서 사용된 답변은 구문이 약간 다르다.

שָׁלוֹם לְעַבְדְּךָ לְאָבִינוּ "주의 종 우리 아비가 평안하고"

이를 문자적으로 번역하면 "당신의 종 우리 아비에게 평안이 있다"라는 의미이다.

28 וַיֹּאמְרוּ שָׁלוֹם לְעַבְדְּךָ
לְאָבִינוּ עוֹדֶנּוּ חָי וַיִּקְּדוּ (וישתחו) [וַיִּשְׁתַּחֲוּוּ]׃
29 וַיִּשָּׂא עֵינָיו וַיַּרְא אֶת־בִּנְיָמִין אָחִיו בֶּן־אִמּוֹ
וַיֹּאמֶר הֲזֶה אֲחִיכֶם הַקָּטֹן אֲשֶׁר אֲמַרְתֶּם אֵלָי
וַיֹּאמַר אֱלֹהִים יָחְנְךָ בְּנִי׃
30 וַיְמַהֵר יוֹסֵף כִּי־נִכְמְרוּ רַחֲמָיו אֶל־אָחִיו
וַיְבַקֵּשׁ לִבְכּוֹת וַיָּבֹא
הַחַדְרָה וַיֵּבְךְּ שָׁמָּה׃

제 28절: וַיִּקְּדוּ 어근이 קדד이다.

제 29절: יָחְנְךָ 어근이 חנן이다.

제 30절: 이 구절의 주문장은 וַיְמַהֵר יוֹסֵף......וַיָּבֹא הַחַדְרָה 이다. 한편 부문장은 כִּי로 시작하는 데, 이는 원인을 나타내는 부사절이다.

31 וַיִּרְחַץ פָּנָיו וַיֵּצֵא וַיִּתְאַפַּק וַיֹּאמֶר שִׂימוּ לָחֶם׃
32 וַיָּשִׂימוּ לוֹ לְבַדּוֹ וְלָהֶם לְבַדָּם
וְלַמִּצְרִים הָאֹכְלִים אִתּוֹ לְבַדָּם
כִּי לֹא יוּכְלוּן הַמִּצְרִים לֶאֱכֹל אֶת־הָעִבְרִים לֶחֶם
כִּי־תוֹעֵבָה הִוא לְמִצְרָיִם׃
33 וַיֵּשְׁבוּ לְפָנָיו הַבְּכֹר כִּבְכֹרָתוֹ
וְהַצָּעִיר כִּצְעִרָתוֹ וַיִּתְמְהוּ
הָאֲנָשִׁים אִישׁ אֶל־רֵעֵהוּ׃

34 וַיִּשָּׂא מַשְׂאֹת מֵאֵת פָּנָיו אֲלֵהֶם
וַתֵּרֶב מַשְׂאַת בִּנְיָמִן מִמַּשְׂאֹת
כֻּלָּם חָמֵשׁ יָדוֹת
וַיִּשְׁתּוּ וַיִּשְׁכְּרוּ עִמּוֹ׃

제 31절: וַיִּתְאַפַּק 히트파엘 동사에서는 강세의 영향으로 짧은 휴지(休止)가 되면 모음이 (‥)가 (_)로 변화된다.

제 32절: יוּכְלוּן 어미 ן은 고어체 어미이다. 미완료형에서 어근이 모음으로 끝나는 경우에 자주 나타난다 ☞ 참고 44:23 תֹסִפוּן

제 33절: וַיִּתְמְהוּ.........אִישׁ אֶל רֵעֵהוּ 함축구조 문장에 관한 42:28 설명을 참고하기 바람.

제 34절: וַיִּשָּׂא מַשְׂאוֹת "그가 자기식물로 (주되)" 3인칭 명령형이다. 그러나 수동태형 문장으로도 볼 수 있다.

☞ 참고 42:25 וַיַּעַשׂ לָהֶם כֵּן "(그들에게) 그대로 행하였더라"
חָמֵשׁ יָדוֹת "오배나, 다섯배나" 즉 이는 몫이 5배나 많은 것을 나타낸다.

창세기 44장 연구

44:1 וַיְצַו אֶת־אֲשֶׁר עַל־בֵּיתוֹ לֵאמֹר
מַלֵּא אֶת־אַמְתְּחֹת הָאֲנָשִׁים אֹכֶל
כַּאֲשֶׁר יוּכְלוּן שְׂאֵת וְשִׂים
כֶּסֶף־אִישׁ בְּפִי אַמְתַּחְתּוֹ׃
2 וְאֶת־גְּבִיעִי גְּבִיעַ הַכֶּסֶף תָּשִׂים
בְּפִי אַמְתַּחַת הַקָּטֹן וְאֵת כֶּסֶף
שִׁבְרוֹ וַיַּעַשׂ כִּדְבַר יוֹסֵף אֲשֶׁר דִּבֵּר׃
3 הַבֹּקֶר אוֹר
וְהָאֲנָשִׁים שֻׁלְּחוּ הֵמָּה וַחֲמֹרֵיהֶם׃

제 3,4절: **הַבֹּקֶר אוֹר וְהָאֲנָשִׁים שֻׁלְּחוּ** "개동시(開東時)에 사람들과 (나귀들을) 보내니라"

הֵם יָצְאוּ אֶת הָעִיר וְיוֹסֵף אָמַר "그들이 성에서 나가 (멀리 가기 전에)요셉이 이르되"

וְהִשַּׂגְתָּם וְאָמַרְתָּ אֲלֵיהֶם "그 사람들의 뒤를 따라 미칠 때에, 그들에게 이르기를" 이곳에서 때를 나타내는 부사적 표현이 3번 반복되고 있

다. 히브리어에서는 이처럼 때를 나타내는 표현을 접속사 ו를 이용하는 경우가 많다. 37:4의 וַיִּרְאוּ אֶחָיו에 대한 설명을 참고하기 바람.

לֹא הִרְחִיק “멀리 가기 전에” 동사 **יָצְאוּ**를 한정하는 상황을 묘사하는 동사구이다. 접속사 ו를 사용하지 않고서도 동등구로 표현되었다. 12절에서도 상황을 묘사하는 동사구가 나타나고 있다.

וַיְחַפֵּשׂ בַּגָּדוֹל הֵחֵל וּ בַקָּטֹן כִּלָּה “그가 나이 많은 자에게서부터 시작하여 나이 적은 자에게까지 수탐하매”

4 הֵם יָצְאוּ אֶת־הָעִיר לֹא הִרְחִיקוּ
וְיוֹסֵף אָמַר לַאֲשֶׁר עַל־בֵּיתוֹ
קוּם רְדֹף אַחֲרֵי הָאֲנָשִׁים וְהִשַּׂגְתָּם וְאָמַרְתָּ אֲלֵהֶם
לָמָּה שִׁלַּמְתֶּם רָעָה תַּחַת טוֹבָה׃
5 הֲלוֹא זֶה אֲשֶׁר יִשְׁתֶּה אֲדֹנִי בּוֹ
וְהוּא נַחֵשׁ יְנַחֵשׁ בּוֹ הֲרֵעֹתֶם
אֲשֶׁר עֲשִׂיתֶם׃
6 וַיַּשִּׂגֵם וַיְדַבֵּר אֲלֵהֶם אֶת־הַדְּבָרִים הָאֵלֶּה׃

제 5절: **וְהוּא נַחֵשׁ יְנַחֵשׁ בּוֹ** “이것은 (내 주인이 가지고) 늘 점치는데 쓰는 것이로다”

הֲרֵעֹתֶם 어근 **רעע**. **הֲרֵעֹתֶם אֲשֶׁר עֲשִׂיתֶם** “너희가 이같이 하니 악하도다” 영어로 직역을 하면 다음과 같다.“you did evil (in that) which you did”, “너희가 행함으로써 너희가 악을 행한 것이로다.”

יֹאמְרוּ אֵלָיו לָמָּה יְדַבֵּר אֲדֹנִי
כַּדְּבָרִים הָאֵלֶּה חָלִילָה
לַעֲבָדֶיךָ מֵעֲשׂוֹת כַּדָּבָר הַזֶּה׃
8 הֵן כֶּסֶף אֲשֶׁר מָצָאנוּ בְּפִי אַמְתְּחֹתֵינוּ
הֱשִׁיבֹנוּ אֵלֶיךָ מֵאֶרֶץ כְּנָעַן
וְאֵיךְ נִגְנֹב מִבֵּית אֲדֹנֶיךָ כֶּסֶף אוֹ זָהָב׃
9 אֲשֶׁר יִמָּצֵא אִתּוֹ מֵעֲבָדֶיךָ וָמֵת
וְגַם־אֲנַחְנוּ נִהְיֶה לַאדֹנִי לַעֲבָדִים׃

제 8절: **וְאֵיךְ נִגְנֹב** “우리가 어찌 도적질하리이까?” 10.3과 37:20의 설명을 참고하기 바람.

제 9절: **וְגַם אֲנַחְנוּ** “또한 우리들은”(도둑질한 사람을 제외한 나머지 사람을 일컫는 부분 복수로 사용되었다. 유사한 표현이 10절과 17절의 **אַתֶּם** 에서도 나타난다. 즉 2인칭 중에 발견되지 않은 사람만을 가리킨다; 42:19에서도 동일한 용법이 사용되었다).

10 וַיֹּאמֶר גַּם־עַתָּה כְדִבְרֵיכֶם
כֶּן־הוּא אֲשֶׁר יִמָּצֵא אִתּוֹ
יִהְיֶה־לִּי עָבֶד וְאַתֶּם תִּהְיוּ נְקִיִּם׃
11 וַיְמַהֲרוּ וַיּוֹרִדוּ אִישׁ אֶת־אַמְתַּחְתּוֹ אָרְצָה
וַיִּפְתְּחוּ אִישׁ אַמְתַּחְתּוֹ׃
12 וַיְחַפֵּשׂ בַּגָּדוֹל הֵחֵל
וּבַקָּטֹן כִּלָּה
וַיִּמָּצֵא הַגָּבִיעַ בְּאַמְתַּחַת בִּנְיָמִן׃

제 10절: **גַּם עַתָּה כְדִבְרֵיכֶם כֶּן הוּא** “그러면 (지금) 너희 말과 같이 하리라” 여기에서는 “너희의 말이 옳다면” 이라는 조건절이 함축되어 있다.

13 וַֽיִּקְרְע֖וּ שִׂמְלֹתָ֑ם וַֽיַּעֲמֹס֙ אִ֣ישׁ
עַל־חֲמֹר֔וֹ וַיָּשֻׁ֖בוּ הָעִֽירָה׃
14 וַיָּבֹ֨א יְהוּדָ֤ה וְאֶחָיו֙ בֵּ֣יתָה יוֹסֵ֔ף
וְה֖וּא עוֹדֶ֣נּוּ שָׁ֑ם
וַיִּפְּל֥וּ לְפָנָ֖יו אָֽרְצָה׃
לָהֶם֙ יוֹסֵ֔ף מָֽה־הַמַּעֲשֶׂ֥ה הַזֶּ֖ה אֲשֶׁ֣ר עֲשִׂיתֶ֑ם הֲל֣וֹא
15 וַיֹּ֤אמֶר
יְדַעְתֶּ֔ם כִּֽי־נַחֵ֥שׁ יְנַחֵ֛שׁ אִ֖ישׁ אֲשֶׁ֥ר כָּמֹֽנִי׃
16 וַיֹּ֣אמֶר יְהוּדָ֗ה מַה־נֹּאמַר֙ לַֽאדֹנִ֔י
מַה־נְּדַבֵּ֖ר וּמַה־נִּצְטַדָּ֑ק
הָאֱלֹהִ֗ים מָצָא֙ אֶת־עֲוֹ֣ן עֲבָדֶ֔יךָ
הִנֶּ֤נּוּ עֲבָדִים֙ לַֽאדֹנִ֔י גַּם־אֲנַ֕חְנוּ
גַּ֛ם אֲשֶׁר־נִמְצָ֥א הַגָּבִ֖יעַ בְּיָדֽוֹ׃
17 וַיֹּ֕אמֶר חָלִ֣ילָה לִּ֔י מֵעֲשׂ֖וֹת זֹ֑את
הָאִ֡ישׁ אֲשֶׁר֩ נִמְצָ֨א הַגָּבִ֜יעַ
בְּיָד֗וֹ ה֚וּא יִהְיֶה־לִּ֣י עָ֔בֶד
וְאַתֶּ֕ם עֲל֥וּ לְשָׁל֖וֹם אֶל־אֲבִיכֶֽם׃ פ
18 וַיִּגַּ֨שׁ אֵלָ֜יו יְהוּדָ֗ה וַיֹּאמֶר֮
בִּ֣י אֲדֹנִ֒י יְדַבֶּר־נָ֨א עַבְדְּךָ֤ דָבָר֙
בְּאָזְנֵ֣י אֲדֹנִ֔י וְאַל־יִ֥חַר אַפְּךָ֖ בְּעַבְדֶּ֑ךָ
כִּ֥י כָמ֖וֹךָ כְּפַרְעֹֽה׃

제 14절: **וַיָּבֹא יְהוּדָה וְאֶחָיו**......**וַיִּפְּלוּ** 등위접속사로 연결된 두개이상의 주어를 갖는 경우를 보여준다. 이런 경우 앞 문장은 동사가 단지 첫 번째 명사에게 일치하고 있으나, 뒤에 오는 동사는 복수형을 취하는 것이 일반적이다.

제 18절: **בְּאָזְנֵי אֲדֹנִי** "내 주의 귀에"이 어구가 있는 전체문장을 살펴보자. "내 주여 청컨데 종으로 내 주의 귀에 한 말씀을 고하게 하소서" 따라서 이 어구는 주께서 내 말을 호의적으로 들어달라는 간구의 의미이지 은밀하게 말하겠다는 의미가 아니다. 이 구절에서도 인칭의 변화 용법이 나온다. 이에 대한 설명은 42:13의 설명을 참조하기 바람

כָּמוֹךָ כְּפַרְעֹה "주(당신)는 바로와 같으심이니이다"

이 구문은 **כְּ**.....**כְּ**와 같은 상관 접속사를 이용한 히브리어 관용구이다. 이 구문의 의미는 "a 는 b와 같다"는 의미와 "b는 a와 같다"는 두 가지 의미를 다 포괄하는 개념이다.

19 אֲדֹנִ֣י שָׁאַ֔ל אֶת־עֲבָדָ֖יו לֵאמֹ֑ר
הֲיֵשׁ־לָכֶ֥ם אָ֖ב אוֹ־אָֽח׃
20 וַנֹּ֙אמֶר֙ אֶל־אֲדֹנִ֔י יֶשׁ־לָ֙נוּ֙ אָ֣ב זָקֵ֔ן
וְיֶ֥לֶד זְקֻנִ֖ים קָטָ֑ן וְאָחִ֣יו מֵ֗ת
וַיִּוָּתֵ֨ר ה֧וּא לְבַדּ֛וֹ לְאִמּ֖וֹ וְאָבִ֥יו אֲהֵבֽוֹ׃
21 וַתֹּ֙אמֶר֙ אֶל־עֲבָדֶ֔יךָ הוֹרִדֻ֖הוּ אֵלָ֑י
וְאָשִׂ֥ימָה עֵינִ֖י עָלָֽיו׃
22 וַנֹּ֙אמֶר֙ אֶל־אֲדֹנִ֔י לֹא־יוּכַ֥ל הַנַּ֖עַר
לַעֲזֹ֣ב אֶת־אָבִ֑יו וְעָזַ֥ב

אֶת־אָבִיו וָמֵת׃
23 וַתֹּאמֶר אֶל־עֲבָדֶיךָ
אִם־לֹא יֵרֵד אֲחִיכֶם הַקָּטֹן אִתְּכֶם
לֹא תֹסִפוּן לִרְאוֹת פָּנָי׃
24 וַיְהִי כִּי עָלִינוּ אֶל־עַבְדְּךָ אָבִי
וַנַּגֶּד־לוֹ אֵת דִּבְרֵי אֲדֹנִי׃

제 20절: אֲהֵבוֹ "그를 사랑하나이다";
상태동사의 모음변화를 참고하기 바람.
상태동사 אָהַב는 접미대명사가 첨가되면 중근모음이 ֵ 로 변화한다.

제 22절: וְעָזַב......וָמֵת 42:38의 설명을 참고하기 바람.

25 וַיֹּאמֶר אָבִינוּ שֻׁבוּ שִׁבְרוּ־לָנוּ מְעַט־אֹכֶל׃
26 וַנֹּאמֶר לֹא נוּכַל לָרֶדֶת
אִם־יֵשׁ אָחִינוּ הַקָּטֹן אִתָּנוּ וְיָרַדְנוּ
כִּי־לֹא נוּכַל לִרְאוֹת פְּנֵי הָאִישׁ
וְאָחִינוּ הַקָּטֹן אֵינֶנּוּ אִתָּנוּ׃
27 וַיֹּאמֶר עַבְדְּךָ אָבִי אֵלֵינוּ אַתֶּם יְדַעְתֶּם
כִּי שְׁנַיִם יָלְדָה־לִּי אִשְׁתִּי׃

제 26절: וְאָחִינוּ הַקָּטֹן אֵינֶנּוּ אִתָּנוּ "말째 아우가 우리와 함께 함이 아니면," 이 구문은 상황을 나타내는 부사절로 등위접속사 ו에 의

해 주문장과 연결되어 있다

☞ 참고 30절, 34절
וְהַנַּעַר אֵינֶנּוּ אִתָּנוּ "아이가 우리와 함께 하지 아니하면"

제 27절: **אַתֶּם יְדַעְתֶּם** 독립대명사가 주어로 사용되어 강조적으로 쓰이고 있다.
☞ 참고 17절 **הוּא יִהְיֶה** "그만이 (나의 종)이 되리라"
이 구절에서 야곱은 그들이 알고있는 전모를 알려주면서, 그들이 무심히 했던 것을 일깨워주고 있다. 따라서 **אַתֶּם יְדַעְתֶּם**은 "내가 바로 너희들에게 알리노니"라는 의미이다. **כִּי שְׁנַיִם** "단지 두 아들을"

28 וַיֵּצֵא הָאֶחָד מֵאִתִּי
וָאֹמַר אַךְ טָרֹף טֹרָף
וְלֹא רְאִיתִיו עַד־הֵנָּה׃
29 וּלְקַחְתֶּם גַּם־אֶת־זֶה מֵעִם פָּנַי
וְקָרָהוּ אָסוֹן וְהוֹרַדְתֶּם
אֶת־שֵׂיבָתִי בְּרָעָה שְׁאֹלָה׃
30 וְעַתָּה כְּבֹאִי אֶל־עַבְדְּךָ אָבִי
וְהַנַּעַר אֵינֶנּוּ אִתָּנוּ
וְנַפְשׁוֹ קְשׁוּרָה בְנַפְשׁוֹ׃
31 וְהָיָה כִּרְאוֹתוֹ כִּי־אֵין הַנַּעַר
וָמֵת וְהוֹרִידוּ עֲבָדֶיךָ אֶת־שֵׂיבַת
עַבְדְּךָ אָבִינוּ בְּיָגוֹן שְׁאֹלָה׃
32 כִּי עַבְדְּךָ עָרַב אֶת־הַנַּעַר מֵעִם אָבִי

לֵאמֹר אִם־לֹא אֲבִיאֶנּוּ אֵלֶיךָ
וְחָטָאתִי לְאָבִי כָּל־הַיָּמִים׃
33 וְעַתָּה יֵשֶׁב־נָא עַבְדְּךָ
תַּחַת הַנַּעַר עֶבֶד לַאדֹנִי
וְהַנַּעַר יַעַל עִם־אֶחָיו׃
34 כִּי־אֵיךְ אֶעֱלֶה אֶל־אָבִי
וְהַנַּעַר אֵינֶנּוּ אִתִּי פֶּן אֶרְאֶה בָרָע
אֲשֶׁר יִמְצָא אֶת־אָבִי׃

제 29절: ......וּלְקַחְתֶּם

영어의 if ... then에 해당하는 "그리하면 ... 하리라"는 조건의 가정법에 해당하는 표현은 완료 계속법을 사용한다.

제 30절: וְנַפְשׁוֹ קְשׁוּרָה בְנַפְשׁוֹ

"그의 생명과 (아이)의 생명이 서로 결탁되었거늘"

제 32절: כִּי עַבְדְּךָ עָרַב "주의 종이 (아이)를 담보하기를"; 27.5(다). 이 구절에서는 유다가 다음절에 고귀한 청(請)을 제안하는 동기가 제공된다.

제 34절: פֶּן "조건문의 부정을 나타낸다. 영어의 could not이나 lest에 해당한다.

창세기 45장 연구

45:1 וְלֹא־יָכֹל יוֹסֵף לְהִתְאַפֵּק
לְכֹל הַנִּצָּבִים עָלָיו
וַיִּקְרָא הוֹצִיאוּ כָל־אִישׁ מֵעָלָי
וְלֹא־עָמַד אִישׁ אִתּוֹ בְּהִתְוַדַּע
יוֹסֵף אֶל־אֶחָיו׃
2 וַיִּתֵּן אֶת־קֹלוֹ בִּבְכִי
וַיִּשְׁמְעוּ מִצְרַיִם וַיִּשְׁמַע בֵּית פַּרְעֹה׃
3 וַיֹּאמֶר יוֹסֵף אֶל־אֶחָיו אֲנִי יוֹסֵף
הַעוֹד אָבִי חָי וְלֹא־יָכְלוּ
אֶחָיו לַעֲנוֹת אֹתוֹ כִּי נִבְהֲלוּ מִפָּנָיו׃

제 1절: **לְכָל** 전치사 **ל**가 이곳에서는 "--앞에서"라는 뜻으로 의미가 전이되었다.

제 2절: **וַיִּתֵּן אֶת קֹלוֹ בִּבְכִי** "그가 방성대곡하니" ; 이 어구는 1마음속에 있는 감정을 발산하는 표현이라고 할 수 있다.

4 וַיֹּאמֶר יוֹסֵף אֶל־אֶחָיו גְּשׁוּ־נָא אֵלַי
וַיִּגָּשׁוּ וַיֹּאמֶר אֲנִי יוֹסֵף
אֲחִיכֶם אֲשֶׁר־מְכַרְתֶּם אֹתִי מִצְרָיְמָה׃
5 וְעַתָּה ׀ אַל־תֵּעָצְבוּ וְאַל־יִחַר בְּעֵינֵיכֶם
כִּי־מְכַרְתֶּם אֹתִי הֵנָּה
כִּי לְמִחְיָה שְׁלָחַנִי אֱלֹהִים לִפְנֵיכֶם׃
6 כִּי־זֶה שְׁנָתַיִם הָרָעָב בְּקֶרֶב הָאָרֶץ
וְעוֹד חָמֵשׁ שָׁנִים אֲשֶׁר
אֵין־חָרִישׁ וְקָצִיר׃

제 4절: **אֲשֶׁר מְכַרְתֶּם אֹתִי** 회고적으로 쓰여 **אֹתִי**는 **אֲחִיכֶם** 보다는 **אֲנִי יוֹסֵף**와 일치하는 강조적 용법으로 사용되었다.

제 6절: **אֵין חָרִישׁ וְקָצִיר** "기경도 못하고 추수도 못할지니라" 여기에서는 **חָרִישׁ**와 **קָצִיר**가 연결되어 하나의 개념을 형성하고 있다. 왜냐하면 기경이나 추수가 다 없다는 말이 아니라, 추수를 만드는 기경이 더 이상 없다는 의미이다.

7 וַיִּשְׁלָחֵנִי אֱלֹהִים לִפְנֵיכֶם
לָשׂוּם לָכֶם שְׁאֵרִית בָּאָרֶץ
וּלְהַחֲיוֹת לָכֶם לִפְלֵיטָה גְּדֹלָה׃
8 וְעַתָּה לֹא־אַתֶּם שְׁלַחְתֶּם אֹתִי
הֵנָּה כִּי הָאֱלֹהִים וַיְשִׂימֵנִי

לְאָבלְפַרְעֹהוּלְאָדוֹן לְכָל־בֵּיתוֹ
וּמֹשֵׁל בְּכָל־אֶרֶץ מִצְרָיִם׃
9 מַהֲרוּ וַעֲלוּ אֶל־אָבִי
וַאֲמַרְתֶּם אֵלָיו כֹּה אָמַר בִּנְךָ יוֹסֵף
שָׂמַנִי אֱלֹהִים לְאָדוֹן לְכָל־מִצְרָיִם
רְדָה אֵלַי אַל־תַּעֲמֹד׃
10 וְיָשַׁבְתָּ בְאֶרֶץ־גֹּשֶׁן
וְהָיִיתָ קָרוֹב אֵלַי אַתָּה וּבָנֶיךָ וּבְנֵי בָנֶיךָ
וְצֹאנְךָ וּבְקָרְךָ וְכָל־אֲשֶׁר־לָךְ׃
11 וְכִלְכַּלְתִּי אֹתְךָ שָׁם
כִּי־עוֹד חָמֵשׁ שָׁנִים רָעָב פֶּן־תִּוָּרֵשׁ אַתָּה
וּבֵיתְךָ וְכָל־אֲשֶׁר־לָךְ׃
12 וְהִנֵּה עֵינֵיכֶם רֹאוֹת וְעֵינֵי אָחִי בִנְיָמִין
כִּי־פִי הַמְדַבֵּר אֲלֵיכֶם׃

제 7절: **לָשׂוּם לָכֶם שְׁאֵרִית** "당신들의 후손을 (세상에) 두시려고"; 다시말하면 당신과 당신의 후손을 세상에서 생존하는 것을 보증한다는 의미이다.

לָכֶם 이곳에서 전치사구가 **לְהַחֲיוֹת אֶתְכֶם** = **וּלְהַחֲיוֹת לָכֶם** 이 된 이유는 아마도 **לָשׂוּם לָכֶם**의 영향에 의한 것으로 생각된다.

לִפְלֵיטָה גְּדֹלָה 이 문장에서의 의미가 불분명하다. 즉 기근 중에서 생존한 많은 후손들을 의미하는 "큰 무리의 생존자들에게"로 이해하는 경우와, 그들을 이끌어내는 놀랄만한 구원 방법을 의미하는 "큰 구원으로"라는 두 가지 해석이 받아들여진다.

제 12절: **פִּי הַמְדַבֵּר** "이 말을 하는 것은 바로 내 입이라"

일반적으로 명사문의 술어는 관사를 갖지 않는다. 그러나 관사를 갖는 경우에는 강조적 용법이다.

☞ 참고 42:6의 설명

13 וְהִגַּדְתֶּם לְאָבִי אֶת־כָּל־כְּבוֹדִי בְּמִצְרַיִם
וְאֵת כָּל־אֲשֶׁר רְאִיתֶם וּמִהַרְתֶּם
וְהוֹרַדְתֶּם אֶת־אָבִי הֵנָּה׃
14 וַיִּפֹּל עַל־צַוְּארֵי בִנְיָמִן־אָחִיו וַיֵּבְךְּ
וּבִנְיָמִן בָּכָה עַל־צַוָּארָיו׃
15 וַיְנַשֵּׁק לְכָל־אֶחָיו וַיֵּבְךְּ עֲלֵיהֶם
וְאַחֲרֵי כֵן דִּבְּרוּ אֶחָיו אִתּוֹ׃
16 וְהַקֹּל נִשְׁמַע בֵּית פַּרְעֹה
לֵאמֹר בָּאוּ אֲחֵי יוֹסֵף
וַיִּיטַב בְּעֵינֵי פַרְעֹה וּבְעֵינֵי עֲבָדָיו׃

19 וְאַתָּה צֻוֵּיתָה זֹאת עֲשׂוּ
קְחוּ־לָכֶם מֵאֶרֶץ מִצְרַיִם עֲגָלוֹת
לְטַפְּכֶם וְלִנְשֵׁיכֶם וּנְשָׂאתֶם אֶת־אֲבִיכֶם וּבָאתֶם׃
20 וְעֵינְכֶם אַל־תָּחֹס עַל־כְּלֵיכֶם
כִּי־טוּב כָּל־אֶרֶץ מִצְרַיִם לָכֶם הוּא׃
21 וַיַּעֲשׂוּ־כֵן בְּנֵי יִשְׂרָאֵל
וַיִּתֵּן לָהֶם יוֹסֵף עֲגָלוֹת עַל־פִּי פַרְעֹה
וַיִּתֵּן לָהֶם צֵדָה לַדָּרֶךְ׃

제 19절: **וְאַתָּה צֻוֵּיתָה** “이제 (너는) 명을 받았으니”

22 לְכֻלָּ֥ם נָתַ֛ן לָאִ֖ישׁ חֲלִפ֣וֹת שְׂמָלֹ֑ת
וּלְבִנְיָמִ֤ן נָתַן֙ שְׁלֹ֣שׁ מֵא֣וֹת
כֶּ֔סֶף וְחָמֵ֖שׁ חֲלִפֹ֥ת שְׂמָלֹֽת׃
23 וּלְאָבִ֞יו שָׁלַ֤ח כְּזֹאת֙ עֲשָׂרָ֣ה
חֲמֹרִ֔ים נֹשְׂאִ֖ים מִטּ֣וּב מִצְרָ֑יִם
וְעֶ֣שֶׂר אֲתֹנֹ֡ת נֹֽשְׂאֹת֩ בָּ֨ר וָלֶ֧חֶם וּמָז֛וֹן לְאָבִ֖יו לַדָּֽרֶךְ׃
24 וַיְשַׁלַּ֥ח אֶת־אֶחָ֖יו וַיֵּלֵ֑כוּ
וַיֹּ֣אמֶר אֲלֵהֶ֔ם אַֽל־תִּרְגְּז֖וּ בַּדָּֽרֶךְ׃
25 וַֽיַּעֲל֖וּ מִמִּצְרָ֑יִם וַיָּבֹ֙אוּ֙ אֶ֣רֶץ כְּנַ֔עַן אֶל־יַעֲקֹ֖ב אֲבִיהֶֽם׃
26 וַיַּגִּ֨דוּ ל֜וֹ לֵאמֹ֗ר ע֚וֹד יוֹסֵ֣ף חַ֔י
וְכִֽי־ה֥וּא מֹשֵׁ֖ל בְּכָל־אֶ֣רֶץ
מִצְרָ֑יִם וַיָּ֣פָג לִבּ֔וֹ כִּ֥י לֹא־הֶאֱמִ֖ין לָהֶֽם׃
27 וַיְדַבְּר֣וּ אֵלָ֗יו אֵ֣ת כָּל־דִּבְרֵ֤י יוֹסֵף֙
אֲשֶׁ֣ר דִּבֶּ֣ר אֲלֵהֶ֔ם וַיַּרְא֙ אֶת־הָ֣עֲגָל֔וֹת אֲשֶׁר־שָׁלַ֥ח יוֹסֵ֖ף

제 23절: **כְּזֹאת** “이와 같이”

제 26절: **וְכִי** 인용문으로 보아서는 안된다. 예기치 않은 일에 대한 화자(話者)의 서술문으로 보아야 한다. 그 이유는 **וַיַּגִּדוּ.....לֵאמֹר**에 종속되어 있기 때문이다

히브리어 어휘집

א 알렙, 히브리어의 첫 번째 문자

אָב(명사) 아버지. אָבִיו 그의 아버지.

אָבוֹת 조상들.

אָבַד(동사) 멸망하다.

אָבָה(동사) -을 원하다.

אָבַל(동사)울다. 애곡하다.הִתְאַבֵּל(히트파엘). הִתְאַבְּלוּ(히트파엘 완료 3인칭 복수).

אָדוֹן 주인 אֲדוֹנִי 나의 주인(상대를 높여부르는 말) בִּי אֲדוֹנִי 제발. 나의 주인님이시여(상관에게 요청할 때 주로 쓴다). ־אֲדוֹנֵי -의 주인(연계형 복수). 여기서는 복수가 존엄의 의미로 사용됨.

אָהַב 사랑하다. 그가 사랑했다. אָהֲבָה (칼 완료 3인칭 여성 단수) 그녀가 사랑했다. אָהֲבוּ(칼 완료 3인칭 복수) 그들이 사랑했다.

אוֹ 또는, 혹은(영어의 or에 해당).

אוֹר(동사) 빛을 비추다. 날이 밝다, 밝다, (히)밝히다.

אָז 그때에, 그리하여.

אֹזֶן 귀. אָזְנַיִם(쌍수) 귀들.

אָח 형제. אָחִינוּ 우리의 형제. אַחִים 형제들. אַחַי 나의 형제들. אַחֶיךָ 당신의 형제들. אֶחָיו 그의 형제들.

אֶחָד(수사) 하나. 일(남). אַחַד־עָשָׂה 십일(11).

אָחַז (동사) 사랑하다

אַחַר(전치사) -후에. אַחֲרֵיהֶן 그들 뒤에. 혹은 그것들(여성) 뒤에.

אָחַר (동사)늦다. 늦게 오다

אַחַת(수사) 일, 하나(여성형)

?אֵיךְ(의문사) 어떻게?(how 방법을 나타내는 의문사).

אֵין(명사문의 부정어) 없다. 아니다 (명사문의 부정어나 혹은 소유의 반대말을 나타낼 때에 사용한다).אֵינֶנּוּ

אֵיפֹה(의문사) 어디에?

אִישׁ 명사로는 사람 혹은 남편의 의미를 갖지만, 부사로는 각각(each)의 의미로 사용된다.

אָכַל (동사) 그가 먹었다. אָכְלוּ(칼 완료 3인칭 복수). יֹאכְלוּ(칼 미완료 3인칭 남성 복수) 그들이 먹을 것이다. נֹאכַל(칼 미완료 1인칭 복수). לֶאֱכֹל (칼 부정사 연계형). אֹכֶל 음식. 식량.

אֶל(전치사) -에게 (to) אֵלַי 나에게. אֲלֵיכֶם 너희들에게.

אֵלֶּה(지시대명사) 이것들.

אֱלֹהִים 하나님.

אָלַם(동사) 그가 (곡식단)을 묶었다 (단지אֲלֻמָּה와 함께 사용된다) מְאַלֵּם (분사. מְאַלְּמִים남성복수형) 묶다. 묶는.

אֲלֻמָּה 곡식단. אֲלֻמָּתִי 나의 곡식단. אֲלֻמֹּתֵיכֶם 너희들의 곡식단.

אֵם 어머니. 엄마

אָמֵן (동사) 그것이 사실이다. 믿다, 신뢰하다 נֶאֱמַן(니팔 완료 3인칭 남성 단수) 그것이 확증되었다. הֶאֱמִין (히필 완료 3인칭 남성 단수) 그가 믿었다. וַיַּאֲמֵן(히필 미완료 계속 3인칭 남성 단수).

אָמַר 말하다. 그가 말했다. וַנֹּאמֶר(칼 미완료 계속 1인칭 복수). וַיֹּאמֶר(칼 미완료 계속 3인칭 남성 단수) 그가 말했다. אוֹמֵר(분사남성단수) 말을 하는. אוֹמְרִים(분사남성복수). לֵאמֹר (부정사) 말하는 것("가로되").

אָסַף (동사) 모으다

אָסַר (동사) 묶다. 가두다. נֶאֱסַר(니팔).

אֱמֶת 진리. 참. 사실. הַאֱמֶת עִמָּכֶם 진리가 너희와 함께 하느냐?(너희의 말이 사실이냐?는 의미이다.)

אַמְתַּחַת 안낭(鞍囊). 안장에 다는 자루.

אִם(접속사) 만일 -하면(영어의 if에 해당). אִם כֵּן 만일 그렇다면.

אֵם 어머니. אִמְּךָ 당신의 어머니.

אָנָה(הָ + אָן) 어디에? 어디로?

אֱנוֹשׁ(명사) 사람, 사람들 (시에서 주로 사용)

אָסוֹן(명사) 재해. 재난.

אָסוּר 갇히우는. 간수.

אָסַף(동사) 그가 모았다. 그가 묶었다. 결박하였다. אָסַפְתָּ(칼 완료 2인칭 남성 단수). אֲסַפְתֶּם(칼 완료 2인칭 남성 복수). יֵאָסֵף(간접명령) 그가 모으게 하라. אָסוּר(수동 분사형)갇히우는. יֵאָסֵר(니팔 미완료 3인칭 남성 단수)그가 갇힐 것이다. יֵאָסְרוּ(니팔 미완료 3인칭 남성 복수). תֵּאָסַפְנָה (니팔 미완료 3인칭 여성 복수).

בֵּית אֲסוּרִים 감옥. 감방.

אָפָה (빵을)굽다.

אָפַק 붙들다. 강하게 하다. לְהִתְאַפֵּק (히트파엘 부정사) 자신의 감정을 억제하는 것(부정사) הִתְאַפֵּק "그는 스스로 자제했다"

אֹרַח(명사) 땅, (사람이 가야할) 길 (시에서 사용)

אֹרְחָה(명사) 대상(大商).

אָרַךְ(동사) 길게 하다

אֶרֶץ(명사) 땅. אַרְצָה땅으로. אֲרָצוֹת 땅들. הָאָרֶץ 그 땅

אָרַר(동사) 저주하다.

אִשָּׁה 아내. 여자. נָשִׁים 아내들. 여자들. אִשְׁתּוֹ 그의 아내. 그의 여자.

אָשֵׁם 죄를 지은. 그릇된. אֲשָׁמִים 죄.

불의.

אֲשֶׁר(관계대명사) -하는 바.

אַתְּ(여성 단수 인칭대명사) 너. 당신.

אֶת(전치사) with. -와 함께.

אֶת(전치사) -를 (한정 목적어를 동반함) אֹתָהּ 그녀를. 그것을(여성 목적어). אֹתוֹ 그를. 그것을(וֹ + את)

אָתָה(동사) 오다, 가다 (시어에서 사용)

אָתוֹן(명사) 암나귀

בְּ(전치사) in. בּוֹ 그 안에. 그것 안에.

בָּאֵר (동사) 설명하다

בָּהַל 겁내다. נִבְהַל(니팔) -에게 겁을 먹었다.

בּוֹא 오다. 가다. בָּא(칼) 그가 왔다. א נָבוֹא(칼 미완료 1인칭 복수) 우리가 올 것이다. וַיָּבוֹאוּ(칼 미완료 계속 3인칭 남성 복수). יָבוֹא(칼간접명령) 그가 가게 하여라. בָּא(칼분사 남성 단수) 오고 가는. 다가오는. בָּאוֹת(칼 분사여성복수). בוֹאִי(부정사) 나의 오고 감. כְּבוֹאִי(부정사) 내가 오고 가는 것처럼. הֵבִיא(히필 완료 3인칭 단수) 그가 데려왔다. 데려갔다. אוב וַיָּבֵא(히필 미완료 계속 3인칭 남성 단수) 그가 데려왔다. וַיָּבִיאוּ(히필 미완료 계속 3인칭 남성 복수. הָבֵא! (히필명령남성단수) 데려오라! בִיאוּ! הָ(히필명령남성복수) (너희가) 가지고 가라! מוּבָא (호팔수동분사).מָבוֹא 입구. 입장.

בּוֹר 우물. 웅덩이.

בּוֹשׁ(동사) 부끄러워하다.

בָּזַז(동사) 약탈하다

בָּחַן(동사) 그가 시험했다. נִבְחַן(니팔 완료 3인칭 남성 단수) 그가 시험을 당했다. יִבָּחֲנוּ(니팔 미완료 3인칭 남성 복수) 그들이 시험을 받을 것이다. תִּבָּחֲנוּ(니팔 미완료 2인칭 남성 복수) 너희가 시험을 받을 것이다.

בָּחַר(동사) 선택하다

בָּטַח(동사) 믿다, 신뢰하다

בָּטַל(동사) 끝내다, 그만두다

בִּטְרֶם(전치사) -전에

בִּי 제발(please) בִּי אֲדוֹנִי 제발. 나의 주인님이시여(상관에게 요청할 때 주로 쓴다).

בִּין (동사) 이해하다. מֵבִין (분사)

בֵּין(전치사) -사이에. בֵּינוֹתָם 그들(혹은 그것들) 사이에.

בַּיִת(명사) 집. בָּתִּים(복수) בֵּית(연계형) אֲשֶׁר עַל הַבַּיִת 청지기(집에서 시중드는 자).

בָּכָה(동사) 울다. וַיֵּבְךְּ(칼 미완료 계속 3인칭 남성 단수). בָּכוּ(칼 완료 3인칭 복수). לִבְכּוֹת(칼 부정사 연계형) 우는 것.

בַּל -이 아니다, (시어의 부정어)

בָּלָה(동사) 닳다, 낡다

בִּלְהָה 빌하.

בָּלַע(동사) 삼키다, 들이키다

בִּנְיָמִין 벤야민.

בֵּן 아들. בְּנִי 나의 아들. בִּנְךָ 당신의 아들. בְּנוֹ 그의 아들. בָּנָיו 그의 아들들. בֶּן זְקֻנִים 늦둥이(나이들어 얻은 아들).

בָּנָה(동사) 세우다, 건축하다

בַּעַל 주인. 소유자. 남편. בַּעַל חֲלוֹמוֹת 꿈의 소유자.

בֹּקֶר(명사) 아침.

בָּקַר(동사) 물어보다, 찾다

בָּקַשׁ(동사) 찾다, 조사하다 בִּקֵּשׁ(피엘 완료) 그가 찾으려 노력했다. תְּבַקֵּשׁ(피엘 미완료 3인칭 남성 단수). תְּבַקֵּשׁ(피엘 미완료) 네가 간구할 것이다(피엘 미완료). מְבַקֵּשׁ 간구하는(피엘 분사). בֻּקַּשׁ(푸알 완료) 그것이 발견되었다.

בָּרָא(동사) 창조하다

בָּרַח(동사) 피하다

בָּרַךְ(동사) 무릎을 꿇다, 축복하다 בֵּרַךְ(피엘) 축복하다. בֹּרַךְ(푸알) 그가 복을 받았다.

בָּרַר(동사) 깨끗이 하다

בָּשַׁל(동사) 익히다, 끓이다

בַּת(동사) 딸. בְּנוֹתָיו 그의 딸들.

בְּתוֹךְ(전치사)-가운데에(in the middle of).

גָּאַל(동사) 구속하다; 부정하다

גָּבִיעַ(명사) 술잔. 컵(גְּבִיעַ־ 연계형).

גָּבַר(동사) 강하다, 힘세다

גָּדוֹל 큰. 커다란. הַגָּדוֹל 그 큰 사람.

גוּר(동사) 살다, 거주하다

גָּזַר(동사) 나누다, 분배하다

גָּלָה(동사) 벗기다,

גָּלַל(동사) 굴리다. (니)말리다.

גַּם 또한. 역시. B גַּם A גַּם A뿐만 아니라 B도 역시. A와 B 모두.

גָּמַר(동사) 끝내다, 마치다

גַּן(명사) 동산, 정원

גָּנַב(동사) 그가 훔쳤다. 도둑질했다. נִגְנֹב(칼 미완료 1인칭 복수). גֻּנַּב(니팔 완료 3인칭 남성 단수; 수동의 의미로 사용됨). נִגְנְבוּ(니팔 완료 3인칭 남성 복수).

גָּרַם(동사) 남기다

גָּרַשׁ(동사) 쫓아내다

גֹּשֶׁן(명사) 고센(지명).

דָּאַג(동사) 걱정하다

דֹּב(명사) 곰

דָּבַר(동사)말하다. דִּבֶּר(피엘) 그가 말했다. וַיְדַבְּרוּ(피엘 미완료 계속 3인칭 남성 복수). מְדַבֵּר(피엘 분사 남성 단수).

דָּבָר(명사) 일. 물건. -것; 말씀, 발언 דִּבְרֵיכֶם 당신의 말씀(들). 혹은 당신이 하신 말씀들. דִּבְרֵי־ -의 말씀들(연계형).

דּוֹתָן 도단(지명).

דָּחָה(동사) 밀다

דָּחַף(동사) 몰다, 쫓다

דִּין(동사) 심판하다

דַּל(형용사) 악한

דָּלַק(동사) 불타다
דָּם(명사) 피(דַּם־ 연계형)
דָּמָה(동사) 닮다, 유사하다
דָּמַם(동사) 잠잠하다, 잠잠히 서 있다
דָּפַק(동사) 두드리다, 치다
דַּק (형용사)고운
דָּרַךְ(동사) 걷다, 나아가다
דֶּרֶךְ(명사) 길.
·הַ (정관사) 그.
ָה (방향의 어미) -로.
הָגָה(동사) 명상하다
הוּא(인칭대명사) 그것. 그 남자(남성 단수 3인칭).
הֵחֵל (동사) 그가 시작했다(חלל의 히필). סלח
הִגִּיד (נגד의 히필) 그가 증언하였다. 이야기 하였다. וְהִגַּדְתֶּם(히필 완료 계속 2인칭 남성 복수).
הָיָה(동사) 그는 -이다. -있었다 הָיִינוּ(칼 완료 1인칭 복수) 우리는 -이었다. וְהָיִיתָ(칼 완료 계속 2인칭 남성 단수). הָיוּ(칼 완료 3인칭 복수). נִהְיֶה(칼 미완료 1인칭 복수). וַיְהִי (칼 미완료 계속 3인칭 남성 단수). יִהְיוּ(칼 미완료 3인칭 남성 복수) -일 것이다.אַל תְּהִי(간접 명령).־הָיָה לְ 그는 -이 되었다.
הִכָּה (נכה의 히필 완료 3인칭 남성 단수) 그가 때렸다. 치다
הֲלֹא (부정 의문문) (לֹא + הֲ). -이 아니냐?
הָלַךְ(동사) 걸어가다. לְכוּ(명령형 남성 복수). אֵלְכָה(ָה [의지 접미사] + אֵלֵךְ [הָלַךְ의 미완료 1인칭 단수]).
וַיֵּלְכוּ(칼 미완료 계속 3인칭 남성 단수). !לֵךְ 걸어가라! נֵלְכָה 가도록 하라. לְכוּ 가라. 걸어가라! (복수명령).
הָלַל(동사) 찬양하다
הֵם 그들. 그것들.
הֵנָּה 그들이 (대명사).
הֵנָּה 여기에. 이제.
הִנֵּה 보라. הִנְנוּ 보라! 우리를.
הָפַךְ(동사) 돌다, 돌아오다
חֻקָּה(명사) 법칙
הַר(명사) 산
הָרַג(동사) 죽이다
חָנַן הִתְחַנֵּן (위로하다)의 히트파엘 동사.
־ו 그리고, 그래서 (등위 접속사).
זֶה(대명사) 이것 זֶה שְׁנָתַיִם 이제 2년이 되었다.
זָחַל(동사) (우글거리다)
זָכָה 깨끗하다, 투명하다
זָכַר 그가 기억하였다. הִזְכִּיר 생각나게 하다.
זִלְפָּה 실바.
זִמֵּן 초청하다
זָקֵן 늙다. 늙은.
חֶבְרוֹן 헤브론
חָבַשׁ(동사) 매다, 묶다

חָגַג(동사) 절기를 지키다, 순례하다, 축하하다

חָדַל(동사) 중지하다, 그만두다

חֶדֶר(명사) 방. **הַחַדְרָה** 그 방으로 (הָ + הַחֶדֶר)

חָזָה(동사) 보다, 인식하다

חוּל(동사) 돌리다,

חָזַק(동사) 강하다, 힘세다

חָטָא(동사)그가 죄를 범하였다. 명령을 위반하였다. 벗어나다 **תֶּחֶטְאוּ**(미완료 2인칭 남성 복수).

חָיָה 살다. **נִחְיֶה** 우리가 살 것이다. **וַתְּחִי** 소생했다. 회복되었다. **חַי**(완료 계속법). **הֶחֱיָה**(히필). **לְהַחֲיוֹת**(히필 부정사) 살리는 것. **חַי**(분사) 목숨. 생명. 삶. **חַיָּה** 동물.

חָכָה(동사) 기다리다

חָכַם 지혜. **חָכָם** 현명한 사람(연계형 복수 **חַכְמֵי־**). **הֶחָכָם** 그 현자(賢者)들.

חֲלוֹם 꿈. **חֲלוֹמִי** 나의 꿈. **חֲלוֹמוֹ** 그의 꿈. **חֲלוֹמֹתֵיהֶם** 그들의 꿈들.

חָלַל(동사) 찌르다 또는 더럽히다 (히) 시작하다 **חָלִילָה** 마옵소서, --이 있게 마소서.

חָלַם(동사) 그가 꿈을 꾸었다.

חָלַק(동사) 나누다, 분배하다

חֹם(명사) 열(熱), 열기, 온기

חַם 뜨거운

חָמַד(동사) 좋아하다, 즐기다

חֲמוֹר(명사) 나귀.

חָמֵשׁ(수사) 다섯. 오(5).

חָנַן(동사) 위로하다 **הִתְחַנֵּן**(히트파엘 완료) 그가 간구했다. **הִתְחַנֵּן אֶל** 그가 -에 간구했다. **תִּתְחַנְּנוּ**(히트파엘 미완료 2인칭 남성 복수).

חָסַר(동사) 부족하다

חָפַשׂ(동사) 찾다. 간구하다. **חִפֵּשׂ**(피엘) 그가 열심히 찾았다

חֵץ(명사) 화살

חֹק(명사) 법칙, 법령, 법규

חָקַר(동사) 찾다, 구하다

חָרַד(동사) (몸을) 떨다.

חרה 태우다. 타다; 화를 내다, 노하다. **אַל יִחַר בְּעֵינֵיכֶם** 그것이 너희를 결코 성가시게 하지 않을 것이다. (직역: 그것이 너희의 눈을 노하게 하지 않을 것이다). B־בְּ A־אַף חָרָה A가 B에게 대노(大怒)하다. A의 코가 B에게 화(憤)를 내다. (관용어구). **אַל יִחַר אַפְּךָ** 결코 화를 내지 말아라(**חָרָה**의 간접명령).

חָשַׁב(동사) 생각하다

חָתַךְ(동사) 결심하다, 결정하다

טָבַע(동사) 가라앉다, 내려앉다

טוֹב(형용사) 좋은. 선한. 최고로 좋은. **טוֹבָה** 선. 선한 일.

טִיל(동사) 던지다, 보내다

טֻמְאָה(명사) 부도덕. 불결.

טָעָה(동사) 길을 잃다, 헤매다

טָעַן(동사) 짐을 싣다, 운반하다: 궤 뚫다, 관통하다

טַף(명사) 작은 것. 작은 사람(טַפִּי)

טָפַל 붙이다, 바르다

יָבַל 안내하다, 처신하다

יָבֵשׁ 마르다,

יְאוֹר(명사) 강 הַיְאוֹר 그 강 (나일강).

יָגוֹן(명사) 슬픔.

יָד (손) יָדַיִם 손들(쌍수). יָדֵנוּ 우리의 손. יֶדְכֶם 너희들의 손.

יָדָה (동사) 던지다

יָדַע(동사) 그가 알았다. אֵדַע(칼 미완료 1인칭 단수) 내가 알게 될 것이다. הִתְוַדַּע(히트파엘) 그는 자신을 나타내었다. 스스로를 알리었다. יוֹסֵף בְּהִתְוַדַּע 요셉이 자신을 드러내었을 때에

יְהוּדָה 유다.

יוֹם 날. 낮. יָמִים 날들. הַיּוֹם 오늘.

יוֹסֵף 요셉.

יָטַב (동사)선하다. 좋다. וַיִּיטַב -이 매우 좋았다. 즐거웠다.

יָכֹל -할 수 있다(be able to). נוּכַל (호팔 미완료 1인칭 복수). יוּכְלוּ 그들이 할 수 있다.

יָכַח(동사) (니)함께 논쟁하다

יָלַד(동사) 출산하다, 낳다

יָסַד(동사) 기초를 놓다

יָסַף(동사) 더하다, 보태다, 증가하다

יָעַץ(동사) 충고하다, 조언하다

יָצָא(동사) 나오다

יָצַק(동사) 물을 붓다, 따르다

יָצַר(동사) 만들다

יָרַד(동사) 내려가다

יָרָה(동사) 쏘다, 던지다

יָרַשׁ(동사) 상속하다. 소유하다, 얻다.

יָשַׁב(동사) 살다, 거주하다

יָשֵׁן (동사) 잠자다

יָתַר (동사) 머무르다, 남다

יַעֲקֹב 야곱.

יָפֶה(남성 단수) 아름다운, 멋진. יָפָה (여성 단수) יָפִים יָפוֹת

יָצָא 나오다. 나가다. !הוֹצִיאוּ(히필) 데리고 나가라! וַיֵּצֵא 그가 밖으로 나갔다.

יָרֵא 두려워하다. וַיִּירְאוּ(미완료 계속).

יָרַד 그가 내려왔다. יָרְדָה(칼 완료 3인칭 여성 단수). וַיֵּרְדוּ(칼 미완료 계속법 3인칭 남성 복수). יֵרֵד(칼 미완료 3인칭 남성 단수) 그가 내려올 것이다. נֵרֵד(칼 미완료 1인칭 복수) 우리가 내려갈 것이다. רְדוּ(칼 명령형 남성 복수) 너희들은 내려가라! !רְדָה(칼 명령형 남성 단수) 내려가라! לָרֶדֶת (전치사 + 칼 부정사 연계형) 내려가는 것. וְהוֹרַדְתֶּם(히필 완료 계속 2인칭 남성 복수) 너희들이 내려보낸다. הוֹרִיד(히필 완료 3인칭 남성 단수) 그가 내려보냈다. וְהוֹרַדְתֶּם(히필 완

료 계속 2인칭 남성 복수). וְיוֹרִידוּ (히필 미완료 계속 3인칭 남성 복수) 그들이 (짐따위를) 내려놓았다. הוֹרִידוּהוּ (히필 명령 남성 복수 + 3인칭 남성 단수 접미) 너희가 그를 데려오라.

יָרֵחַ(명사) 달

יֵשׁ 있다. 존재한다(יֶשׁ־). (אַיִן의 반대말).

יָשַׁב(동사) 그가 앉았다. 머물렀다. 거주했다. וְיָשַׁבְתָּ(칼 완료 계속 2인칭 남성 단수). יֵשֵׁב(간접명령) 그를 남게 하라. 머물게 하라.

יִשְׁמְעֵאלִי 이스마엘사람. וַיִּוָּתֵר יָתַר (יתר의 니팔미완료 3인칭 남성 단수) 그가 남았다. נוֹתַר(니팔 완료 3인칭 남성 단수).

כְּ ~처럼, כָּמוֹנִי 나처럼. 나와 같이.

כָּאַב (동사) 아프다, 고통스럽다

כַּאֲשֶׁר -하였을 때. -처럼(אֲשֶׁר + כ).

כַּאֲשֶׁר... כֵּן 마치 ...처럼.

כָּבֵד(동사) 그것이 무겁다. 그가 무거워졌다. יִכְבַּד 그가 무거울 것이다.

כָּבָה (동사) 불을 끄다

כָּבוֹד 영예. 자랑(כְּבוֹד־).

כָּבַשׁ (동사) 정복하다

כֹּה(부사) 결국

כּוֹכָב(명사) 별

כול 유지하다. 지속하다. כִּלְכֵּל 그가 유지했다. 지속했다

כּוּן(동사) 준비하다. 확고히 하다. נוּ הֵכִינוּ(히필 완료 3인칭 복수) 그들이 준비했다. וַיָּכִינוּ(히필 미완료 계속 3인칭 남성 복수) 그들이 준비했다.

כִּי(접속사) -하는 바. 왜냐하면 -이기 때문이다.

כֹּל 모든 (연계형 כָּל־).

כָּלָה(동사) 그가 끝에 이르렀다. 마무리했다. 완성했다. כִּלָּה(피엘) 그가 끝마쳤다. 완료했다. כִּלּוּ(피엘 완료 3인칭 복수) 그것들이 끝났다. 이루어졌다. יְכַלֶּה כִּלָּה 그가 완성할 것이다 혹은 끝마칠 것이다.

?כַּמָּה 어느 정도? 얼마나 많이?

כְּמוֹ -처럼. as. like.

כָּמַר(동사) נִכְמַר(כמר 니팔형으로만 사용)그가 뜨거워졌다. נִכְמְרוּ רַחֲמָיו 그의 감정이 어수선해졌다.

כָּנַן(동사) 사랑하다

כָּנַס(동사) 모으다,

כְּנַעַן 가나안.

כָּסָה (동사) 덮다,

כֶּסֶף 은(銀). 돈. כַּסְפָּם 그들의 돈. 은.

כַּף(명사) 손바닥

כָּתַב (동사) 쓰다, 적다, 기록하다

כֻּתֹּנֶת 옷, 의상. כְּתֹנֶת פַּסִּים 채색 옷 (פַּסִּים의 의미가 분명치 않음. 그러나 전통적으로 채색이나 장식 옷을 나타낼 때 주로 쓰임).

לְ־(전치사) -까지. -을 위하여. לִי 나에게. 나를 위하여. לְךָ 당신에게.

너를 위하여. לוֹ 그에게(וֹ + לְ).

לֹא(부정어) -아니다.

לֵאָה 레아.

לֵב(명사) 마음. 심장. לִבִּי 내 마음.

לְבַד(부사) 홀로. 혼자서. לְבַדָּם 그들 스스로

לְבָנָה(명사) 만월, 보름달

לָבַשׁ(동사) (옷을) 입다

לָוָה(동사)꾸다, 빌리다

לָחַם (동사)싸우다, 양식을 먹다

לֶחֶם(명사) 빵. 양식.

לַיְלָה(명사 남성) 밤(夜)

לִין(동사) 밤을 새다, 아침까지 남겨두다,

לָמַד(동사) 배우다, 공부하다 לִמֵּד (피엘) 가르치다

לָמָּה 왜. 도대체?

לִפְנֵי(전치사) -앞에. before.(פְּנֵי + לְ).

לְפָנָיו 그의 앞에.

לָקַח(동사) 취하다. 소유하다. !קְחוּ (칼 명령형 남성 복수) 가져가라! 취하여라! נִלְקְחוּ(니팔 완료 3인칭 복수). תִּקְחוּ(칼 미완료 2인칭 남성 복수) 너희들이 가져갈 것이다.

לָקַט(동사) 따다, 뜯다

לְתוֹךְ(전치사) -가운데에.

מָאַן 거부하다. יְמָאֵן(피엘 미완료 3인칭 남성 단수) 그가 거절할 것이다.

מֵאֵן(히필) 그가 거절하였다.

מָדַד(동사) 측량하다. יִמֹּד(칼 미완료 3인칭 남성 단수) 그가 측량할 것이다. מָדַדְתִּי(칼 완료 1인칭 단수) 내가 측량했다.

מָה(의문사) 무엇(what).

מִהַר(동사) (피엘) 그가 급히 서둘렀다. וּמִהַרְתֶּם(피엘 완료 계속 2인칭 남성 복수). וַיְמַהֵר (피엘 미완료 계속 3인칭 남성 단수) 그가 급히 서둘렀다. וַיְמַהֲרוּ(피엘 미완료 계속 3인칭 남성 복수). מַהֵר(피엘 명령 남성 단수). מַהֲרוּ(피엘 명령 남성 복수).

מוֹלֶדֶת 가족, 가계

מוּת(동사) 죽다. מֵת(칼 완료 3인칭 남성 단수) 그가 죽었다. אָמוּת(칼 미완료 1인칭 단수). נָמוּת(칼 미완료 1인칭 복수) 우리가 죽을 것이다. יָמוּת (칼 미완료 3인칭 남성 단수). יָמוּתוּ(칼 미완료 3인칭 남성 복수) 그들이 죽을 것이다. תָּמוּתוּ(칼 미완료 2인칭 남성 복수). נָמוּת(칼 미완료 1인칭 복수). מֵת(칼 분사 남성 단수). מוֹת(칼 부정사 절대형) 죽는 것. מוֹת תָּמוּתוּ(부정사 절대형 + 칼 미완료 2인칭 남성 복수) 너희는 확실히 죽을 것이다. הֵמִית(히필 완료 3인칭 남성 단수) 그가 죽였다. יָמִית(히필 미완료 3인칭 남성 단수) 그가 죽일 것이다.

מָוֶת(명사) 죽음.

מִחְיָה 생명 유지. 생계.

מַטְמוֹן(명사) 숨겨진 보물.
מִי(의문사) 누구?
מַיִם(명사) 물(水).
מָכַר(동사) 그가 팔았다. מְכַרְתֶּם(칼 완료 2인칭 남성 복수). נִמְכַּר(니팔 완료 3인칭 남성 단수) 그것이 팔리었다. נִמְכְּרָה(권고형) 팔도록 하자.
לְהִמָּכֵר(전치사 ל + 니팔 부정사 연계형).팔게 하는 것
מָלֵא(칼 완료 3인칭 남성 단수) 그가 채웠다. מִלֵּא(피엘 완료 3인칭 남성 단수) 그가 가득 채웠다. מַלֵּא(피엘 명령 남성 단수) הִתְמַלֵּא(히트파엘 완료 3인칭 남성 단수) 그가 가득 채웠다.
מִלָּה (명사) 말, 발언
מֵלִיץ(명사) 통역관.
מֶלֶךְ(명사) 왕. מַלְכָּה 여왕. 왕비.
מָלַךְ(칼 완료 3인칭 남성 단수) 그가 통치했다. 왕이 되었다. 다스렸다. תִּמְלֹךְ(칼 미완료 2인칭 남성 단수) 네가 다스릴 것이다. 네가 왕이 될 것이다. הִמְלִיךְ(히필 완료 3인칭 남성 단수) 그가 왕으로 세웠다. 통치하게 했다.
מִן(전치사 מִ־) -로부터. from. מֵעָלַי(עָלַי + מִן) 나로부터. 나에게서부터.
מֵאִתָּם(אִתָּם + מִן) 그들로부터.
מִנְחָה(명사) 선물.
מָנַע(동사) 보류하다
מָסַר(동사)인도하다, 제공하다
מָצָא(칼 완료 3인칭 남성 단수) 그가 발견했다. נִמְצְאוּ(니팔 완료 3인칭 복수). נִמָּצֵא(니팔 미완료 1인칭 복수). יִמָּצֵא(니팔 미완료 3인칭 남성 단수) 그것이 발견될 것이다. יִמָּצְאוּ(니팔 미완료 3인칭 남성 복수).נִמְצָא(니팔 분사 남성 단수).
מִצְרִי 애굽인. 이집트 사람. מִצְרַיְמָה(ה ָ + מִצְרַיִם) 애굽으로. 애굽을 향하여.
מָקוֹם(연계형־מְקוֹם) 장소("서있는 곳"이라는 의미에서 "장소")
מַר(형용사) (맛이) 쓴
מַרְאֶה 외모. 모양. רָעוֹת מַרְאֶה 보기에 악한. יְפַת מַרְאֶה 보기에 좋은.
מְרַגֵּל 첩자. 스파이(복수형 מְרַגְּלִים)
מָרַר(동사) (맛이)쓰다, 절망하다.
מָשַׁל(칼 완료 3인칭 남성 단수) 그가 다스렸다. מוֹשֵׁל(칼 능동분사 남성 단수) 다스리는. 통치하는. 통치자(분사).
מִשְׁמָר(명사) 초소 혹은 파수대.
מָשַׁךְ(동사) 끌다, 당기다
מִשְׁקָל(명사) 무게.
מָשַׁשׁ(동사) 느끼다 만져보다
מָתַי(의문사) 언제?
נָא 권고나 상대방을 높일 때에 사용하는 호칭.
נָבָא(동사) 예언하다.
נָבַט(동사) 바라보다, 응시하다
נָבִיא(명사) 선지자, 예언자
נָבֵל(동사) 시들다.

נָבַע(동사) 나오다, 표현하다

נָגַד(동사) הִגִּיד(נגד의 히필) 그가 증언하였다. 이야기 하였다. וְהִגַּדְתֶּם (히필 완료 계속 2인칭 남성 복수). הִגִּידוּ(히필 완료 3인칭 복수) 그들이 이야기하였다. וַנַּגֵּד(히필 미완료 계속 1인칭 복수). וַיַּגִּידוּ(히필 미완료 계속 3인칭 남성 복수). הַגִּידָה־נָּא! (히필 명령 남성 단수) 제발 말을 해 주오!

נָדַר(동사) 맹세하다.

נָגַן(동사) 연주하다

נָגַע(동사) 만지다, 건드리다

נָגַף(동사) 치다. 재앙을 내리다.

נָגַשׁ 그가 다가왔다. 접근했다 וַיִּגַּשׁ (칼 미완료 계속 3인칭 남성 단수) 그가 접근했다. 다가왔다. וַיִּגְּשׁוּ(칼 미완료 계속 3인칭 남성 복수) 그들이 가까이 다가왔다. גְּשׁוּ(칼 명령 남성 복수). נִגַּשׁ(니팔 완료 3인칭 남성 단수) 그가 다가왔다.

נָהַג(동사) 안내하다, 이끌다,

נָהַל(동사) 인도하다

נוּחַ(동사) 쉬다,

נוּס(동사) נָס(칼 완료) 도망가다, 달아나다.

נִחַם(נחם의 니팔 완료 3인칭 남성 단수) 그가 위로하였다. לְנַחֵם(전치사 + 피엘 부정사 연계형) 위로하는 것. הִתְנַחֵם(히트파엘 완료 3인칭 남성 단수) 그가 자신을 위로했다. 그가 위로를 받았다. הִתְנַחֲמוּ(히트파엘 완료 3인칭 복수).

נַחַשׁ 점. 주술.

נִחֵשׁ(피엘 완료 3인칭 남성 단수) 그가 점을 쳤다. 추측했다.

נָטַע(동사) 심다

נָטַשׁ(동사) 포기하다.

נכה הִכָּה (נכה의 히필 완료 3인칭 남성 단수) 그가 때렸다. 치다

נִכְמַר(כמר 니팔형으로만 사용) 그가 뜨거워졌다. נִכְמְרוּ רַחֲמָיו 그의 감정이 어수선해졌다.

נָכַר (동사) הִכִּיר(נכר의 히필 완료 3인칭 남성 단수) 그가 알아보았다. הַכֶּר־נָא!(히필 명령 남성 단수) (제발) 보아주오! הִתְנַכֵּר(히트파엘 3인칭 남성 단수) 그는 이방인처럼 행하였다.

נָסַע(동사) 떠나다, 여행하다

נַעַר 젊은이. הַנַּעַר 그 젊은이. נְעָרִים 젊은이들.

נָפַל 그가 엎드렸다. 떨어졌다. וַיִּפֹּל (칼 미완료 계속 3인칭 남성 단수). הִתְנַפֵּל(히트파엘 완료 3인칭 남성 단수) 그가 공격하였다. 엄습하였다. וַיִּפְּלוּ(칼 미완료 계속 3인칭 남성 복수) 그들이 엎드렸다. 넘어졌다.

נֶפֶשׁ(명사) 영혼. 생명. 삶. 존재.

נָצַג(동사) 앉다.

נָצַל הִצִּיל(נצל의 히필 완료 3인칭 남성 단수) 그가 구해냈다. 구원했다.
נָצַר(동사) 지키다. 보호하다
נָשָׂא(동사) 그가 들어올렸다. וּנְשָׂאתֶם (칼 완료 계속 2인칭 남성 복수). לָשֵׂאת (전치사 + 부정사 연계형) 들어올리는 것. (물건) 나르는 것. נָשָׂא אֶת עֵינָיו 그가 그의 눈을 들었다(여기서는 그가 쳐다보았다는 의미).
נָשַׂג הִשִּׂיג(נשג의 히필 완료 3인칭 남성 단수) 그가 따라잡았다. הִשַּׂגְתֶּם (히필 완료 2인칭 남성 복수). תַּשִּׂיג (히필 미완료 2인칭 남성 단수) 당신이 따라잡을 것이다.
נָשַׁק(동사) 그가 입을 맞추었다.
נָתַן(동사) 그가 주었다. 두었다. 세웠다. נָתַתִּי(칼 완료 1인칭 단수) 내가 두었다. 세웠다. 주었다. נָתְנָה(칼 완료 3인칭 여성 단수). נָתַנּוּ(칼 완료 1인칭 복수) 우리가 주었다. יִתֵּן(칼 미완료 3인칭 남성 단수). וַיִּתֵּן(칼 미완료 계속 3인칭 남성 단수). וַיִּתְּנוּ(칼 미완료 계속 3인칭 남성 복수). יִתֵּן (칼 간접명령) 그가 주게 하여라. לָתֵת (전치사 + 부정사 연계형) 주는 것. יִנָּתֵן(니팔 미완료 3인칭 남성 단수). Bּכְ Aאֶת נָתַן A를 B로 간주하다.
סָבַב(동사) 돌다 둘러싸다.
סָבַל (짐을) 나르다, 운반하다
סָגַר (문을) 닫다, 잠그다
סָדַר(동사) 배열하다, 나열하다
סוּר(동사) סָר(칼 완료) 떠나다, 돌다, 옆으로 피하다 (히)떠나게 하다, 제거 하다.
סָלַח(동사) 용서하다.
סָמַךְ(동사) 기대다, 의지하다.
סָפַר(동사) 그가 셈을 하였다. 계산하였다. סִפֵּר(피엘) 그가 이야기 했다. 말했다. סֻפַּר(푸알) 그것이 진술되어졌다. 그것이 거론되어졌다. וַיְסַפְּרוּ (피엘, 미완료 계속, 3, 남, 복).
סֵפֶר(명사) 책.
עָבַד(동사) 일하다, 섬기다.
עֶבֶד (명사)종. 노예. 시중드는 사람. עֲבָדֶיךָ 당신의 종들. עֲבָדָיו 그의 종들. 노예들.
עָבַר(동사) 지나가다
עִבְרִי 히브리 사람. 히브리의.
עֲגָלָה(명사) 마차
עַד -까지. -에 이르도록.
עוֹד 또한. still.
עָוֹן(연계형 עֲוֹן־) 부정. 불의. 죄악.
עוּף(동사) 날다. 날개짓 하다
עוּר(동사) 깨우다
עַז 문장을 연결하는 연결사(그 때에. 그런데.... 등등)
עֹז(명사) 힘
עָזַב(동사) 떠나다
עָזַר(동사) 돕다
עַיִן(쌍수 עֵינַיִם) 눈. הָעַיִן "그 눈"

עִיר(명사) 도시. 성읍. עָרִים(복수) 도시들. 성읍들. הֶעָרִים 그 성읍들.

עַל(전치사) -에 관하여. -위에. - 때문에. -에 의해. by. עַל פִּי -의 명령에 따라서. עַל כֵּן -때문에. עַל דְּבַר־ -때문에. עָלֵינוּ 우리들에게. 우리 위에. עָלֶיךָ 당신에 관하여.

עֹל(명사) 멍에

עָלָה(동사) 그가 올라갔다. 올라왔다. עָלִינוּ(칼 완료 1인칭 복수) 우리들이 올라갔다. 혹은 우리가 가나안땅으로 갔다. עָלוּ(칼 완료 3인칭 복수). וַעֲלִיתֶם(칼 완료 계속 2인칭 남성 복수). וַיַּעֲלוּ(칼 미완료 계속 3인칭 남성 복수). עֲלוּ(칼 명령 남성 복수). יַעַל(칼 간접명령) 그가 올라가게 하라. עוֹלוֹת(칼 분사 여성 복수) 올라오는. הֶעֱלוּ(히필 완료 3인칭 복수) 그들이 끌어 올렸다.

עָלַם(동사) 사라지다, 숨기다

עָמַד 그가 서있다. עָמְדוּ(칼 완료 3인칭 복수). וַיַּעַמְדוּ(칼 미완료 계속 3인칭 남성 복수). עִמְדוּ(칼 명령 남성 복수). עוֹמְדוֹת(칼 능동분사 여성 복수)

עַם(명사) 백성

עִם(전치사) -와 함께. with עִמָּנוּ 우리와 함께.

עֵמֶק(명사) 계곡

עַם(명사) 백성. 사람들.

עָנָה(동사) 그가 대답하였다. 응답하였다. וַיַּעַן(칼 미완료 계속 3인칭 남성 단수). לַעֲנוֹת(칼 부정사연계형).

עָצַב(동사) 상처주다. 고통을 주다.

נֶעֱצַב(עצב의 니팔 완료 3인칭 남성 단수) 그가 슬퍼했다. יֵעָצֵב(니팔 미완료 3인칭 남성 단수) 그가 슬픔을 당하리라.

עָרַב(동사) 그가 굳게 약속하였다. אֶעֶרְבֶ(칼 미완료 1인칭 단수). מֵעִם עָרַב -로부터 -을 굳게 약속하다. -로부터 -을 책임지다. אֶעֶרְבֶנּוּ(칼 미완료 1인칭 단수 + 3인칭 남성 단수 접미) 내가 그를 책임질 것이다.

עָרַךְ(동사) 배열하다, 나열하다

עָשָׂה(동사) 그가 행하였다. 만들었다. עֲשִׂיתֶם(칼 완료 2인칭 남성 복수) 너희(남자)들이 행하였다. עָשׂוּ(칼 완료 3인칭 복수) 그들이 행하였다. יַעֲשֶׂה(칼 미완료 3인칭 남성 단수). וַיַּעַשׂ(칼 미완료 계속 3인칭 남성 단수) 그가 행하였다. 만들었다. מֵעֲשׂוֹת חָלִילָה לָּנוּ(전치사 + 칼 부정사 연계형) 우리가 행하는 것은 모두 불운이다.

מַעֲשֶׂה(명사) 행위. 행동.

עֲשָׂרָה 열. 십(十).

עַתָּה(부사) 이제. 지금. now.

פַּג(פוג를 보라)

פָּגַע(동사) 만나다, 도착하다

פֶּה(명사) (연계형־פִּי) 입

פּוֹטִיפַר 보디발(인명).

פּוּג(동사) 무감각해지다.פָּג(פּוּג의 칼 완료) וַיָּפָג(칼 미완료 계속 3인칭 남성 단수). -이 무감각해졌다.

פּוֹטִיפַר 보디발(인명).

פּוּץ (동사) 흩어지다. 분산되다.

פּוּק (동사) 비틀거리다. (히)요동하다

פָּחַד(동사) 두려워하다

פָּלַל(동사) 결정하다, 기도하다 פִּלֵּל (피엘)심판하다 הִתְפַּלֵּל(히트파엘) 스스로 기도하다

פֶּן(강한 부정을 나타내는 말) lest. -없다. 아니다.

פָּנִים(־פְּנֵי) 얼굴. פְּנֵיכֶם 당신들의 얼굴들.

פַּעַם(명사)시간. 횟수. 한 번. פַּעֲמַיִם 두 번.

פָּקַח(동사) 열다, 눈뜨다

פַּר(명사) 황소

פָּרָה 암소. פָּרוֹת 암소들.

פַּרְעֹה 바로. 파라오.

פָּשַׁט(동사) 그가 벗었다. הִפְשִׁיט(히필 완료 3인칭 남성 단수) 그가 벗겼다.

פָּתַח(동사) 그가 문을 열었다. 시작했다 פָּתַחְנוּ(칼 완료 1인칭 복수). וַיִּפְתְּחוּ(칼 미완료 계속 3인칭 남성 복수). נִפְתַּח(니팔 완료 3인칭 남성 단수) (그 문이) 열려졌다. נִפְתְּחוּ(니팔 완료 3인칭 복수).

פֶּתַח 현관. 입구.

פָּתַר 그가 통역을 하였다. פָּתְרוּ(칼 완료 3인칭 복수). לִפְתֹּר(칼 부정사 연계형).

פִּתְרוֹן(명사) 통역.

צֹאן(명사) 양떼.

צָדַק(동사) 바르게 하다, 의롭게 되다 נִצְטַדָּק(히트파엘 미완료 1인칭 복수). 우리는 스스로 의롭다고 할 것이다.

צְדָקָה(명사) 의(義). 공의.

צָהֳרַיִם(명사) 정오. 한 낮.

צוּד(동사) 사냥하다

צַוָּאר(연계형־צַוְּארֵי) 목. 목부분.

צִוָּה(צוה의 피엘) 그가 명령하였다 ה יְצַו(피엘 미완료 3인칭 남성 단수 צו וַיְ 계속법) 그가 명령했다. (피엘 미완료 계속 3인칭 남성 단수) 그가 명령했다.

צָחַק(동사) 웃다,

צֵידָה(명사) 양식. 식량. 또는 준비물

צֵל(명사) 그림자

צָלַח(동사) 달리다, 돌진하다

צָעַק(동사) 울다, 외치다

צְעָקָה(명사) 외침. 울음.

צָעַר(동사) 하찮게 여기다, 대수롭지 않게 생각하다

צָפָה(동사) 주의하다

קָדַד(동사) 무릎을 꿇다, 숙이다

צָרָה(명사) 고통. 어려움. צָרַת נַפְשׁוֹ 그의 영혼의 고통.

צָרַר(동사) 곤란에 처하다.

קָבַר(동사) 묻다, 매장하다

קוֹל(명사) 소리. 음성. 보고.

קוּם(동사)그가 일어섰다. **יָקוּמוּ**(칼 미완료 3인칭 남성 복수 **וַיָּקוּמוּ** 계속법) **!קוּם**(칼 명령 남성 단수) 일어나라! **נָקוּמָה**(권고) 우리 일어납시다!

קָם (**קוּם**의 칼 완료형)

קָנָה(동사) 사다, 팔다

קָטֹן(동사) 그가 작다. 그것은 조그맣다. **יִקְטַן** 그것은 작을 것이다.

קָטֹן(형용사) 작은.

קַל(형용사) 쉬운. 가벼운.

קָלַל(동사) 작다, 경시되다.

קִנֵּא(동사) 질투하다. 시기하다.

קֵץ(명사) 끝

קַר (형용사)차가운

קֹר(명사) 추위, 한기

קָרָא(동사) 그가 불렀다. 외쳤다.

קֶרֶב(명사) 가운데. 중간.

קָרָה(동사) (일이) 발생하다 **יִקְרֶה** (**קרה**의 칼 미완료 3인칭 남성 단수). -이 발생할 것이다. **קוֹרוֹת** (분사 여성 복수) 발생한 일. 사건.

קָרוֹב(전치사) 가까이에. 근처에서.

קָרוֹב(형용사) 가까운. **קְרוֹבָה**(여성 단수).

קָרַע(동사) 그가 (옷)을 찢었다. 잡아뜯었다.

קָשֶׁה 혹독한. 힘든 일들. 어려운 일들. **קָשׁוֹת**(여성 복수)

קָשַׁר(동사) 묶다, 연합하다

רָאָה(동사) 그가 보았다. **רְאִיתִיו**(칼 완료 1인칭 단수 + 3인칭 남성 단수 접미) 내가 그를 보았다. **רָאִינוּ**(칼 완료 1인칭 복수) 우리가 보았다. **רְאִיתֶם** (칼 완료 2인칭 남성 복수). **תִּרְאוּ**(칼 미완료 2인칭 남성 복수) 너희들이 보았다. **וַיַּרְא**(칼 미완료 계속 3인칭 남성 단수) 그가 보았다. **יִרְאֶה**(칼 미완료 3인칭 남성 단수 **וַיַּרְא** 계속법) 그가 볼 것이다. **אֶרְאֶנּוּ**(**נּוּ**[접미 3인칭 남성 단수) + **אֶרְאֶ**[**רָאָה**의 칼 미완료 1인칭 단수]). **לִרְאוֹת** 보는 것(칼 부정사). **!רְאֵה**(칼 명령 남성 단수) 보아라! **הִתְרָאָה**(히트파엘). **הִתְרָאוּ**(히트파엘 완료 3인칭 복수) 그들은 서로를 바라보았다. **תִּתְרָאוּ**(히트파엘 미완료 2인칭 남성 복수) 너희들이 서로를 응시하였다.

רְאוּבֵן 르우벤.

רַב(형용사) 충분한. 많은. **רבה**(여성 단수) **רַבִּים**(남성 복수)

רָבַב(동사) 많다. 많아지다

רָבָה(동사) **הִרְבָּה** (히필 완료) 그가 빈번하게 행하였다.

רֶגֶל(명사)발. **הָרֶגֶל** 그 발.**רַגְלַיִם** 발들.

רָדָה(동사) 지배하다

רָדַף(동사) 쫓다, 추격하다. **לִרְדֹּף**(칼

부정사 연계형). רָדַף אַחֲרֵי 그가 -뒤를 쫓았다.
רוּחַ(명사) 바람. 영(靈). 정신. 기운.
רוּם(동사) 높다, 올라가다
רוּץ(동사) 뛰다, 달리다
רוֹעֶה 목자. 목동(분사) רוֹעִים(복수).
רָחֵל 라헬.
רָחַם(동사) 연민하다, 사랑하다
רַחֲמִים(명사) 연민. 자비. 측은한 마음.
רָחַץ(동사) 씻다, 목욕하다
רָחַק(동사) 멀다. הִרְחִיק(히필) 매우 멀다.
רִיב(동사) 다투다, 논쟁하다. 진술하다
רַע(형용사) 나쁜. 나쁘다.
רָעָב 기근. 재해. 악. 악한 일.
רָעָה(동사) 그가 양을 치다. 방목하다
רָעַע(동사) 악하다
רָצָה(동사) 원하다, 바라다
רָצַח(동사) 살인하다
רָקַד(동사) 춤을 추다,
רָשַׁם(동사) 기록하다, 새기다
רָשָׁע(형용사) 악한
שָׂבָע 풍요
שָׂדֶה 들판(남성 שָׂדוֹת 복수형). -שְׂדֵה -의 들판.
שֵׂיבָה 흰 머리. שֵׂיבָתִי 나의 흰 머리.
שִׂים(동사) (שׂוּם도 가능)두다, 놓다 .
שָׂם(칼 완료). 그가 두었다. 놓았다.
שִׂים(칼 명령).

שִׂישׂ שָׂשׂ(칼 완료) (שׂוּשׂ도 가능) 기뻐하다
שִׂמְלָה 옷. 의상. 의복.
שָׂנֵא(동사) 미워하다. שָׂנְאוּ 그들이 미워했다.
שָׂעִיר(명사) 수-염소.
שֵׂעָר(명사) 머리카락.
שַׂק(명사) 보따리. 여행을 위한 가방.
שַׂר 장관. 관료. שַׂר הָאוֹפִים 빵맡은 관원장. שַׂר הַמַּשְׁקִים 술맡은 관원장.
שָׁתָה(동사) 마시다. לִשְׁתּוֹת(칼 부정사 연계형).
שְׁאוֹלָה (שְׁאוֹל+ ָה) 지옥으로.
שָׁאַל(동사) 그가 물어보았다. 질문하였다. 요청했다. שָׁאוֹל(부정사 절대형).
-שָׁאַל לְ -에 대하여 질문하였다.
שָׁאַר(동사) 남다. נִשְׁאַר(니팔)
שָׂבָע(명사) 풍요로움. 풍부.
שֶׁבַע(수사) 일곱. 칠(七).
שֶׁבֶר(명사) 몫. 할당량.
שָׁבַר 그가 얻었다. 획득했다. שִׁבְרוּ (칼 명령 남성 복수). לִשְׁבֹּר(부정사 연계형). שִׁבְרוּ (명령형 남성 복수).
הִשְׁבִּיר(히필).
שֶׁבֶר(명사) 몫. 배당. 음식의 할당.
שׁוּב(동사) 돌아가다. 돌아오다. 돌려주다. שָׁב(칼 완료) שָׁבוּ(완료 3인칭 복수). שׁוּבוּ(명령형 남성 복수). !שׁוּבוּ (명령) 너희들은 돌아가라! הֵשִׁיב(히필) 그가 오게했다. 돌려주다. 돌아오

게 했다. לְהָשִׁיב(히필 부정사) 가져오는 것. יָשִׁיב(히필 미완료 3인칭) 그가 돌아올 것이다.

מוּשָׁב(שׁוּב의 호팔 수동분사) 돌아왔다. וַיָּשָׁב 그가 돌아갔다.

שָׁחָה(동사) 절하다. מִשְׁתַּחֲוֶה(분사) 절을 하는(מִשְׁתַּחֲוִים). לְהִשְׁתַּחֲווֹת(부정사). הִשְׁתַּחֲווּ(히트파엘 완료 3인칭 복수). הִשְׁתַּחֲווּ 절하다.

שָׁחַט(동사) 그가 도살하였다. 죽였다.

שָׁכֹל(동사) 그가 죽었다. שִׁכֵּל(피엘) 그가 죽게 하였다. שָׁכֹלְתִּי 내가 잃어버렸다(어구의 끝에서 שָׁכָלְתִּי).

שְׁכֶם(지명) 세겜. שְׁכֶמָה(ָה + שְׁכֶם) 세겜으로.

שָׁכַר(동사) וַיִּשְׁכְּרוּ(칼 미완료 계속 3인칭 남성 복수) 그들이 (술에) 취하였다.

שָׁלוֹם(־שְׁלוֹם)(명사) 평안. 안녕. 행복. ־שָׁלוֹם לְ –은 평안할찌어다.

שָׁלַח 그가 보내었다. שָׁלַחְנוּ(칼 완료 1인칭 복수). !שְׁלַח(명령) 보내라! שִׁלְחוּ(명령 남성 복수). נִשְׁלַחְתֶּם(니팔 완료 2인칭 남성 복수). שִׁלַּח(피엘). וַיְשַׁלַּח(피엘 미완료 계속 3인칭 남성 단수). מְשַׁלֵּחַ(피엘분사). שֻׁלְּחוּ(푸알) 그들이 보냄을 받았다.

הִשְׁלִיךְ(히필) 그가 던졌다.

שִׁלֵּם(동사) 그가 보상했다.

שָׁמָּה (ָה + שָׁם) 그곳으로. 거기에

שָׁמֵם(동사) 황폐하다

שָׁמַע(동사) 듣다. 귀를 기울이다 יִשְׁמַע (칼 미완료 3인칭 남성 단수). שׁוֹמֵעַ (칼 분사). נִשְׁמַע(니팔) 들리었다. הִשְׁמִיעַ(히필) 그가 듣게했다.

שִׁמְעוֹן 시므온

שָׁמַר(동사) 그가 지키었다. שָׁמַרְתְּ 당신(여성 단수)이 지키었다. שָׁמְרוּ 그들이 지켰다. שְׁמֹר(부정사) 지킴. 돌봄. אֶשְׁמְרָה 내가 지킬 것이다. נִשְׁמְרָה 우리가 지키리라. תִּשְׁמֹר 당신(남성 단수)이 보호하면 좋겠다. יִשְׁמֹר 그가 지킬 것이다. 그가 지키면 좋겠다. הַשּׁוֹמֵר 지키는 자. 파수꾼. שְׁמֹר 지키는 것. לִשְׁמֹר to guard. 지키는 것. שׁוֹמֵר 지키고 있는. שְׁמָרוֹ 그가 그를 보살폈다. שׁוֹמְרוֹ 그의 파수. 그의 지킴. נִשְׁמַר 그가 스스로를 돌보았다. 혹은 그는 보살핌을 받았다.

שֶׁמֶשׁ(명사) 태양.

שָׁם there. 거기에. 그곳으로.

שָׁנָה "해, 년(年)" (שָׁנִים 복수 ־שְׁנֵי 복수 연계형).

שְׁנַיִם(수사) 둘(2). שְׁנֵים עָשָׂר 열둘(12).

שָׁקַל(동사) 무게를 달다. נִשְׁקַל은 "그것은 무거웠다.

שֶׁקֶל(명사) 세겔이라는 동전 하나.

שָׁתָה(동사) 그가 마셨다. וַיִּשְׁתּוּ 그들이 (음료를) 마셨다.

תָּאַם(동사) 적응하다; 두 겹으로 하다
תָּבַע(동사) 요구하다, 소환하다
תּוֹךְ־(תָּוֶךְ의 전치사) -가운데. -내에.
תּוּר(동사) 알아보다
תָּחַל(동사) 시작하다
תְּחִלָּה(명사) 처음, 우선 (בַּתְּחִלָּה) 처음에. 먼저. 우선.

תַּחַת(전치사) -대신에.
תָּלָה(동사) 매달다, 걸다
תָּמַם(동사) 끝내다, 완성하다
תֹּף(명사) 소고
תָּפַשׂ(동사) 붙잡다

변화표

1. 명사와 형용사의 변화
2. 대명사의 변화
3. 접미 대명사의 형태
4. 동사의 유형 분류
5. 강동사의 변화
6. 페-눈 동사의 변화
7. 페-바브 동사의 변화
8. 페-요드 동사의 변화
9. 라메드-헤 동사의 변화
10. 두 자음 어간 동사의 변화
11. 중복 동사의 변화
12. 페-후음 동사
13. 아인-후음 동사
14. 라메드-후음 동사
15. 페-알렙 동사

1. 명사와 형용사의 변화

1.1 명사의 변화

구 분		남성 명사		여성 명사	
		변화	어미	변화	어미
절대형	단 수	סוּס	□	סוּסָה	□ָה
	복 수	סוּסִים	□ִים	סוּסוֹת	□וֹת
연계형	단 수	סוּס	□	סוּסַת	□ַת
	복 수	סוּסֵי	□ֵי	סוּסוֹת	□וֹת

1.2 형용사의 변화

구 분		남성 명사		여성 명사	
		변화	어미	변화	어미
절대형	단 수	טוֹב	□	טוֹבָה	□ָה
	복 수	טוֹבִים	□ִים	טוֹבוֹת	□וֹת

1.3 정관사의 형태

구 분	형 태
정상자음 앞에서	· הַ (הַ + 강음점)
א, ר 앞에서	הָ (강음점의 생략과 함께 모음이 길어짐)
ה, ח 앞에서	הַ (강음점만 생략)
חָ나 강세없는 הָ, 혹은 עָ앞에서	הֶ (강음점 생략과 함께 모음이 변화됨)

2. 대명사의 변화

2.1 인칭대명사의 형태

인칭 \ 수	복 수	단 수
1인칭	אֲנַחְנוּ, נַחְנוּ (אָנוּ)	אֲנִי, אָנֹכִי
2인칭(남)	אַתֶּם	אַתָּה
2인칭(여)	אַתֵּן (אַתֶּן) אַתֵּנָה	אַתְּ
3인칭(남)	הֵם, הֵמָּה	הוּא
3인칭(여)	הֵנָּה (הֵן)	הִיא

2.2 지시대명사의 형태

2.2.1 지시 대명사 근칭
(近稱; this, these)

성 \ 수	복 수	단 수
남 성	אֵלֶּה	זֶה
여 성		זֹאת

2.2.2 지시 대명사 원칭
(遠稱; that, those)

성 \ 수	복 수	단 수
남 성	הֵם	הוּא
여 성	הֵן	הִיא

3. 접미대명사의 형태

3.1 명사형 접미 대명사의 형태

복수 접미 대명사		인 칭	단수 접미 대명사	
복 수	단 수		복 수	단 수
ֵינוּ	ַי	1인칭	ֵנוּ	ִי
ֵיכֶם	ֶיךָ	2인칭 남	ְכֶם	ְךָ
ֵיכֶן	ַיִךְ	2인칭 녀	ְכֶן	ֵךְ
ֵיהֶם	ָיו	3인칭 남	ָם	ֹו-
ֵיהֶן	ֶיהָ	3인칭 녀	ָן	ָהּ

3.2 명사(סוּס)에 형 접속되는 접미 대명사

복수 접미 대명사		인 칭	단수 접미 대명사	
복 수	단 수		복 수	단 수
סוּסֵינוּ	סוּסַי	1인칭	סוּסֵנוּ	סוּסִי
סוּסֵיכֶם	סוּסֶיךָ	2인칭 남	סוּסְכֶם	סוּסְךָ
סוּסֵיכֶן	סוּסַיִךְ	2인칭 녀	סוּסְכֶן	סוּסֵךְ
סוּסֵיהֶם	סוּסָיו	3인칭 남	סוּסָם	סוּסוֹ
סוּסֵיהֶן	סוּסֶיהָ	3인칭 녀	סוּסָן	סוּסָהּ

3.3 전치사(מִן)에 접속되는 접미대명사

인칭 \ 수	복　　수	단　　수
1인칭	מִמֶּנּוּ	מִמֶּנִּי
2인칭(남)	מִכֶּם	מִמְּךָ
2인칭(여)	מִכֶּן	מִמֵּךְ
3인칭(남)	מֵהֶם	מִמֶּנּוּ
3인칭(여)	מֵהֶן	מִמֶּנָּה

3.4 동사에 접속되는 접미대명사

인칭 \ 수	복　　수	단　　수
1인칭	־נוּ	נִי
2인칭(남)	־כֶם	ךָ
2인칭(여)	־כֶן	ךְ
3인칭(남)	־ם, הֶם	הוּ, ו, וֹ
3인칭(여)	־ן	הָ, ָהּ, ָה

3.5 동사(שָׁמַר)에 접속되는 접미대명사의 형태

구	분	접미+שָׁמַר	접미+שָׁמְרָה	접미+שָׁמַרְתָּ	의 미
완료형 동사 + 접미사	1인칭 공단	שְׁמָרַנִי	שְׁמָרַתְנִי	שְׁמַרְתִּינִי	나를 지켰다
	2인칭 남단	שְׁמָרְךָ	שְׁמָרַתְךָ	——	너(남)를 지켰다
	2인칭 여단	שְׁמָרֵךְ	שְׁמָרֶתְךְ	——	너(여)를 지켰다
	3인칭 남단	שְׁמָרוֹ	שְׁמָרַתְהוּ	שְׁמַרְתִּיהוּ	그를 지켰다
		שְׁמָרָהּ	שְׁמָרַתּוּ		
	3인칭 여단	שְׁמָרָהּ	שְׁמָרַתָּה	שְׁמַרְתִּיהָ	그녀를 지켰다
	1인칭 공복	שְׁמָרָנוּ	שְׁמָרַתְנוּ	שְׁמַרְתִּינוּ	우리를 지켰다
	2인칭 남복	——	——	——	——
	2인칭 여복	——	——	——	——
	3인칭 남복	שְׁמָרָם	שְׁמָרָתַם	שְׁמַרְתִּים	그들을 지켰다
	3인칭 여복	שְׁמָרָן	שְׁמָרָתַן	שְׁמַרְתִּין	그녀들을지켰다

구	분	접미+יִשְׁמֹר	접미+יִשְׁמְרוּ	의 미
미완료형 + 접미사	1인칭 공단	יִשְׁמְרֵנִי	יִשְׁמְרוּנִי	나를 지킬 것이다
	2인칭 남단	יִשְׁמָרְךָ	יִשְׁמְרוּךָ	너(남)를 지킬것이다
	2인칭 여단	יִשְׁמְרֵךְ	יִשְׁמְרוּךְ	너(여)를 지킬것이다
	3인칭 남단	יִשְׁמְרֵהוּ	יִשְׁמְרוּהוּ	그를 지킬 것이다
		יִשְׁמְרֶנּוּ		
	3인칭 여단	יִשְׁמְרֶהָ	יִשְׁמְרוּהָ	그녀를 지킬 것이다
		יִשְׁמְרֶנָּה		
	1인칭 공복	יִשְׁמְרֵנוּ	יִשְׁמְרוּנוּ	우리를 지킬 것이다
	2인칭 남복	יִשְׁמָרְכֶם	יִשְׁמְרוּכֶם	너희(남)를 지킬것이다
	2인칭 여복	יִשְׁמָרְכֶן	יִשְׁמְרוּכֶן	너희(여)를 지킬것이다
	3인칭 남복	יִשְׁמְרֵם	יִשְׁמְרוּם	그들을 지킬 것이다
	3인칭 여복	יִשְׁמְרֵן	יִשְׁמְרוּן	그녀들을 지킬 것이다

4. 동사의 유형 분류

4.1 히브리어 동사의 유형 분류

히브리어는 **פָּעַל**(-하다)동사의 변화형에 따라 각 유형별 명칭을 만듦

구 분	단 순 형	강 조 형	사 역 형
능 동 태	קַל (פָּעַל)	פִּעֵל	הִפְעִיל
수 동 태	נִפְעַל	פֻּעַל	הָפְעַל
중 간 태		הִתְפַּעֵל	없 음

4.2 약동사의 유형 분류

약동사 구분 1			
순 서	③ ↓	② ↓	① ↓
약자음 종 류	ה י	י ו	י ו
약동사 명 칭	라메드 헤 동사	아인 요드 바브 동사	페 요드 바브 동사

약동사 구분 2		
순 서	③ ② ↓ ↓	① ↓
약자음 종 류	동일자음 반복	נ
약동사 명 칭	중복동사	페눈동사

5. 강 동사의 변화1

구 분		칼	니 팔	피 엘
완료형	3인칭 남 단	פָּקַד	נִפְקַד	פִּקֵּד
	여 단	פָּקְדָה	נִפְקְדָה	פִּקְּדָה
	2인칭 남 단	פָּקַדְתָּ	נִפְקַדְתָּ	פִּקַּדְתָּ
	여 단	פָּקַדְתְּ	נִפְקַדְתְּ	פִּקַּדְתְּ
	1인칭 공 단	פָּקַדְתִּי	נִפְקַדְתִּי	פִּקַּדְתִּי
	3인칭 공 복	פָּקְדוּ	נִפְקְדוּ	פִּקְּדוּ
	2인칭 남 복	פְּקַדְתֶּם	נִפְקַדְתֶּם	פִּקַּדְתֶּם
	여 복	פְּקַדְתֶּן	נִפְקַדְתֶּן	פִּקַּדְתֶּן
	1인칭 공 복	פָּקַדְנוּ	נִפְקַדְנוּ	פִּקַּדְנוּ
미완료형	3인칭 남 단	יִפְקֹד	יִפָּקֵד	יְפַקֵּד
	여 단	תִּפְקֹד	תִּפָּקֵד	תְּפַקֵּד
	2인칭 남 단	תִּפְקֹד	תִּפָּקֵד	תְּפַקֵּד
	여 단	תִּפְקְדִי	תִּפָּקְדִי	תְּפַקְּדִי
	1인칭 공 단	אֶפְקֹד	אֶפָּקֵד	אֲפַקֵּד
	3인칭 남 복	יִפְקְדוּ	יִפָּקְדוּ	יְפַקְּדוּ
	여 복	תִּפְקֹדְנָה	תִּפָּקַדְנָה	תְּפַקֵּדְנָה
	2인칭 남 복	תִּפְקְדוּ	תִּפָּקְדוּ	תְּפַקְּדוּ
	여 복	תִּפְקֹדְנָה	תִּפָּקַדְנָה	תְּפַקֵּדְנָה
	1인칭 공 복	נִפְקֹד	נִפָּקֵד	נְפַקֵּד
명령형	2인칭 남 단	פְּקֹד	הִפָּקֵד	פַּקֵּד
	여 단	פִּקְדִי	הִפָּקְדִי	פַּקְּדִי
	2인칭 남 복	פִּקְדוּ	הִפָּקְדוּ	פַּקְּדוּ
	여 복	פְּקֹדְנָה	הִפָּקַדְנָה	פַּקֵּדְנָה
부정사	절대형	פָּקוֹד	הִפָּקֹד	פַּקֹּד
	연계형	פְּקֹד	הִפָּקֵד	פַּקֵּד
분사	능 동	פֹּקֵד	נִפְקָד	מְפַקֵּד
	수 동	פָּקוּד		

강동사의 변화2

푸 알	히 트 파 엘	히 필	호 팔
פֻּקַּד	הִתְפַּקֵּד	הִפְקִיד	הָפְקַד
פֻּקְּדָה	הִתְפַּקְּדָה	הִפְקִידָה	הָפְקְדָה
פֻּקַּדְתָּ	הִתְפַּקַּדְתָּ	הִפְקַדְתָּ	הָפְקַדְתָּ
פֻּקַּדְתְּ	הִתְפַּקַּדְתְּ	הִפְקַדְתְּ	הָפְקַדְתְּ
פֻּקַּדְתִּי	הִתְפַּקַּדְתִּי	הִפְקַדְתִּי	הָפְקַדְתִּי
פֻּקְּדוּ	הִתְפַּקְּדוּ	הִפְקִידוּ	הָפְקְדוּ
פֻּקַּדְתֶּם	הִתְפַּקַּדְתֶּם	הִפְקַדְתֶּם	הָפְקַדְתֶּם
פֻּקַּדְתֶּן	הִתְפַּקַּדְתֶּן	הִפְקַדְתֶּן	הָפְקַדְתֶּן
פֻּקַּדְנוּ	הִתְפַּקַּדְנוּ	הִפְקַדְנוּ	הָפְקַדְנוּ
יְפֻקַּד	יִתְפַּקֵּד	יַפְקִיד	יָפְקַד
תְּפֻקַּד	תִּתְפַּקֵּד	תַּפְקִיד	תָּפְקַד
תְּפֻקַּד	תִּתְפַּקֵּד	תַּפְקִיד	תָּפְקַד
תְּפֻקְּדִי	תִּתְפַּקְּדִי	תַּפְקִידִי	תָּפְקְדִי
אֲפֻקַּד	אֶתְפַּקֵּד	אַפְקִיד	אָפְקַד
יְפֻקְּדוּ	יִתְפַּקְּדוּ	יַפְקִידוּ	יָפְקְדוּ
תְּפֻקַּדְנָה	תִּתְפַּקַּדְנָה	תַּפְקֵדְנָה	תָּפְקַדְנָה
תְּפֻקְּדוּ	תִּתְפַּקְּדוּ	תַּפְקִידוּ	תָּפְקְדוּ
תְּפֻקַּדְנָה	תִּתְפַּקַּדְנָה	תַּפְקֵדְנָה	תָּפְקַדְנָה
נְפֻקַּד	נִתְפַּקֵּד	נַפְקִיד	נָפְקַד
	הִתְפַּקֵּד	הַפְקֵד	
없음	הִתְפַּקְּדִי	הַפְקִידִי	없음
	הִתְפַּקְּדוּ	הַפְקִידוּ	
	הִתְפַּקַּדְנָה	הַפְקֵדְנָה	
פֻּקֹּד	הִתְפַּקֹּד	הַפְקֵד	הָפְקֵד
	הִתְפַּקֵּד	הַפְקִיד	הָפְקַד
מְפֻקָּד	מִתְפַּקֵּד	מַפְקִיד	מָפְקָד

6. 페-눈 동사의 변화

구분		칼		니팔	히필	호팔
완료형	3인칭 남 단	נָפַל	נָגַשׁ	נִגַּשׁ	הִגִּישׁ	הֻגַּשׁ
	여 단	נָפְלָה	נָגְשָׁה	נִגְּשָׁה	הִגִּישָׁה	הֻגְּשָׁה
	2인칭 남 단	נָפַלְתָּ	נָגַשְׁתָּ	נִגַּשְׁתָּ	הִגַּשְׁתָּ	הֻגַּשְׁתָּ
	여 단	נָפַלְתְּ	נָגַשְׁתְּ	נִגַּשְׁתְּ	הִגַּשְׁתְּ	הֻגַּשְׁתְּ
	1인칭 공 단	נָפַלְתִּי	נָגַשְׁתִּי	נִגַּשְׁתִּי	הִגַּשְׁתִּי	הֻגַּשְׁתִּי
	3인칭 공 복	נָפְלוּ	נָגְשׁוּ	נִגְּשׁוּ	הִגִּישׁוּ	הֻגְּשׁוּ
	2인칭 남 복	נְפַלְתֶּם	נְגַשְׁתֶּם	נִגַּשְׁתֶּם	הִגַּשְׁתֶּם	הֻגַּשְׁתֶּם
	여 복	נְפַלְתֶּן	נְגַשְׁתֶּן	נִגַּשְׁתֶּן	הִגַּשְׁתֶּן	הֻגַּשְׁתֶּן
	1인칭 공 복	נָפַלְנוּ	נָגַשְׁנוּ	נִגַּשְׁנוּ	הִגַּשְׁנוּ	הֻגַּשְׁנוּ
미완료형	3인칭 남 단	יִפֹּל	יִגַּשׁ	יִנָּגֵשׁ	יַגִּישׁ	יֻגַּשׁ
	여 단	תִּפֹּל	תִּגַּשׁ		תַּגִּישׁ	תֻּגַּשׁ
	2인칭 남 단	תִּפֹּל	תִּגַּשׁ	규	תַּגִּישׁ	תֻּגַּשׁ
	여 단	תִּפְּלִי	תִּגְּשִׁי	칙	תַּגִּישִׁי	תֻּגְּשִׁי
	1인칭 공 단	אֶפֹּל	אֶגַּשׁ	적	אַגִּישׁ	אֻגַּשׁ
	3인칭 남 복	יִפְּלוּ	יִגְּשׁוּ	으	יַגִּישׁוּ	יֻגְּשׁוּ
	여 복	תִּפֹּלְנָה	תִּגַּשְׁנָה	로	תַּגֵּשְׁנָה	תֻּגַּשְׁנָה
	2인칭 남 복	תִּפְּלוּ	תִּגְּשׁוּ		תַּגִּישׁוּ	תֻּגְּשׁוּ
	여 복	תִּפֹּלְנָה	תִּגַּשְׁנָה		תַּגֵּשְׁנָה	תֻּגַּשְׁנָה
	1인칭 공 복	נִפֹּל	נִגַּשׁ		נַגִּישׁ	נֻגַּשׁ
명령형	2인칭 남 단	נְפֹל	גַּשׁ		הַגֵּשׁ	
	여 단	נִפְלִי	גְּשִׁי		הַגִּישִׁי	
	2인칭 남 복	נִפְלוּ	גְּשׁוּ		הַגִּישׁוּ	
	여 복	נְפֹלְנָה	גַּשְׁנָה		הַגֵּשְׁנָה	
부정사	절대형		נָגוֹשׁ		הַגֵּשׁ	הֻגֵּשׁ
	연계형	נְפוֹל	גֶּשֶׁת		הַגִּישׁ	הֻגַּשׁ
분사			נֹגֵשׁ נָגוּשׁ	נִגָּשׁ	מַגִּישׁ	מֻגַּשׁ

페-눈 동사 (נָתַן, לָקַח)의 변화

구분		칼		니팔		히트파엘
완료형	3인칭 남 단	נָתַן	לָקַח	נִתַּן	נִלְקַח	הִתְלַקַּח
	여 단	נָתְנָה	לָקְחָה	נִתְּנָה	נִלְקְחָה	הִתְלַקְּחָה
	2인칭 남 단	נָתַתָּ	לָקַחְתָּ	נִתַּתָּ	נִלְקַחְתָּ	הִתְלַקַּחְתָּ
	여 단	נָתַתְּ	לָקַחְתְּ	נִתַּתְּ	נִלְקַחְתְּ	הִתְלַקַּחְתְּ
	1인칭 공 단	נָתַתִּי	לָקַחְתִּי	נִתַּתִּי	נִלְקַחְתִּי	הִתְלַקַּחְתִּי
	3인칭 공 복	נָתְנוּ	לָקְחוּ	נִתְּנוּ	נִלְקְחוּ	הִתְלַקְּחוּ
	2인칭 남 복	נְתַתֶּם	לְקַחְתֶּם	נִתַּתֶּם	נִלְקַחְתֶּם	הִתְלַקַּחְתֶּם
	여 복	נְתַתֶּן	לְקַחְתֶּן	נִתַּתֶּן	נִלְקַחְתֶּן	הִתְלַקַּחְתֶּן
	1인칭 공 복	נָתַנּוּ	לָקַחְנוּ	נִתַּנּוּ	נִלְקַחְנוּ	הִתְלַקַּחְנוּ
미완료형	3인칭 남 단	יִתֵּן	יִקַּח	יִנָּתֵן	יִלָּקַח	יִתְלַקַּח
	여 단	תִּתֵּן	תִּקַּח	תִּנָּתֵן	תִּלָּקַח	תִּתְלַקַּח
	2인칭 남 단	תִּתֵּן	תִּקַּח	תִּנָּתֵן	תִּלָּקַח	תִּתְלַקַּח
	여 단	תִּתְּנִי	תִּקְּחִי	תִּנָּתְנִי	תִּלָּקְחִי	תִּתְלַקְּחִי
	1인칭 공 단	אֶתֵּן	אֶקַּח	אֶנָּתֵן	אֶלָּקַח	אֶתְלַקַּח
	3인칭 남 복	יִתְּנוּ	יִקְּחוּ	יִנָּתְנוּ	יִלָּקְחוּ	יִתְלַקְּחוּ
	여 복	תִּתֵּנָּה	תִּקַּחְנָה	תִּנָּתַנָּה	תִּלָּקַחְנָה	תִּתְלַקַּחְנָה
	2인칭 남 복	תִּתְּנוּ	תִּקְּחוּ	תִּנָּתְנוּ	תִּלָּקְחוּ	תִּתְלַקְּחוּ
	여 복	תִּתֵּנָּה	תִּקַּחְנָה	תִּנָּתַנָּה	תִּלָּקַחְנָה	תִּתְלַקַּחְנָה
	1인칭 공 복	נִתֵּן	נִקַּח	נִנָּתֵן	נִלָּקַח	נִתְלַקַּח
명령형	2인칭 남 단	תֵּן	קַח	הִנָּתֵן	הִלָּקַח	הִתְלַקַּח
	여 단	תְּנִי	קְחִי	הִנָּתְנִי	הִלָּקְחִי	הִתְלַקְּחִי
	2인칭 남 복	תְּנוּ	קְחוּ	הִנָּתְנוּ	הִלָּקְחוּ	הִתְלַקְּחוּ
	여 복	תֵּנָּה	קַחְנָה	הִנָּתַנָּה	הִלָּקַחְנָה	הִתְלַקַּחְנָה
부정사	절 대 형	נָתוֹן	לָקוֹחַ	הִנָּתֹן	הִלָּקֹחַ	הִתְלַקֵּחַ
	연 계 형	תֵּת	קַחַת	הִנָּתֵן	הִלָּקַח	הִתְלַקַּח
분사	능 동 수 동	נֹתֵן נָתוּן	לֹקֵחַ לָקוּחַ	הִנָּתֵן	נִלְקָח	מִתְלַקֵּחַ

7. 페-바브 동사의 변화

구분		칼	니팔	히필	호팔
완료형	3인칭 남 단	יָשַׁב	נוֹשַׁב	הוֹשִׁיב	הוּשַׁב
	여 단	יָשְׁבָה	נוֹשְׁבָה	הוֹשְׁבָה	הוּשְׁבָה
	2인칭 남 단	יָשַׁבְתָּ	נוֹשַׁבְתָּ	הוֹשַׁבְתָּ	הוּשַׁבְתָּ
	여 단	יָשַׁבְתְּ	נוֹשַׁבְתְּ	הוֹשַׁבְתְּ	הוּשַׁבְתְּ
	1인칭 공 단	יָשַׁבְתִּי	נוֹשַׁבְתִּי	הוֹשַׁבְתִּי	הוּשַׁבְתִּי
	3인칭 공 복	יָשְׁבוּ	נוֹשְׁבוּ	הוֹשִׁיבוּ	הוּשְׁבוּ
	2인칭 남 복	יְשַׁבְתֶּם	נוֹשַׁבְתֶּם	הוֹשַׁבְתֶּם	הוּשַׁבְתֶּם
	여 복	יְשַׁבְתֶּן	נוֹשַׁבְתֶּן	הוֹשַׁבְתֶּן	הוּשַׁבְתֶּן
	1인칭 공 복	יָשַׁבְנוּ	נוֹשַׁבְנוּ	הוֹשַׁבְנוּ	הוּשַׁבְנוּ
미완료형	3인칭 남 단	יֵשֵׁב	יִוָּשֵׁב	יוֹשִׁיב	יוּשַׁב
	여 단	תֵּשֵׁב	תִּוָּשֵׁב	תּוֹשִׁיב	תּוּשַׁב
	2인칭 남 단	תֵּשֵׁב	תִּוָּשֵׁב	תּוֹשִׁיב	תּוּשַׁב
	여 단	תֵּשְׁבִי	תִּוָּשְׁבִי	תּוֹשִׁיבִי	תּוּשְׁבִי
	1인칭 공 단	אֵשֵׁב	אֶוָּשֵׁב	אוֹשִׁיב	אוּשַׁב
	3인칭 남 복	יֵשְׁבוּ	יִוָּשְׁבוּ	יוֹשִׁיבוּ	יוּשְׁבוּ
	여 복	תֵּשַׁבְנָה	תִּוָּשַׁבְנָה	תּוֹשֵׁבְנָה	תּוּשַׁבְנָה
	2인칭 남 복	תֵּשְׁבוּ	תִּוָּשְׁבוּ	תּוֹשִׁיבוּ	תּוּשְׁבוּ
	여 복	תֵּשַׁבְנָה	תִּוָּשַׁבְנָה	תּוֹשֵׁבְנָה	תּוּשַׁבְנָה
	1인칭 공 복	נֵשֵׁב	נִוָּשֵׁב	נוֹשִׁיב	נוּשַׁב
명령형	2인칭 남 단	שֵׁב	הִוָּשֵׁב	הוֹשֵׁב	
	여 단	שְׁבִי	הִוָּשְׁבִי	הוֹשִׁיבִי	
	2인칭 남 복	שְׁבוּ	הִוָּשְׁבוּ	הוֹשִׁיבוּ	
	여 복	שֵׁבְנָה	הִוָּשַׁבְנָה	הוֹשֵׁבְנָה	
부정사	절 대 형	יָשֹׁב	הִוָּשֵׁב	הוֹשֵׁב	הוּשַׁב
	연 계 형	שֶׁבֶת		הוֹשִׁיב	
분사	능 동	יוֹשֵׁב	נוֹשָׁב	מוֹשִׁיב	מוּשָׁב
	수 동	יָשׁוּב			

8. 페-요드 동사의 변화

구분		칼	히필
완료형	3인칭 남 단	יָטַב	הֵיטִיב
	여 단	יָטְבָה	הֵיטִיבָה
	2인칭 남 단	יָטַבְתָּ	הֵיטַבְתָּ
	여 단	יָטַבְתְּ	הֵיטַבְתְּ
	1인칭 공 단	יָטַבְתִּי	הֵיטַבְתִּי
	3인칭 공 복	יָטְבוּ	הֵיטִיבוּ
	2인칭 남 복	יְטַבְתֶּם	הֵיטַבְתֶּם
	여 복	יְטַבְתֶּן	הֵיטַבְתֶּן
	1인칭 공 복	יָטַבְנוּ	הֵיטַבְנוּ
미완료형	3인칭 남 단	יִיטַב	יֵיטִיב
	여 단	תִּיטַב	תֵּיטִיב
	2인칭 남 단	תִּיטַב	תֵּיטִיב
	여 단	תִּיטְבִי	תֵּיטִיבִי
	1인칭 공 단	אִיטַב	אֵיטִיב
	3인칭 남 복	יִיטְבוּ	יֵיטִיבוּ
	여 복	תִּיטַבְנָה	תֵּיטֵבְנָה
	2인칭 남 복	תִּיטְבוּ	תֵּיטִיבוּ
	여 복	תִּיטַבְנָה	תֵּיטֵבְנָה
	1인칭 공 복	נִיטַב	נֵיטִיב
명령형	2인칭 남 단		הֵיטֵב
	여 단		הֵיטִיבִי
	2인칭 남 복		הֵיטִיבוּ
	여 복		הֵיטֵבְנָה
부정사	절 대 형	יָטוֹב	הֵיטֵב
	연 계 형	יְטֹב	הֵיטִיב
분사	능 동	יֹטֵב	מֵיטִיב
	수 동	יָטוּב	

9. 라메드-헤 동사의 변화

구분		칼	피엘	히필
완료형	3인칭 남 단	בָּכָה	בִּכָּה	הִבְכָה
	여 단	בָּכְתָה	בִּכְּתָה	הִבְכְתָה
	2인칭 남 단	בָּכִיתָ	בִּכִּיתָ	הִבְכִיתָ
	여 단	בָּכִית	בִּכִּית	הִבְכִית
	1인칭 공 단	בָּכִיתִי	בִּכִּיתִי	הִבְכִיתִי
	3인칭 공 복	בָּכוּ	בִּכּוּ	הִבְכוּ
	2인칭 남 복	בָּכִיתֶם	בִּכִּיתֶם	הִבְכִיתֶם
	여 복	בָּכִיתֶן	בִּכִּיתֶן	הִבְכִיתֶן
	1인칭 공 복	בָּכִינוּ	בִּכִּינוּ	הִבְכִינוּ
미완료형	3인칭 남 단	יִבְכֶה	יֵבַכֶּה	יַבְכֶה
	여 단	תִּבְכֶה	תְּבַכֶּה	תַּבְכֶה
	2인칭 남 단	תִּבְכֶה	תְּבַכֶּה	תַּבְכֶה
	여 단	תִּבְכִי	תְּבַכִּי	תַּבְכִי
	1인칭 공 단	אֶבְכֶה	אֲבַכֶּה	אַבְכֶה
	3인칭 남 복	יִבְכוּ	יְבַכּוּ	יַבְכוּ
	여 복	תִּבְכֶינָה	תְּבַכֶּינָה	תַּבְכֶינָה
	2인칭 남 복	תִּבְכוּ	תְּבַכּוּ	תַּבְכוּ
	여 복	תִּבְכֶינָה	תְּבַכֶּינָה	תַּבְכֶינָה
	1인칭 공 복	אֶבְכֶה	נְבַכֶּה	נַבְכֶה
명령형	2인칭 남 단	בְּכֶה	בַּכֶּה	הַבְכֵה
	여 단	בְּכִי	בַּכִּי	הַבְכִי
	2인칭 남 복	בְּכוּ	בַּכּוּ	הַבְכוּ
	여 복	בְּכֶינָה	בַּכְּיֶינָה	הַבְכֶינָה
부정사	절 대 형	בָּכֹה	בַּכֹּה	הַבְכֵה
	연 계 형	בְּכוֹת	בַּכּוֹת	הַבְכוֹת
분사		בֹּכֶה בכוּי		מַבְכֶה

라메드-헤 (הָיָה) 동사의 변화1

구	분	칼	니팔
완료형	3인칭 남 단	הָיָה	נִהְיֵה
	여 단	הָיְתָה	נִהְיְתָה
	2인칭 남 단	הָיִיתָ	נִהְיֵיתָ
	여 단	הָיִית	נִהְיֵית
	1인칭 공 단	הַיִיתִי	נִהְיֵיתִי
	3인칭 공 복	הָיוּ	נִהְיוּ
	2인칭 남 복	הֱיִיתֶם	נִהְיֵיתֶם
	여 복	הֱיִיתֶן	נִהְיֵיתֶן
	1인칭 공 복	הָיִינוּ	נִהְיֵינוּ
미완료형	3인칭 남 단	יִהְיֶה	יֵהָיֵה
	여 단	תִּהְיֶה	תֵּהָיֵה
	2인칭 남 단	תִּהְיֶה	תֵּהָיֵה
	여 단	תִּהְיִי	תֵּהָיִי
	1인칭 공 단	אֶהְיֶה	אֵהָיֵה
	3인칭 남 복	יִהְיוּ	יֵהָיוּ
	여 복	תִּהְיֶינָה	תֵּהָיֵינָה
	2인칭 남 복	תִּהְיוּ	תֵּהָיוּ
	여 복	תִּהְיֶינָה	תֵּהָיֵינָה
	1인칭 공 복	אֶהְיֶה	נֵהָיֵה
명령형	2인칭 남 단	הֱיֶה	הֵהָיֵה
	여 단	הֲיִי	הֵהָיִי
	2인칭 남 복	הֱיוּ	הֵהָיוּ
	여 복	הֲיֶינָה	הֵהָיֵינָה
부정사	절 대 형	הָיֹה	הֵהָיֵה
	연 계 형	הֱיוֹת	הֵהָיוֹת
분사		הֹוֶה	נִהְיֶה

라메드-헤 (הָיָה) 동사의 변화2

피엘	푸알	히트파엘
הִוָּה	הֻוָּה	הִתְהַוָּה
הִוְּתָה	הֻוְּתָה	הִתְהַוְּתָה
הִוִּיתָ	הֻוֵּיתָ	הִתְהַוֵּיתָ
הִוִּית	הֻוֵּית	הִתְהַוֵּית
הִוִּיתִי	הֻוֵּיתִי	הִתְחַוֵּיתִי
הִוּוּ	הֻוּוּ	הִתְהַוּוּ
הִוִּיתֶם	הֻוֵּיתֶם	הִתְהַוֵּיתֶם
הִוִּיתֶן	הֻוֵּיתֶן	הִתְהַוֵּיתֶן
הִוִּינוּ	הֻוֵּינוּ	הִתְהַוֵּינוּ
יְהַוֶּה	יְהֻוֶּה	יִתְהַוֶּה
תְּהַוֶּה	תְּהֻוֶּה	תִּתְהַוֶּה
תְּהַוֶּה	תְּהֻוֶּה	תִּתְהַוֶּה
תְּהַוִּי	תְּהֻוִּי	תִּתְחַוִּי
אֲהַוֶּה	אֲהֻוֶּה	אֶתְהַוֶּה
יְהַוּוּ	יְהֻוּוּ	יִתְחַוּוּ
תְּהַוֶּינָה	תְּהֻוֶּינָה	תִּתְחַוֶּינָה
תְּהַוּוּ	תְּהֻוּוּ	תִּתְחַוּוּ
תְּהַוֶּינָה	תְּהֻוֶּינָה	תִּתְחַוֶּינָה
נְהַוֶּה	נְהֻוֶּה	נִתְהַוֶּה
הַוֶּה		הִתְהַוֶּה
הַוִּי		הִתְהַוִּי
הַוּוּ		הִתְהַוּוּ
הַוֶּינָה		הִתְהַוֶּינָה
הַוֵּה	הֻוֹּה	הִתְחַוֵּה
הַוּוֹת		הִתְהַוּוֹת
מְהַוֶּה	מְהֻוֶּה	מִתְחַוֶּה

10. 두 자음 어간 동사(아인 바브 동사)의 변화1

구	분	칼	니팔	히필
완료형	3인칭 남 단	קָם	נָקוֹם	הֵקִים
	여 단	קָמָה	נָקוֹמָה	הֵקִימָה
	2인칭 남 단	קַמְתָּ	נָקוֹמוֹתָ	הֲקִימוֹתָ
	여 단	קַמְתְּ	נָקוֹמוֹת	הֲקִימוֹת
	1인칭 공 단	קַמְתִּי	נָקוֹמוֹתִי	הֲקִימוֹתִי
	3인칭 공 복	קָמוּ	נָקוֹמוּ	הֵקִימוּ
	2인칭 남 복	קַמְתֶּם	נְקֹמוֹתֶם	הֲקִימוֹתֶם
	여 복	קַמְתֶּן	נְקֹמוֹתֶן	הֲקִימוֹתֶן
	1인칭 공 복	קַמְנוּ	נָקוֹמוֹנוּ	הֲקִימוֹנוּ
미완료형	3인칭 남 단	יָקוּם	יִקּוֹם	יָקִים
	여 단	תָּקוּם	תִּקּוֹם	תָּקִים
	2인칭 남 단	תָּקוּם	תִּקּוֹם	תָּקִים
	여 단	תָּקוּמִי	תִּקּוֹמִי	תָּקִימִי
	1인칭 공 단	אָקוּם	אֶקּוֹם	אָקִים
	3인칭 남 복	יָקוּמוּ	יִקּוֹמוּ	יָקִימוּ
	여 복	תְּקוּמֶינָה	תִּקִּימֶינָה	(תָּקֵמְנָה)
	2인칭 남 복	תָּקוּמוּ	תִּקּוֹמוּ	תָּקִימוּ
	여 복	תְּקוּמֶינָה	תִּקִּימֶינָה	(תְּקִימֶינָה)
	1인칭 공 복	נָקוּם	נִקּוֹם	קִים
명령형	2인칭 남 단	קוּם	הִקּוֹם	הָקֵם
	여 단	קוּמִי		הָקִימִי
	2인칭 남 복	קוּמוּ	הִקּוֹמוּ	הָקִימוּ
	여 복	קֹמְנָה		הָקֵמְנָה
부정사	절 대 형	קוּם	הִקּוֹם	הָקֵם
	연 계 형	קוּם	הִקּוֹם	הָקִים
분사	능 동 수 동	קָם קוּם	נָקוֹם	מֵקִים

두 자음 어간 동사(아인 바브 동사)의 변화2

호 팔	폴 렐	폴 랄	히트폴렐
הוּקַם	קוֹמֵם	קוֹמַמ	הִתְקוֹמֵמ
הוּקְמָה	קוֹמְמָה	קוֹמְמָה	הִתְקוֹמְמָה
הוּקַמְתָּ	קוֹמַמְתָּ	קוֹמַמְתָּ	הִתְקוֹמַמְתָּ
הוּקַמְתְּ	קוֹמַמְתְּ	קוֹמַמְתְּ	הִתְקוֹמַמְתְּ
הוּקַמְתִּי	קוֹמַמְתִּי	קוֹמַמְתִּי	הִתְקוֹמַמְתִּי
הוּקְמוּ	קוֹמְמוּ	קוֹמְמוּ	הִתְקוֹמְמוּ
הוּקַמְתֶּם	קוֹמַמְתֶּם	קוֹמַמְתֶּם	הִתְקוֹמַמְתֶּם
הוּקַמְתֶּן	קוֹמַמְתֶּן	קוֹמַמְתֶּן	הִתְקוֹמַמְתֶּן
הוּקַמְנוּ	קוֹמַמְנוּ	קוֹמַמְנוּ	הִתְקוֹמַמְנוּ
יוּקַם	יְקוֹמֵם	יְקוֹמַם	יִתְקוֹמֵמ
תּוּקַם	תְּקוֹמֵם	תְּקוֹמַם	תִּתְקוֹמֵמ
תּוּקַם	תְּקוֹמֵם	תְּקוֹמַם	תִּתְקוֹמֵמ
תּוּקְמִי	תְּקוֹמְמִי	תְּקוֹמְמִי	תִּתְקוֹמְמִי
אוּקַם	אֲקוֹמֵם	אֲקוֹמַם	אֶתְקוֹמֵמ
יוּקְמוּ	יְקוֹמְמוּ	יְקוֹמְמוּ	יִתְקוֹמְמוּ
תּוּקַמְנָה	תְּקוֹמֵמְנָה	תְּקוֹמַמְנָה	תִּתְקוֹמֵמְנָה
תּוּקְמוּ	תְּקוֹמְמוּ	תְּקוֹמְמוּ	תִּתְקוֹמְמוּ
תּוּקַמְנָה	תְּקוֹמֵמְנָה	תְּקוֹמַמְנָה	תִּתְקוֹמֵמְנָה
נוּקַם	נְקוֹמֵם	נְקוֹמַם	נִתְקוֹמֵמ
	קוֹמֵם		הִתְקוֹמֵמ
	קוֹמְמִי		הִתְקוֹמְמִי
	קוֹמְמוּ		הִתְקוֹמְמוּ
	קוֹמֵמְנָה		הִתְקוֹמֵמְנָה
	קוֹמֵם	קוֹמֹם	הִתְקוֹמֵמ
הוּקַם	קוֹמֵם		הִתְקוֹמֵמ
	מְקוֹמֵם	מְקוֹמָם	מִתְקוֹמֵמ

두 자음 어간 동사(아인 요드 동사)의 변화

구	분	칼	히필	후팔
완료형	3인칭 남 단	שָׂם	הֵשִׂים	הוּשַׂם
	여 단	שָׂמָה	הֵשִׂימָה	הוּשְׂמָה
	2인칭 남 단	שַׂמְתָּ	הֵשַׂמְתָּ	הוּשַׂמְתָּ
	여 단	שַׂמְתְּ	הֵשַׂמְתְּ	הוּשַׂמְתְּ
	1인칭 공 단	שַׂמְתִּי	הֵשַׂמְתִּי	הוּשַׂמְתִּי
	3인칭 공 복	שָׂמוּ	הֵשִׂימוּ	הוּשְׂמוּ
	2인칭 남 복	שַׂמְתֶּם	הֲשֵׂמְתֶּם	הוּשַׂמְתֶּם
	여 복	שַׂמְתֶּן	הֲשֵׂמְתֶּן	הוּשַׂמְתֶּן
	1인칭 공 복	שַׂמְנוּ	הֵשַׂמְנוּ	הוּשַׂמְנוּ
미완료형	3인칭 남 단	יָשִׂים	יָשִׂים	יוּשַׂם
	여 단	תָּשִׂים	תָּשִׂים	תּוּשַׂם
	2인칭 남 단	תָּשִׂים	תָּשִׂים	תּוּשַׂם
	여 단	תָּשִׂימִי	תָּשִׂימִי	תּוּשְׂמִי
	1인칭 공 단	אָשִׂים	אָשִׂים	אוּשַׂם
	3인칭 남 복	יָשִׂימוּ	יָשִׂימוּ	יוּשְׂמוּ
	여 복	תָּשֵׂמְנָה	תָּשֵׂמְנָה	תּוּשַׂמְנָה
	2인칭 남 복	תָּשִׂימוּ	תָּשִׂימוּ	תּוּשְׂמוּ
	여 복	תָּשֵׂמְנָה	תָּשֵׂמְנָה	תּוּשַׂמְנָה
	1인칭 공 복	נָשִׂים	נָשִׂים	נוּשַׂם
명령형	2인칭 남 단	שִׂים	הָשֵׂם	
	여 단	שִׂימִי	הָשִׂימִי	
	2인칭 남 복	שִׂימוּ	הָשִׂימוּ	
	여 복	שֵׂמְנָה	הָשֵׂמְנָה	
부정사	절 대 형	שִׂים	הָשִׂים	
	연 계 형	שִׂים	הָשֵׂם	הוּשֵׂם
분사	능 동	שָׂם	מֵשִׂים	מוּשָׂם
	수 동	שׂוּם		

11. 중복 동사의 변화1

구분		칼		니팔	히필	호팔
완료형	3인칭 남단	סַב	סָבַב	נָסַב	הֵסֵב	הוּסַב
	여단	סַבָּה	סָבְבָה	נָסַבָּה	הֵסֵבָּה	הוּסַבָּה
	2인칭 남단	סַבּוֹתָ	סַבּוֹתָ	נָסַבּוֹתָ	הֵסִבּוֹתָ	הוּסַבּוֹתָ
	여단	סַבּוֹת	סַבּוֹת	נָסַבּוֹת	הֵסִבּוֹת	הוּסַבּוֹת
	1인칭 공단	סַבּוֹתִי	סַבּוֹתִי	נָסַבּוֹתִי	הֵסִבּוֹתִי	הוּסַבּוֹתִי
	3인칭 공복	סַבּוּ	סָבְבוּ	נָסַבּוּ	הֵסֵבּוּ	הוּסַבּוּ
	2인칭 남복	סַבּוֹתֶם	סַבּוֹתֶם	נָסַבּוֹתֶם	הֲסִבּוֹתֶם	הוּסַבּוֹתֶם
	여복	סַבּוֹתֶן	סַבּוֹתֶן	נָסַבּוֹתֶן	הֲסִבּוֹתֶן	הוּסַבּוֹתֶן
	1인칭 공복	סַבּוֹנוּ	סַבּוֹנוּ	נָסַבּוֹנוּ	הֲסִבּוֹנוּ	הוּסַבּוֹנוּ
미완료형	3인칭 남단	יָסֹב	יִסֹּב	יִסַּב	יָסֵב	יוּסַב
	여단	תָּסֹב	תִּסֹּב	תִּסַּב	תָּסֵב	תּוּסַב
	2인칭 남단	תָּסֹב	תִּסֹּב	תִּסַּב	תָּסֵב	תּוּסַב
	여단	תָּסֹבִּי	תִּסְּבִי	תִּסַּבִּי	תָּסֵבִּי	תּוּסַבִּי
	1인칭 공단	אָסֹב	אֶסֹּב	אֶסַּב	אָסֵב	אוּסַב
	3인칭 남복	יָסֹבּוּ	יִסְּבוּ	יִסַּבּוּ	יָסֵבּוּ	יוּסַבּוּ
	여복	תְּסֻבֶּינָה	תִּסֹּבְנָה	תִּסַּבֶּינָה	תְּסִבֶּינָה	תּוּסַבֶּינָה
	2인칭 남복	תָּסֹבּוּ	תִּסְּבוּ	תִּסַּבּוּ	תָּסֵבּוּ	תּוּסַבּוּ
	여복	תְּסֻבֶּינָה	תִּסֹּבְנָה	תִּסַּבֶּינָה	תְּסִבֶּינָה	תּוּסַבֶּינָה
	1인칭 공복	נָסֹב	נִסֹּב	נִסַּב	נָסֵב	נוּסַב
명령형	2인칭 남단	סֹב		הִסַּב	הָסֵב	
	여단	סֹבִּי		הִסַּבִּי	הָסֵבִּי	
	2인칭 남복	סֹבּוּ		הִסַּבּוּ	הָסֵבּוּ	
	여복	סֻבֶּינָה		הִסַּבֶּינָה	הֲסִבֶּינָה	
부정사	절 대 형	סָבוֹב		הִסּוֹב	הָסֵב	הוּסֵב
	연 계 형	סֹב		הִסֵּב	הָסֵב	הוּסַב
분사	능 동	סֹבֵב		נָסָב	מֵסֵב	מוּסָב
	수 동	סָבוּב				

중복 동사의 변화2

포 엘	포 알	히트포엘
סוֹבֵב	סוֹבַב	הִתְסוֹבֵב
סוֹבְבָה	סוֹבְבָה	הִתְסוֹבְבָה
סוֹבֵבְתָּ	סוֹבַבְתָּ	הִתְסוֹבַבְתָּ
סוֹבֵבְתְּ	סוֹבַבְתְּ	הִתְסוֹבַבְתְּ
סוֹבֵבְתִּי	סוֹבַבְתִּי	הִתְסוֹבַבְתִּי
סוֹבְבוּ	סוֹבְבוּ	הִתְסוֹבְבוּ
סוֹבֵבְתֶּם	סוֹבַבְתֶּם	הִתְסוֹבַבְתֶּם
סוֹבֵבְתֶּן	סוֹבַבְתֶּן	הִתְסוֹבַבְתֶּן
סוֹבֵבְנוּ	סוֹבַבְנוּ	הִתְסוֹבַבְנוּ
יְסוֹבֵב	יְסוֹבַב	יִתְסוֹבֵב
תְּסוֹבֵב	תְּסוֹבַב	תִּתְסוֹבֵב
תְּסוֹבֵב	תְּסוֹבַב	תִּתְסוֹבֵב
תְּסוֹבְבִי	תְּסוֹבְבִי	תִּתְסוֹבְבִי
אֲסוֹבֵב	אֲסוֹבַב	אֶתְסוֹבֵב
יְסוֹבְבוּ	יְסוֹבְבוּ	יִסוֹבְבוּ
תְּסוֹבֵבְנָה	תְּסוֹבַבְנָה	תִּתְסוֹבֵבְנָה
תְּסוֹבְבוּ	תְּסוֹבְבוּ	תִּסוֹבְבוּ
תְּסוֹבֵבְנָה	תְּסוֹבַבְנָה	תִּתְסוֹבֵבְנָה
נְסוֹבֵב	נְסוֹבַב	נִתְסוֹבֵב
סוֹבֵב		הִתְסוֹבֵב
סוֹבְבִי		הִתְסוֹבְבִי
סוֹבְבוּ		הִתְסוֹבְבוּ
סוֹבַבְנָה		הִתְסוֹבֵבְנָה
סוֹבֵב	סוֹבֹב	הִתְסוֹבֵב
סוֹבֵב	סוֹבַב	הִתְסוֹבֵב
מְסוֹבֵב	מְסוֹבָב	מִתְסוֹבֵב

12. 페-후음 동사의 변화

구 분		칼	니 팔	히 필
완료형	3인칭 남 단	עָמַד	נֶעֱמַד	הֶעֱמִיד
	여 단	עָמְדָה	נֶעֶמְדָה	הֶעֱמִידָה
	2인칭 남 단	עָמַדְתָּ	נֶעֱמַדְתָּ	הֶעֱמַדְתָּ
	여 단	עָמַדְתְּ	נֶעֱמַדְתְּ	הֶעֱמַדְתְּ
	1인칭 공 단	עָמַדְתִּי	נֶעֱמַדְתִּי	הֶעֱמַדְתִּי
	3인칭 공 복	עָמְדוּ	נֶעֶמְדוּ	הֶעֱמִידוּ
	2인칭 남 복	עֲמַדְתֶּם	נֶעֱמַדְתֶּם	הֶעֱמַדְתֶּם
	여 복	עֲמַדְתֶּ	נֶעֱמַדְתֶּן	הֶעֱמַדְתֶּן
	1인칭 공 복	עָמַדְנוּ	נֶעֱמַדְנוּ	הֶעֱמַדְנוּ
미완료형	3인칭 남 단	יַעֲמֹד	יֵעָמֵד	יַעֲמִיד
	여 단	תַּעֲמֹד	תֵּעָמֵד	תַּעֲמִיד
	2인칭 남 단	תַּעֲמֹד	תֵּעָמֵד	תַּעֲמִיד
	여 단	תַּעַמְדִי	תֵּעָמְדִי	תַּעֲמִידִי
	1인칭 공 단	אֶעֱמֹד	אֵעָמֵד	אַעֲמִיד
	3인칭 남 복	יַעַמְדוּ	יֵעָמְדוּ	יַעֲמִידוּ
	여 복	תַּעֲמֹדְנָה	תֵּעָמַדְנָה	תַּעֲמֵדְנָה
	2인칭 남 복	תַּעַמְדוּ	תֵּעָמְדוּ	תַּעֲמִידוּ
	여 복	תַּעֲמֹדְנָה	תֵּעָמַדְנָה	תַּעֲמֵדְנָה
	1인칭 공 복	נַעֲמֹד	נֵעָמֵד	נַעֲמִיד
명령형	2인칭 남 단	עֲמֹד	הֵעָמֵד	הַעֲמֵד
	여 단	עִמְדִי	הֵעָמְדִי	הַעֲמִידִי
	2인칭 남 복	עִמְדוּ	הֵעָמְדוּ	הַעֲמִידוּ
	여 복	עֲמֹדְנָה	הֵעָמַדְנָה	הַעֲמֵדְנָה
부정사	절 대 형	עָמֹד	הֵעָמֵד	הַעֲמֵד
	연 계 형	עֲמֹד	הֵעָמֵד	הַעֲמִיד
분사	능 동	עוֹמֵד		
	수 동		נֶעֱמָד	מַעֲמִיד

13. 아인-후음 동사의 변화

구분		칼	피엘	푸알	히트파엘
완료형	3인칭 남 단	בָּרַךְ	(בֵּרֵךְ)בֵּרַךְ	בֹּרַךְ	הִתְבָּרֵךְ
	여 단	בָּרְכָה	בֵּרְכָה	בֹּרְכָה	הִתְבָּרְכָה
	2인칭 남 단	בָּרַכְתָּ	בֵּרַכְתָּ	בֹּרַכְתָּ	הִתְבָּרַכְתָּ
	여 단	בָּרַכְתְּ	בֵּרַכְתְּ	בֹּרַכְתְּ	הִתְבָּרַכְתְּ
	1인칭 공 단	בָּרַכְתִּי	בֵּרַכְתִּי	בֹּרַכְתִּי	הִתְבָּרַכְתִּי
	3인칭 공 복	בָּרְכוּ	בֵּרְכוּ	בֹּרְכוּ	הִתְבָּרְכוּ
	2인칭 남 복	בְּרַכְתֶּם	בֵּרַכְתֶּמ	בֹּרַכְתֶּם	הִתְבָּרַכְתֶּם
	여 복	בְּרַכְתֶּן	בֵּרַכְתֶּן	בֹּרַכְתֶּן	הִתְבָּרַכְתֶּן
	1인칭 공 복	בָּרַכְנוּ	בֵּרַכְנוּ	בֹּרַכְנוּ	הִתְבָּרַכְנוּ
미완료형	3인칭 남 단	יִבְרַךְ	יְבָרֵךְ	יְבֹרַךְ	יִתְבָּרֵךְ
	여 단	תִּבְרַךְ	תְּבָרֵךְ	תְּבֹרַךְ	תִּתְבָּרֵךְ
	2인칭 남 단	תִּבְרַךְ	תְּבָרֵךְ	תְּבֹרַךְ	תִּתְבָּרֵךְ
	여 단	תִּבְרְכִי	תְּבָרְכִי	תְּבֹרְכִי	תִּתְבָּרְכִי
	1인칭 공 단	אֶבְרַךְ	אֶבָרֵךְ	אֲבֹרַךְ	אֶתְבָּרֵךְ
	3인칭 남 복	יִבְרְכוּ	יְבָרְכוּ	יְבֹרְכוּ	יִתְבָּרְכוּ
	여 복	תִּבְרַכְנָה	תְּבָרַכְנָה	תְּבֹרַכְנָה	תִּתְבָּרֵכְנָה
	2인칭 남 복	תִּבְרְכוּ	תְּבָרְכוּ	תְּבֹרְכוּ	תִּתְבָּרְכוּ
	여 복	תִּבְרַכְנָה	תְּבָרַכְנָה	תְּבֹרַכְנָה	תִּתְבָּרֵכְנָה
	1인칭 공 복	נִבְרַךְ	נְבָרֵךְ	נְבֹרַךְ	נִתְבָּרֵךְ
명령형	2인칭 남 단	בְּרַךְ	בָּרֵךְ		הִתְבָּרֵךְ
	여 단	בִּרְכִי	בָּרְכִי		הִתְבָּרְכִי
	2인칭 남 복	בִּרְכוּ	בָּרְכוּ		הִתְבָּרְכוּ
	여 복	בְּרַכְנָה	בָּרֵכְנָה		הִתְבָּרֵכְנָה
부정사	절대형	בָּרוֹךְ	בָּרוֹךְ		הִתְבָּרֵךְ
	연계형	בְּרֹךְ	בָּרֵךְ	בֹּרַךְ	הִתְבָּרֵךְ
분사	능동	בֹּרֵךְ	מְבָרֵךְ	מְבֹרָךְ	מִתְבָּרֵךְ
	수동	בָּרוּךְ			

14. 라메드-후음 동사의 변화

구분		칼	니팔	피엘	히필
완료형	3인칭 남 단	שָׁלַח	נִשְׁלַח	שִׁלַּח	הִשְׁלִיחַ
	여 단	שָׁלְחָה	נִשְׁלְחָה	שִׁלְּחָה	הִשְׁלִיחָה
	2인칭 남 단	שָׁלַחְתָּ	נִשְׁלַחְתָּ	שִׁלַּחְתָּ	הִשְׁלַחְתָּ
	여 단	שָׁלַחְתְּ	נִשְׁלַחְתְּ	שִׁלַּחְתְּ	הִשְׁלַחְתְּ
	1인칭 공 단	שָׁלַחְתִּי	נִשְׁלַחְתִּי	שִׁלַּחְתִּי	הִשְׁלַחְתִּי
	3인칭 공 복	שָׁלְחוּ	נִשְׁלְחוּ	שִׁלְּחוּ	הִשְׁלִיחוּ
	2인칭 남 복	שְׁלַחְתֶּם	נִשְׁלַחְתֶּם	שִׁלַּחְתֶּם	הִשְׁלַחְתֶּם
	여 복	שְׁלַחְתֶּן	נִשְׁלַחְתֶּן	שִׁלַּחְתֶּן	הִשְׁלַחְתֶּן
	1인칭 공 복	שָׁלַחְנוּ	נִשְׁלַחְנוּ	שִׁלַּחְנוּ	הִשְׁלַחְנוּ
미완료형	3인칭 남 단	יִשְׁלַח	יִשָּׁלַח	יְשַׁלַּח	יַשְׁלִיחַ
	여 단	תִּשְׁלַח	תִּשָּׁלַח	תְּשַׁלַּח	תַּשְׁלִיחַ
	2인칭 남 단	תִּשְׁלַח	תִּשָּׁלַח	תְּשַׁלַּח	תַּשְׁלִיחַ
	여 단	תִּשְׁלְחִי	תִּשָּׁלְחִי	תְּשַׁלְּחִי	תַּשְׁלִיחִי
	1인칭 공 단	אֶשְׁלַח	אֶשָּׁלַח	אֲשַׁלַּח	אַשְׁלִיחַ
	3인칭 남 복	יִשְׁלְחוּ	יִשָּׁלְחוּ	יְשַׁלְּחוּ	יַשְׁלִיחוּ
	여 복	תִּשְׁלַחְנוּ	תִּשָּׁלַחְנָה	תְּשַׁלַּחְנָה	תַּשְׁלַחְנָה
	2인칭 남 복	תִּשְׁלְחוּ	תִּשָּׁלְחוּ	תְּשַׁלְּחוּ	תַּשְׁלִיחוּ
	여 복	תִּשְׁלַחְנוּ	תִּשָּׁלַחְנָה	תְּשַׁלַּחְנָה	תַּשְׁלַחְנָה
	1인칭 공 복	נִשְׁלַח	נִשָּׁלַח	נְשַׁלַּח	נַשְׁלִיחַ
명령형	2인칭 남 단	שְׁלַח	הִשָּׁלַח	שַׁלַּח	הַשְׁלַח
	여 단	שִׁלְחִי	הִשָּׁלְחִי	שַׁלְּחִי	הַשְׁלִיחִי
	2인칭 남 복	שִׁלְחוּ	הִשָּׁלְחוּ	שַׁלְּחוּ	הַשְׁלִיחוּ
	여 복	שְׁלַחְנָה	הִשָּׁלַחְנָה	שַׁלַּחְנָה	הקשְׁלַחְנָה
부정사	절대형	שָׁלוֹחַ	נִשְׁלֹחַ	שַׁלֵּחַ	הַשְׁלֵחַ
	연계형	שְׁלֹחַ	הִשָּׁלַח	שַׁלַּח	הַשְׁלִיחַ
분사	능동 수동	שֹׁלֵחַ שָׁלוּחַ	נִשְׁלָח	מְשַׁלֵּחַ	מַשְׁלִיחַ

15. 페-알렙 동사의 변화

구분		칼	니팔	히필	호팔
완료형	3인칭 남 단	אָכַל	נֶאֱכַל	הֶאֱכִיל	הָאֳכַל
	여 단	אָכְלָה	נֶאֶכְלָה	הֶאֱכִילָה	הָאָכְלָה
	2인칭 남 단	אָכַלְתָּ	נֶאֱכַלְתָּ	הֶאֱכַלְתָּ	הָאֳכַלְתָּ
	여 단	אָכַלְתְּ	נֶאֱכַלְתְּ	הֶאֱכַלְתְּ	הָאֳכַלְתְּ
	1인칭 공 단	אָכַלְתִּי	נֶאֱכַלְתִּי	הֶאֱכַלְתִּי	הָאֳכַלְתִּי
	3인칭 공 복	אָכְלוּ	נֶאֶכְלוּ	הֶאֱכִילוּ	הָאָכְלוּ
	2인칭 남 복	אֲכַלְתֶּם	נֶאֱכַלְתֶּם	הֶאֱכַלְתֶּם	הָאֳכַלְתֶּם
	여 복	אֲכַלְתֶּן	נֶאֱכַלְתֶּן	הֶאֱכַלְתֶּן	הָאֳכַלְתֶּן
	1인칭 공 복	אָכַלְנוּ	נֶאֱכַלְנוּ	הֶאֱכַלְנוּ	הָאֳכַלְנוּ
미완료형	3인칭 남 단	יֹאכַל	יֵאָכֵל	יַאֲכִיל	יָאֳכַל
	여 단	תֹּאכַל	תֵּאָכֵל	תַּאֲכִיל	תָּאֳכַל
	2인칭 남 단	תֹּאכַל	תֵּאָכֵל	תַּאֲכִיל	תָּאֳכַל
	여 단	תֹּאכְלִי	תֵּאָכְלִי	תַּאֲכִילִי	תָּאָכְלִי
	1인칭 공 단	אֹכַל	אֵאָכֵל	אַאֲכִיל	אָאֳכַל
	3인칭 남 복	יֹאכְלוּ	יֵאָכְלוּ	יַאֲכִילוּ	יָאָכְלוּ
	여 복	תֹּאכַלְנָה	תֵּאָכַלְנָה	תַּאֲכֵלְנָה	תָּאֳכַלְנָה
	2인칭 남 복	תֹּאכְלוּ	תֵּאָכְלוּ	תַּאֲכִילוּ	תָּאָכְלוּ
	여 복	תֹּאכַלְנָה	תֵּאָכַלְנָה	תַּאֲכֵלְנָה	תָּאֳכַלְנָה
	1인칭 공 복	נֹאכַל	נֵאָכֵל	נַאֲכִיל	נָאֳכַל
명령형	2인칭 남 단	אֱכֹל	הֵאָכֵל	הַאֲכֵל	
	여 단	אִכְלִי	הֵאָכְלִי	הַאֲכִילִי	없 음
	2인칭 남 복	אִכְלוּ	הֵאָכְלוּ	הַאֲכִילוּ	
	여 복			הַאֲכֵלְנָה	
부정사	절 대 형	אֱכֹלְנָה	הֵאָכֵלְנָה		
	연 계 형	אֱכֹל אֲכֹל	הֵאָכֹל		
분사	능 동	אֹכֵל	הֵאָכֵל	הַאֲכִיל	הָאֳכַל
	수 동	אָכוּל	נֶאֱכָל	מַאֲכִיל	מָאֳכָל

□참고 문헌(Bibliography)□

□ 성경

대한성서공회. 성경전서 한글 개역판.

로고스, 1994. 구약 장절 원어분해 성경, 도서출판 로고스.

원어성서원. 1994. 스테판 원어 성경.

Deutsche Bibelgesellschaft. 1975. *Biblia Hebraica Stuttgartensia (BHS).*

Green, Jay P. 1985. *The Interlinear Hebrew-Aramaic Old Testament.* Hendrickson Publishers.

Kohlenberger 3, John R. 1985. *The Interlinear NIV Hebrew- English Old Testament.* Zondervan Publishing House.

□ 국내서

고영민. 1983. 기초 히브리어 문법. 기독교문사.

권성달. 2011. 구약성경 히브리어. 그리심.

권성달. 2013. 성경 히브리어 울판. 도서출판 목양.

김경래 함현주. 1999. 성서당 히브리어 한글사전. 전주대학교 출판부.

김대원. 1982. 간추린 히브리어. 성광문화사.

배재민. 1986. 새로운 형태의 히브리어 연구. 총신대학 출판부.

신충훈. 2001. 도움말 히브리어 길라잡이. 아가페 문화사

안영복 편. 1984. 히브리어 구문법. 성광문화사.

유재원. 1986. 성서 히브리어 문법. 대영사.

이기락 역. 1999. 성서 히브리어 문장론. 가톨릭대학교 출판부.

이상호. 2001. 성경 히브리어 동사와 변화형. 생명수

이순한 역편. 1988. 성서 히브리어. 한국 기독교 교육연구원.

이종연. 히브리어 헬라어 강의안. 진명연구원.

차학순. 1996. 성경 히브리어 입문. 예영 커뮤니케이션.

□ 원서 및 번역서

Andersen, Francis L. 1970. *The Hebrew Verbless Clause in th Pentateuch.* Abingdon Press.

Armstrong & Busby & Carr. 1989. *A Reader's Hebrew English Lexicon of the Old Testament.* Zondervan Publishing House.

Bagster. 1974. *Hebrew English Lexicon.* Samuel Bagster & Sons Ltd.

Beall & Banks. 1986. *Old Testament Parsing Guide.* Moody Press.

Benjamin, Davidson. 1990. 히브리어 갈대아어 분해사전. 도서출판 머릿돌

Berlin, Adele. 1985. *The Dynamics of Biblical Parallelism.* Indiana University Press.

Brown and so on. 1979. *The New Brown Driver Briggs Gesenius Hebrew and English Lexicon.* Hendrickson Publishers.

Clines, David. 1993. *The Dictionary of Classical Hebrew.* Sheffield Academic Press.

Elwonde, John(Ed.). 1995. The Dictionary of Classical Hebrew. Sheffield Academic Press.

Gesenius, Wilhelm. 이정의 역, 2007. 구약성서 히브리어 아람어 사전. 생명의 말씀사.

Greenberg, Moshe. 1965. *Introduction to Hebrew.* Prentice- Hall, Inc.

Greenberg, Moshe. 신충훈 편역. 1998. 히브리어 길라잡이. 아가페문화사.

Halkin, Abraham. 1970. *201 Hebrew Verbs.* Barron's Educational Series.

Harper, William R. *Introductory Hebrew Method and Manual.* Charles Scriener's Sons.

Harris, R Laird. 1955. *Intruductory Hebrew Grammar.* WM. B. Eerdmans Publishing Company.

Holladay, William. 1988. *A Concise Hebrew and Aramaic Lexicon of the Old Testament.* William B. Eerdmans Publishing

Company.

Horsnell, Malcolm J.A. 1999. *A Review and Reference Grammar for Biblical Hebrew.* McMaster University Press.

Jerusalmi, Rabbi Isaac. 1981. *The Story of Joseph.* Hebrew Union College.

Koehler & Baumgartner. 2001. The Hebrew and Aramaic Lexicon of the Old Testament. Brill.

Lambdin, Thomas O. 1971. *Introduction to Biblical Hebrew.* Charles Scriber's Sons.

Mitchel, Larry A. 1984. *A Student's Vocabulary for Biblical Hebrew and Aramaic.* The Zondervan Corporation.

Rosen, Haiim B. 1962. *A Textbook of Israeli Hebrew.* The University of Chicago Press.

Shmuel, Bolozky. 1996. *501 Hebrew Verbs.* Barron's Educational Series Inc.

Tregelles, Samuel. 1979. *Gesenuis' Hebrew and Chaldee Lexicon.* Mott Media.

Vine & Unger & White. 1985. *Vine's Expository Dictionary of Biblical Words.* Thomas Nelson Publishers.

Waltke & O'Connor. 1990. *An Introduction to Biblical Hebrew Syntax.* Eisenbrauns.

Weingreen. 1975. *A Practical Grammar for Classical Hebrew.* Oxford University Press.

Weingreen. 류근상 역. 2000. 히브리어 문법. 크리스챤 출판사.

Wigram George F. 1980. *The Englishman's Hebrew and Chaldee Concordance of the Old Testament.* Baker Book House.

Zilberman, Shimon. 1990. *The Up-to-date English-Hebrew Hebrew-English Dictionary.* Zilberman.

구약성경
히브리어 강독

2014. 9. 25. 개정 증보판 인쇄
2014. 9. 30. 개정 증보판 펴냄

저 자 신 충 훈
발행인 김 영 무

발행처 도서출판 아가페문화사
156-094 서울 동작구 사당4동 254-9
등록 제3-133호(1987. 12. 11)

보급처 : 아가페문화사
156-094 서울 동작구 사당4동 254-9
전화 02) 3472-7252~3
팩스 02) 523-7254
온라인 우체국 011791-02-004204(김영무)

값 12,000 원

ISBN 978-89-8424-102-2 93790